国家出版基金项目
NATIONAL PUBLICATION FOUNDATION

U0640041

东北流亡文学史料与研究丛书·研究卷

北流亡作家的代命运和创作走向

张英 著

北方联合出版传媒(集团)股份有限公司
春风文艺出版社
·沈阳·

主　编　张福贵
研究卷主编　韩春燕

图书在版编目（CIP）数据

东北流亡作家的当代命运和创作走向 / 张英著. —
沈阳：春风文艺出版社，2021.12（2024.1重印）
（东北流亡文学史料与研究丛书）
ISBN 978 - 7 - 5313 - 6153 - 4

Ⅰ. ①东… Ⅱ. ①张… Ⅲ. ①作家 — 人物研究 — 中国
— 现代 Ⅳ. ①K825.6

中国版本图书馆CIP数据核字（2021）第279532号

北方联合出版传媒（集团）股份有限公司
春风文艺出版社出版发行
沈阳市和平区十一纬路25号　邮编：110003
河北浩润印刷有限公司印刷

责任编辑：姚宏越	责任校对：陈　杰
封面设计：马寄萍	幅面尺寸：155mm × 230mm
字　　数：220千字	印　　张：14.5
版　　次：2021年12月第1版	印　　次：2024年1月第2次
书　　号：ISBN 978-7-5313-6153-4	
定　　价：49.80元	

目　录

目录

绪 论

一、选题缘起及概念界定

在中国现代文学史上，东北流亡作家是一支特殊的创作力量。20世纪30年代，以萧红、萧军、端木蕻良、骆宾基、舒群、白朗、罗烽、李辉英等为代表的东北流亡作家，在特殊的历史时期，作为一群独特的创作队伍登上文坛。东北流亡作家虽然没有固定的组织、创作主张或阵地，但是他们的创作却呈现出一些相近的特色。这样一群具有强烈流亡意识和抗日意识的作家，创作出了《生死场》《八月的乡村》《科尔沁旗草原》《松花江上》《没有祖国的孩子》等激昂慷慨的作品。东北流亡作家的创作开启了抗日文学的先河，体现出鲜明的爱国主义精神，在中国现代文学史上是浓墨重彩的华章。因此，也受到了研究者的高度关注与肯定。张毓茂、徐塞、邢富君、王培元、王科、逄增玉、沈卫威、高翔等知名专家从多种角度挖掘了30年代乃至40年代东北流亡作家创作的丰富的精神特质、文化内涵以及文学成就，并以此建构了自己的学术地位。

但是随着时代的变迁和自身的发展，东北流亡作家出现了分化和衰落。如果说20世纪30年代东北流亡作家的作家主要来自东北，他们的作品不约而同地呈现出相似的创作倾向，具有明显的"群"的特点，那么这种情况到了新中国成立以后则发生了变化，"群"被诸多因素打散了。然而，群体中的大部分作家并没有因为群体的衰落而停笔，他们继续在文坛默默耕耘着，并创作出了一些有分量的作品。他们的创作也因社会的发展、时代的变革、政治环境等因素而发生了某些变异，表现出不同于以往的时代特点和个人印记。

面对当代以后的东北流亡作家，即过去常说的东北作家群个体作家创作的诸多作品，学术界则关注得不多，研究也明显滞后。以往，学术界更多地关注现代文学史上的东北流亡作家的创作状况，特别是对萧红的研究，一直是研究的热点。对新中国成立以后的东北流亡作家个体作家的生存状态、创作得失、继承与转型等问题则很少有人研究。相比荷花淀派、山药蛋派等流派在现代孕育、在当代仍能继续存在与发展，东北流亡作家在20世纪30年代能成为"群"，但在新中国成立以后却难再成为"群"，其中的深层原因，学术界也很少探寻。东北流亡作家到了当代为什么会产生断裂？这些作家在当代的创作与现代相比是否存在联系？与当代主流文学又有怎样的互动？群体衰落后个体作家的个性如何凸显？如何看待他们当代创作中的价值、意义与缺失？诸多的问题都需要重新梳理和解答。

东北流亡作家，即东北作家群是现代文学时期的产物，这一命名的专属意义已经得到了学术界的普遍认可。对文学流派或群体的命名，我们更旨在表述的简洁和对象的准确。因为文学流派或群体及成员都是流动的、发展的、变化的，所以对文学流派或群体的命名难免存在当时命名时的合理性和后来发展变化之后重新审视它时的局限性。新中国成立以后，在越过了群体命运转折和时代变迁的双重分水岭之后，萧军、端木蕻良等依然活跃于当代文坛，这时，再将他们称为"东北流亡作家"已不太合适。因为如前所述，这时期的"群"已不复存在，所以，我们称为"后东北流亡作家"，以和现代文学时期的"东北流亡作家"相区别。对"后东北流亡作家"的命名主要基于时间上和自身发展上的一种考虑。后东北流亡作家的"后"首先是时间序列上的概念。现代文学史上的东北流亡作家，到了当代，群体特征淡漠而个体创作延续，这些作家在文学上已没有"群"的意识，但是在创作中既有整体上文学的继承，也有个体上的发展转变；既有某些创作上的共性，更有各自鲜明的个性。

因此，后东北流亡作家主要指新中国成立以后，在越过了群体命运转折和从现代到当代变迁的双重分水岭之后的在当代继续文学创作的萧军、端木蕻良、骆宾基、舒群等东北流亡作家。后东北流亡作家，包含着这样几层意思：一是在时间的序列层面上，东北流亡作家和后东北流亡作家同属现当代文学的发展进程中，相对于现代时期东北流亡作家的创作，后东北流亡作家的创作侧重于当代这一时空之下。二是这个称谓包含了文学自身发展和变革的特质。后东北流亡作家和东北流亡作家既有鲜明的区别，又有必然的联系。既是群体的终结，又是个体的延续。既有继承，又有扬弃。三是东北流亡作家这一群体衰落以后，萧军、端木蕻良等个体作家从现代跨越到当代并融入当代文学的创作队伍之中，但是相似的文化基因、精神背景、群体经历等要素是挥之不去的，这就使得我们在研究这些个体作家的创作时，又自然地将他们放在一起进行联系与比较。

这样的命名和选题，主要基于两方面的考虑：一是研究的延续性。东北流亡作家在现代文坛是很有影响力的，他们中的大部分作家都跨越了十七年时期（1949—1966）、"文革"十年和新时期，从纵向研究的完整性来看，有继续研究的必要。二是研究的空白性。东北流亡作家在现代曾受到鲁迅的关注和肯定，进入当代以后他们不是没有创作，而是有不少作品问世，甚至不乏优秀之作。这些作品和现代时期的作品相比有哪些联系？与当代文学怎样互动？是否实现了艺术上的超越？这些问题应该得到研究界的关注。所以，本书力图弥补这方面研究的不足，从而对东北流亡作家有一个系统、完整的认识。本书将研究的视角从二十世纪三四十年代转移到当代，全面梳理后东北流亡作家的当代命运及其创作。因萧红英年早逝，自然不在论题的范围之内。而其他作家中，无论学术界对东北流亡作家包含的作家这一问题有何种意见和声音，萧军、端木蕻良、舒群、骆宾基几位作家都是学术界普遍公认的主力成员，这几位作家的创作具有代表性，成就也较为突出，是本书的研究重点，其他成员及作品根据章节和论述的需要酌情论述或提及。

二、相关研究综述

对东北流亡作家的研究，以往主要集中在对他们在新中国成立以前的创作的研究上，并取得了丰硕的研究成果，也涌现出了一些知名的研究专家。本书主要探讨后东北流亡作家的当代命运与创作，所以，关于东北流亡作家在新中国成立以前的创作的研究现状不再赘述。

（一）整体研究：专著、论文寥寥无几

新中国成立以来，虽然涌现出了一批关于东北流亡作家的研究专著，如《黑土地文化与东北作家群》①《大野诗魂——论东北作家群》②《东北作家群的审美追求》③《东北流亡文学史论》④《现代东北的文学世界》⑤等，但它们都是以东北流亡作家在新中国成立以前的创作为研究对象，新中国成立以后均未涉及，也就是说，从"群"的整体性角度来研究当代以后的东北流亡作家的专著目前还没有出现。

论文方面，根据中国学术期刊网的统计，研究现代文学史上的东北流亡作家的论文有三百多篇，而研究他们的当代命运的论文却寥寥无几。这主要源于：研究界普遍认为东北流亡作家在新中国成立以后就走向衰落了，"群"解体了，不复存在了。但是，"群"解体之后怎

---

① 逄增玉. 黑土地文化与东北作家群 [M]. 长沙：湖南教育出版社，1995.
② 马伟业. 大野诗魂——论东北作家群 [M]. 哈尔滨：北方文艺出版社，1998.
③ 谢淑玲. 东北作家群的审美追求 [M]. 沈阳：辽宁民族出版社，2007.
④ 沈卫威. 东北流亡文学史论 [M]. 郑州：河南人民出版社，1992.
⑤ 高翔. 现代东北的文学世界 [M]. 沈阳：春风文艺出版社，2007.

样仍是值得研究的，"群"虽然分化了，但作家并没有消亡，他们的创作并没有衰落。因此，还是值得研究的。

王佳真的硕士学位论文《坚守与蜕变——论东北作家群的分化、衰微》①就将关注点转移到了新中国成立前后东北流亡作家的分化和衰落，具有一定的创新性和突破性。这篇论文分析了萧军、端木蕻良、李辉英三个有代表性的作家 1949 年前后的文学命运和创作追求，分析其思想及心态，揭示其在新中国成立前后创作分化和衰微的原因。这是在诸多的研究论文中，比较少见地关注到了东北流亡作家在新中国成立前后的命运转折的论文。这篇研究论文主要将研究的时间段集中在 1945 年到 1949 年前后东北流亡作家的思想和创作的分化和衰微。而 1949 年以后中国当代文学几个主要的发展时期，东北流亡作家中主要作家的创作情况和命运演变，则没有涉及。笔者认为，后东北流亡作家的文学命运与创作道路还有很多值得探讨和挖掘的内容，而这也是本书将要重点探讨和研究的问题。

（二）个案研究涉及不少

整体研究虽然很少，但对个案作家的涉及还是不少的，它们既散见于具体作家的研究专著中，也见于个案作家的研究论文中。

1. 研究专著中散见对作家当代以后的生活与创作的描述

新中国成立以后关于萧军的研究专著是比较多的。首先是关于萧军的传记，如王科、徐塞的《萧军评传》②用了四章的篇幅介绍了萧军的当代文学创作和人生经历，并对其当代的主要创作进行了分析。作者认为长篇小说《五月的矿山》体现了萧军对生活的热情和创作上的尝试，也指出了萧军《五月的矿山》在艺术表现方面存在的结构松散、叙述冗长、"不像小说"等突出问题。此外，作者高度评价了萧军的《第三代》，认为是其小说创作的巅峰，开创了粗犷恢宏的艺术

---

① 王佳真. 坚守与蜕变——论东北作家群的分化、衰微 [D]. 山东大学硕士学位论文，2013.

② 王科，徐塞. 萧军评传 [M]. 重庆：重庆出版社，1993：230-326.

世界，对萧军晚年的《萧红书简辑存注释录》《鲁迅给萧军萧红信简注释录》等也给予了高度的评价。

其次是萧军的亲人整理、研究萧军的生平资料也出版了多部专著。如萧军的妻子王德芬在《我和萧军风雨50年》[1]一书中详细地阐述了萧军1949年以后下放到抚顺煤矿，创作排演京剧《武王伐纣》的情况，描述了新中国成立以后萧军的文学命运和"文革"中的遭遇以及萧军被平反以后为中外文化交流和文学事业所做的积极努力。此外，徐塞[2]、张毓茂[3]在著作中对萧军当代创作有一定的涉及并给予了一定的评价。

端木蕻良研究，以其当代时期的文学创作为研究对象的学术专著目前还没有。但是同样在相关的传记和著作中散见端木蕻良当代以后的创作和命运轨迹。孔海立的《端木蕻良传》[4]中，用一章记录了端木蕻良在新中国成立以后的坎坷经历和晚年创作。铁岭市政协文史和学习委员会编撰的《百年端木蕻良》[5]涉及端木蕻良在新中国成立以后的人生经历：面对新时代，端木蕻良进行的新的创作，新的婚姻生活，"文革"期间端木蕻良的乐观与坚韧，新时期后迎来文学创作的第二春，等等。叙述脉络比较清晰，资料比较翔实。马云的《端木蕻良与中国现代文学》[6]从多个角度分析了端木蕻良的创作个性与文学价值，并将端木蕻良与当代的张承志、莫言等作家的创作进行比较，在比较中挖掘端木蕻良的创作个性及对现当代文学的影响，特别分析了端木蕻良晚年的力作《曹雪芹》的思想和艺术成就。

---

① 王德芬. 我和萧军风雨50年 [M]. 北京：中国工人出版社，2004.
② 徐塞. 萧军的文学世界 [M]. 沈阳：春风文艺出版社，2008.
③ 张毓茂. 跋涉者——萧军 [M]. 沈阳：辽宁人民出版社，2000.
④ 孔海立. 端木蕻良传 [M]. 上海：复旦大学出版社，2011.
⑤ 铁岭市政协文史和学习委员会. 百年端木蕻良 [G]. 哈尔滨：黑龙江大学出版社，2012.
⑥ 马云. 端木蕻良与中国现代文学 [M]. 北京：北京出版社，2001.

骆宾基研究的主要专著有韩文敏的《现代作家骆宾基》①。在这部著作中，作者评析了骆宾基的童年、少年、求学、创作等各个人生阶段，描述了骆宾基不平凡的一生，整理了骆宾基的创作年表和主要的研究资料，涉及了新中国成立以后骆宾基的文学创作和精神世界。同时，作者提到了骆宾基晚年的回忆散文的特点和风格。但是，关于骆宾基当代的生活和创作的研究，在广度上、在深度的挖掘上还有待于进一步拓展和深化。常勤毅的《从"共时"到"横跨"——骆宾基：中国现当代作家中的一个抽样分析》②通过骆宾基这一从现代跨越到当代的个案作家的研究，透视进入当代以后一些老作家的创作困境和心理。

关于舒群的研究，只有董兴泉编的《舒群研究资料》③和史建国、王科的《舒群年谱》④两部资料性的著作，特别是关于舒群1949年以后的年谱，为本书提供了关于舒群的个案资料，具有参考价值。

罗烽、白朗的相关研究著作有金玉良的《落英无声——忆父亲母亲罗烽、白朗》⑤，作为罗烽和白朗的女儿，金玉良从亲历者的角度，道出了父亲母亲一生的坎坷遭遇。其中，描述了父母1979年"文革"结束后乍暖还寒的处境，分析了新中国成立以后"舒群、罗烽、白朗反党小集团"的来龙去脉，记录了父亲母亲相濡以沫的婚姻生活。

关于李辉英研究的著作主要有马蹄疾编的《李辉英研究资料》⑥。该书通过生平记述、创作自叙、评论选辑和著作目录四个部分比较全面地介绍了李辉英的研究情况。关于李辉英当代的创作和研究情况，

① 韩文敏. 现代作家骆宾基 [M]. 北京：北京燕山出版社，1989.
② 常勤毅. 从"共时"到"横跨"——骆宾基：中国现当代作家中的一个抽样分析 [M]. 北京：作家出版社，2011.
③ 董兴泉. 舒群研究资料 [G]. 北京：知识产权出版社，2010.
④ 史建国，王科. 舒群年谱 [M]. 北京：作家出版社，2013.
⑤ 金玉良. 落英无声——忆父亲母亲罗烽、白朗 [M]. 北京：文化艺术出版社，2009.
⑥ 马蹄疾. 李辉英研究资料 [G]. 沈阳：春风文艺出版社，1988.

在这部研究资料中有所涉及。

2. 研究论文侧重对主要作家作品的评论

除了上述著作涉及后东北流亡作家中部分作家当代命运的少部分情况外，在单篇论文中也有所论及。其中，学术界对萧军和端木蕻良的研究相对较多，其他作家的研究相对较少。

（1）对后东北流亡作家十七年时期创作的研究

20世纪50年代到70年代，萧军一直受到思想批判。因此，这一时期对萧军创作的研究文章是非常少的，即使有，也是持批判的态度。比如，《萧军的〈五月的矿山〉为什么是有毒的?》①一文对萧军的这部长篇进行了多方面的批判，认为这部小说是对社会主义事业和工人阶级的严重污蔑和歪曲。

20世纪80年代，学术界对后东北流亡作家的研究主要围绕新中国成立初期萧军等作家的创作。张毓茂、徐塞、王科等学者关注到了萧军在新中国成立初期的创作。研究的焦点集中在《五月的矿山》《吴越春秋史话》等作品的思想与艺术层面，对萧军的创作给予了肯定。如张毓茂的《略论萧军的思想和创作》②提到了小说《五月的矿山》，指出萧军的"力"的表现更加敏锐深邃，也肯定了萧军对官僚主义批评的勇气和身处逆境继续写作的可贵精神。徐塞的《〈五月的矿山〉及其评价》③也对《五月的矿山》进行了正面的点评。

20世纪90年代，学术界对萧军十七年时期的小说创作依然有相关的研究，仍然是以肯定萧军的艺术成就为主。如徐塞认为萧军的《五月的矿山》歌颂了工人阶级的劳动，但是在主观愿望与客观现实、思想与艺术上存在矛盾，尖锐地指出其存在的缺点。④

---

① 晏学，周培桐. 萧军的《五月的矿山》为什么是有毒的? [N]. 文艺报，1955（24）.

② 张毓茂. 略论萧军的思想和创作 [J]. 求是学刊，1982（2）.

③ 徐塞.《五月的矿山》及其评价 [J]. 东北现代文学研究，1989（1）.

④ 徐塞. 可贵的激情 痛苦的选择——评萧军反映矿工生活的小说 [J]. 锦州师范学院学报（哲学社会科学版），1996（3）.

2000年以来，研究界对后东北流亡作家的研究视角比以往丰富了许多。如刘旭彩《萧军历史剧本创作的得与失》①关注了萧军的戏剧创作，通过《武王伐纣》和《吴越春秋》分析了萧军历史剧创作的缘起、价值和缺陷。刘瑞弘的论文主要将互文理论引入研究视野，分析了《吴越春秋史话》和《吴越春秋》的互文性关系。②李遇春、魏耀武《萧军1950—1970年代旧体诗中的自我修辞》③也是一篇比较新颖的文章。该文从诗歌入手，认为萧军在20世纪50年代到70年代创作的大量旧体诗隐含了隐士、国士、传道者等多重自我身份。可见，对萧军十七年时期创作的研究，经历了从否定到肯定，从小说向戏剧、诗歌延伸的研究过程，研究的广度有所拓宽，研究的深度在个别问题上也有所深化。

对端木蕻良十七年时期小说创作的研究是比较少的。20世纪50年代，端木蕻良的短篇小说《钟》发表之后就遭到了批判。新时期以后有代表性的研究论文是杜国景的文章④，作者选取了端木蕻良十七年时期很少被人提起的《钟》和《蜜》两篇反映农业合作化运动的小说，指出《钟》在哲学和叙事学处理上的深刻表现，分析《蜜》中创作主体的精神困顿。该文章突破了学术界局限于对端木蕻良早年的《科尔沁旗草原》和晚年的《曹雪芹》的研究，把视点放到了被忽视的十七年时期，具有填补空白的意义。而整个当代学术界对端木蕻良十七年时期其他短篇小说，则很少关注。

学术界对骆宾基十七年时期文学创作的研究，是从20世纪50年代开始的。而且值得注意的是，有别于萧军等其他东北流亡作家，十七年时期之初学术界对骆宾基的创作，特别是短篇小说创作是肯定

① 刘旭彩. 萧军历史剧本创作的得与失 [J]. 求索，2013（4）.

② 刘瑞弘. 互文性、超文性与文学原型——《吴越春秋史话》与《吴越春秋》的互文性关系研究 [J]. 社会科学辑刊，2010（6）.

③ 李遇春，魏耀武. 萧军1950—1970年代旧体诗中的自我修辞 [J]. 江汉论坛，2014（9）.

④ 杜国景. 农业合作化的"时间美学"及其退却——评端木蕻良十七年时期被遗忘的两篇小说 [J]. 民族文学研究，2010（3）.

的。比较有代表性的文章如《五彩缤纷的短篇小说》①，这篇文章是在分析新中国成立十年的短篇小说创作成就时涉及了骆宾基的《年假》，肯定了骆宾基流畅、明快、细腻的创作笔法。另外一篇文章《别具一格的一个短篇集——读〈山区收购站〉》②作者充分肯定了骆宾基在短篇小说方面的独特造诣，认为骆宾基的短篇小说看似没有特殊的故事结构，却能将小的故事内核和大的时代环境联系起来，透出时代的特色，反映丰富多彩的现实生活，体现作者对矛盾冲突和人物形象的精心设计。进入新时期以后，学术界对骆宾基十七年时期创作的关注仍然比较零散。李怀亮认为骆宾基在新中国成立后的短篇小说"以歌颂光明为主，并不是简单的'遵命文学'"③。这篇文章从骆宾基小说创作的审美追求、作品中所歌颂的内容和小说中对黑暗和尖锐问题的处理方式等方面分析了骆宾基在新中国成立后的"歌颂光明"的小说创作。谢淑玲在文章中分析了骆宾基在新中国成立初期的创作方法、文学观和痛苦的追寻与思考。④

学术界对舒群十七年时期创作的研究少之又少，而且是持批判的态度。《资产阶级阴暗心理的自我暴露——批判舒群的短篇小说〈在厂史以外〉》⑤一文认为舒群的这篇作品是在宣扬阴暗的心理，作品中的主人公先进人物寇金童把光明带给别人，而舒群却让这样一个英雄人物以悲剧收场，这是对工人阶级的污蔑。

新中国成立以后李辉英选择了香港并继续进行创作和学术研究。

---

① 宋爽. 五彩缤纷的短篇小说 [N]. 文艺报，1959（19—20）.

② 魏金枝. 别具一格的一个短篇集——读《山区收购站》[N]. 文艺报，1964（2）.

③ 李怀亮. 论骆宾基"歌颂光明"的小说创作 [J]. 河北学刊，1994（5）：45.

④ 谢淑玲. 骆宾基建国后小说创作的心路历程 [J]. 辽东学院学报（社会科学版），2013（6）.

⑤ 宋汉文，戴自忠，王文杰，陈丽美，田雨海，李衍华. 资产阶级阴暗心理的自我暴露——批判舒群的短篇小说《在厂史以外》[N]. 文艺报，1965（1）.

学术界对他的关注就更少。比如，闫秋红的《论李辉英香港时期的短篇小说创作——以〈名流〉〈黑色的星期天〉为例》①对李辉英小说中所揭示的社会问题、人物形象的刻画和作家的审美追求进行了分析。

（2）对后东北流亡作家新时期文学创作的研究

进入新时期，后东北流亡作家逐渐走出"文革"的阴霾，继续创作。学术界的研究文章也逐渐增多。比如，文中俊《萧军旧体诗评》②主要以1981年四川人民出版社出版的《萧军近作》中的一百八十多首诗歌为研究对象，分析其诗歌创作的成就，指出"真"是萧军诗歌创作的最突出、最本质的特点。端木蕻良晚年的代表作是长篇小说《曹雪芹》，对此出现了不少研究文章。陈皓的《浅谈端木蕻良的小说〈曹雪芹〉》③对端木蕻良的写作手法和白话语言运用给予充分肯定。计文君的《浅析端木蕻良对曹雪芹形象的塑造》④肯定了端木蕻良对曹雪芹这一形象的塑造，是后人理解和想象曹雪芹的重要标杆和参照对象。韩文敏在《骆宾基晚年的回忆散文》⑤中认为骆宾基的回忆散文透露着作者对生活和事业的执着以及对友情的珍重。唐元节的《〈金文新考〉开拓了上古史的一角——评骆宾基晚年的古青铜图铭研究》⑥和彭林的《五帝史研究的方法问题——评骆宾基〈金文新考〉》⑦以骆宾基晚年的史学研究为视点，肯定了骆宾基的勇于探索的精神和坚忍不拔的毅力。这是对骆宾基晚年的创作具有代

---

① 闫秋红. 论李辉英香港时期的短篇小说创作——以《名流》《黑色的星期天》为例 [J]. 民族文学研究，2009（1）.

② 文中俊. 萧军旧体诗评 [J]. 社会科学辑刊，1984（5）.

③ 陈皓. 浅谈端木蕻良的小说《曹雪芹》[J]. 红楼梦学刊，2012（6）.

④ 计文君. 浅析端木蕻良对曹雪芹形象的塑造 [J]. 红楼梦学刊，2012（6）.

⑤ 韩文敏. 骆宾基晚年的回忆散文 [J]. 北京社会科学，1988（1）.

⑥ 唐元节.《金文新考》开拓了上古史的一角——评骆宾基晚年的古青铜图铭研究 [J]. 上海社会科学院学术季刊，1987（4）.

⑦ 彭林. 五帝史研究的方法问题——评骆宾基《金文新考》[J]. 历史研究，1989（3）.

表性的研究文章。

董兴泉对舒群新时期的创作给予较多的关注。《独特的艺术风格——评舒群新作〈思忆〉〈少年chen女〉〈醒〉》①和《〈没有祖国的孩子〉和〈少年chen女〉》②这两篇文章以舒群新时期的短篇小说为研究对象，分析了舒群小说独特的艺术风格。董兴泉在文章中肯定了舒群在《思忆》《少年chen女》《醒》几部小说中人物塑造方面的独特之处，分析了小说在结构上自然、紧凑的布局，赞扬了其语言上的优美与创新。

涉及这一时期文学创作的学位论文主要有：在博士学位论文方面，于立影的《骆宾基评传》③全面梳理了作家骆宾基一生的命运与创作，是骆宾基评传领域的一部力作。这篇学位论文共十一章，其中用了三章的篇幅谈到了骆宾基在新中国成立以后的创作情况，梳理了骆宾基十七年时期的创作历程、"文革"十年浩劫中的劫难岁月和晚年的学术研究和创作情况，同时也分析了骆宾基当代一些代表性的作品。但是，从骆宾基一生的创作和命运来看，用三章的篇幅三十几页的文字来评价骆宾基的人生经历和文学活动稍显单薄，缺乏深入探讨。马宏柏的《端木蕻良小说创作与中国文学传统》④用较短的篇幅略微谈到了端木蕻良在新中国成立以后的小说创作，认为新中国成立以后的小说创作是端木蕻良小说创作的第四个阶段，和当时很多其他的作家一样，表现和赞美新的时代，没有彰显出独立的风格和特色。此外，用了一节的内容论及端木蕻良的《曹雪芹》。

在硕士学位论文方面，孙宾的《寻找·漂泊·归来——骆宾基

---

① 董兴泉. 独特的艺术风格——评舒群新作《思忆》《少年chen女》《醒》[J]. 辽宁师院学报，1983（4）.

② 董兴泉.《没有祖国的孩子》和《少年chen女》[J]. 丹东师专学报，2002（4）.

③ 于立影. 骆宾基评传 [D]. 东北师范大学博士学位论文，2006.

④ 马宏柏. 端木蕻良小说创作与中国文学传统 [D]. 华东师范大学博士学位论文，2005.

小说创作论》①在第三章中，以《在解放的土地上归来》为标题，分析了骆宾基1949年到1994年的创作，论述了骆宾基创作后期的转变，认为骆宾基在新中国成立以后的创作日趋停滞，并分析了导致其创作停滞的原因。刘立军的《舒群小说研究》②对舒群在新中国成立以后到新时期的创作活动的描述中，谈到了舒群的《这一代人》以及改革开放以后创作的《崔毅》《少年chen女》等小说，并对其艺术表现方面的特点给予了一定的评价。郑兴的《流徙者的哀歌——舒群论》③论述了舒群小说的思想和艺术特质。其中，对舒群在新中国成立以后的文学创作的评价，作者认为舒群的才华因政治而泯灭，从十七年时期到"文革"结束，《这一代人》《少年chen女》等作品，与舒群早年的创作成就相比相去甚远。

海外的东北流亡作家的研究，主要表现在对东北流亡作家早期作品的研究上，对当代的文学创作和群体状况的研究处于空白的状态。

（三）研究特点及存在问题

通过以上描述，可以发现，学术界无论是对东北流亡作家的研究，还是对后东北流亡作家具体作家的研究，都呈现出鲜明的特点，也存在着一定的问题：关于东北流亡作家的整体研究，学术界将研究视点集中在新中国成立以前，这种倾向性十分鲜明。早在1942年，东北流亡作家的代表作家萧红去世。1949年以后萧军、端木蕻良等人都在从事着文学创作活动，而对于1949年以后的东北流亡作家的整体研究几乎是空白。在对萧军等个体作家的研究中，虽然涌现了一些研究成果，但只见树木不见森林，成果零散，缺少系统性、宏观性和完整性。同时，也缺少对文本的深入解读。在个体作家当代创作的研究中还有许多空白或薄弱环节，比如萧军、端木蕻良的戏剧研究、散文研

---

① 孙宾. 寻找·漂泊·归来——骆宾基小说创作论 [D]. 四川师范大学硕士学位论文，2014.

② 刘立军. 舒群小说研究 [D]. 中央民族大学硕士学位论文，2005.

③ 郑兴. 流徙者的哀歌——舒群论 [D]. 南京大学硕士学位论文，2012.

究、诗词研究等，对他们当代一些优秀作品的评价过低、重视不够，还有很多值得挖掘和深入研究的问题。21世纪以来，研究队伍后劲明显不足，特别是致力于对这些作家当代创作的研究者更是少之又少。

三、研究方法与基本结构

本书在研究过程中运用了社会学、历史学、美学、接受学、阐释学、比较文学、心理学等多种研究方法，对1949年以后的东北流亡作家的创作进行了系统的研究。笔者对萧军、端木蕻良等人的小说、诗歌、散文等通过文本细读和文学阐释的方式，进行全面的把握。运用社会历史研究方法，梳理东北流亡作家形成与发展的过程以及后东北流亡作家的分化与走向，并分析后东北流亡作家从现代跨越到当代后与主流文学话语的复杂关系。从社会学的角度分析时代变迁和历史变故对作家创作风格的影响。运用文艺心理学的研究方法，探讨随着时代环境的发展和创作环境的变化，后东北流亡作家的创作心理、晚年的创作心态等对文学创作的影响。从文化学研究视角出发，探讨后东北流亡作家在新中国成立后难再成"群"的原因，也从文化的角度探讨后东北流亡作家对东北文化的传承。运用文化学和接受美学的研究方法，分析后东北流亡作家对文学传统的某些接受、继承与新的阐释。运用比较研究的方法，探讨后东北流亡作家与东北流亡作家及现代文学的天然联系。此外，也运用比较研究的方法，将后东北流亡作家的创作和当代其他作家进行比较，分析这种群体特征与精神内涵的演绎与变化。

本书在结构上主要包括这样几部分：

第一章：从东北流亡作家到后东北流亡作家。主要按照时间的顺序在纵向上梳理从东北流亡作家到后东北流亡作家的发展与演变的历程。一方面梳理东北流亡作家现代时期从孕育萌生期、崛起爆发期、发展分化期到蜕变衰微期的发展历程，回顾东北流亡作家形成和发展的主客观因素。另一方面梳理东北流亡作家进入后东北流亡作家时期，经历十七年时期、"文革"时期到新时期的文学命运与创作道路。探讨越过群体命运转折和时代变迁的双重分水岭之后的后东北流亡作家的纵向发展轨迹。同时，从文化与精神要素的断裂、新中国成立后文艺一体化思想、文学群体自身的局限、缺少具有影响力的核心人物等层面分析这些作家当代难再成"群"的原因。

第二章：后东北流亡作家与当代主流文学话语。越过群体分化和时代变迁的分水岭之后，后东北流亡作家力图融入当代文学的主潮之中，但这种融入不是顺利的，而是艰难的。一方面，后东北流亡作家从主观上积极靠近当代主流意识形态，通过具体的文本呈现，实现对文学主流的追随。另一方面，主流文学话语对他们的融入并没有及时给予积极回应。同时，他们的创作还有来自文艺政策的促动、冲击与制约以及当代文学自身发展等方面的影响。诸多因素导致融入效果并不理想。

第三章：后东北流亡作家与现代传统。后东北流亡作家的创作中存在很多碎片式的趋同现象。这种趋同现象一方面表现为他们对现实主义、忧患意识、流浪与寻根等创作主题或思想的共同选择和继承；一方面表现在后东北流亡作家与东北流亡作家相比，不约而同地在思想和风格上发生了转变。无论是共性的继承还是创作的转变，这种趋同性的诸多碎片式的共性表现既没有延续东北流亡作家的创作风格，也没有形成后东北流亡作家的"群"意义上的精神纽带。

第四章：后东北流亡作家创作的个性表现。在与当代主流文学的融入与互动过程中，这些作家在创作上继承了某些现代文学发展过程中的优良传统，在创作中呈现出某些文学传统继承性的共性特征。但是随着创作群落的衰落加速了个体意识的凸显。因为萧军、端木蕻良、舒群、骆宾基这四位作家在新中国成立以后都选择留在内地继续文学创作，他们的文学创作历程贯穿十七年时期到"文革"结束后的新时期，在文学体裁上涉猎广泛，在艺术追求和审美表现等方面都具有一定的代表性，故主要以这四位作家为关注点。纵观这几位的当代创作，可以发现，相同的社会，相同的素材，相同的文学创作源泉，在不同作家笔下会诞生出格调、色彩、内涵完全不同的作品。正是这些个性表现，使得他们的文学创作呈现出鲜明的个人风格和思想印记。

第五章：后东北流亡作家创作的价值与缺憾。萧军、端木蕻良等作家虽然没有在当代文坛叱咤风云，但是后东北流亡作家的创作毕竟为后人留下宝贵的文学与精神财富。他们的创作对文学发展有着积极的影响与价值，为现代作家的晚期创作提供了启示。不仅如此，后东北流亡作家的创作还具有重要的文学史意义。同时我们也应该正视后东北流亡作家的主要作家创作中不可回避的一些不足与缺憾，这主要表现在与同时代同类作家作品相比存在一些艺术上的不足、作家创作心态对创作的负面影响以及缺少当代的影响力和新的阅读增长点等方面。

四、研究特色与创新之处

（一）研究特色

本书的研究，坚持以马克思主义唯物史观为准绳。客观研究、分析、评价现代文学史上东北流亡作家的当代文学命运与创作，并对后东北流亡作家创作的价值和意义做出客观的评价。在研究中，注重全面性与完整性。将宏观研究与微观研究相结合，既注重从"群"的角度对后东北流亡作家当代创作的继承、分化进行宏观分析，也注重从"个体"的角度对后东北流亡作家创作的个性进行具体分析。

（二）创新之处

第一，研究内容的创新。本书在研究内容上有所创新和突破，这主要体现在对后东北流亡作家的当代创作与当代命运的研究上，尤其是将以往不被重视的散文、诗歌、戏剧等纳入研究视野，具有填补空白的意义。

第二，研究角度的创新。本书将后东北流亡作家放在中国现当代文学的整体格局中去研究，研究后东北流亡作家的创作和当代主流文学话语及现代文学传统的关系。从文化视角和接受美学的角度分析东北流亡作家当代命运分化的原因，探讨他们对文学传统的接受和阐释，也分析文学传统对他们创作的召唤与影响。

第三，研究观点的创新。一般认为，东北流亡作家在20世纪30年代是创作的辉煌时期，而新中国成立以后东北流亡作家随即衰落。萧军、端木蕻良、骆宾基、舒群、李辉英等人的创作也无法和30年代同日而语。本书经过研究，认为东北流亡作家进入当代以后，由于多种原因导致群体解散，这固然是事实，但萧军、端木蕻良、舒群、骆宾基等人的文学创作还在继续并取得了不容忽视的成绩，有值得挖掘的内涵。这些作家在当代的创作中所表现出的某些共性的品格和倾向，与当代主流文学话语及现代文学传统都有着密切联系。

第四，研究方法的创新。本书突破以往单一的研究方法，合理地吸纳了比较的方法、接受学的方法、心理学的方法等，旨在多角度地把握研究对象。

五、价值与意义

（一）史料价值与意义

东北流亡作家的研究疆土还有很多值得开垦的地方。后东北流亡作家的创作还有值得重读和挖掘的地方。包括史料的发掘、年谱的整理、作品的归类、创作轨迹的描述等，都将给后人的研究提供一定的参考和借鉴，具有史料价值和意义。

（二）学术研究的价值与意义

本书着重研究的是现代文学史上东北流亡作家的当代命运和创作走向，这是以往学术研究的薄弱环节，也是本书的研究价值和意义所在。东北流亡作家的当代创作是这个群体链上的重要一环，是整体中的有机部分。他们的创作、命运、人生遭际是一笔宝贵的精神财富，为读者提供了丰富的创作经验和人生启示，也为现代文学群体的当代命运提供参照和反思。

（三）社会教育价值与意义

东北流亡作家在20世纪30年代高举爱国的旗帜，为民族和人民的苦难而呐喊，他们的爱国精神是值得历史铭记的。新中国成立以后，萧军等东北流亡作家积极响应国家的号召和政策，投身到祖国的建设中去，虽然在特定的历史时期，萧军、端木蕻良等作家受到了批判，身心受到了摧残，但是，无论是在顺境还是在逆境，他们的爱国意识从未消退，他们的创作热情从未减弱，他们的责任感和使命感从未降低。特别是到了晚年，他们的创作思想，他们的人格魅力越发激励后人。因此，对东北流亡作家的研究具有重要的现实教育意义。

（四）文化价值与意义

一直以来，荒寒文化一直是东北文化的代名词。东北流亡作家的创作风格与东北文化的特质密不可分。从20世纪30年代登上文坛的"东北流亡作家"到新中国成立以后的"后东北流亡作家"，再到新时期当代新东北作家，他们在创作上的坚守和新尝试，为早期的荒寒文化增加了温暖、柔和等多种新的色调。所以，研究后东北流亡作家对东北文化的历史继承与当代转型和发展具有重要的价值与意义，对东北文学和文化的整体研究也具有重要的现实意义。

第一章　从东北流亡作家到
后东北流亡作家

　　在中国现代文学史上，文学社团、群体、流派的形成、演进与更替是文学发展中的重要现象。20世纪20年代，文学研究会、创造社、语丝派、新月派等社团流派开启了流派发展的先河。30年代的京派、海派、社会剖析派等文学流派丰富了30年代的文坛。40年代，七月派、九叶诗派及其后的山药蛋派、荷花淀派等流派继续蓬勃发展。可以说，文学流派或准流派的层出不穷活跃了文坛，对文学的繁荣发展起到了极大的推动作用。东北流亡作家就是现代文学众多流派或群体中的个案。作为一个在特殊年代成长起来的松散的文学群体，东北流亡作家有着辉煌的过去。他们高举爱国和抗日的大旗，用文学的方式表现着民族的灾难，吐露着人民的心声，歌颂了人民不屈的战斗精神。他们的创作在全国的抗日救亡运动中发挥着举足轻重的作用。同时，萧军、萧红等作家在创作或思想上都曾直接或间接地受到鲁迅的指导和帮助。萧军在延安时期还曾与毛泽东有过深入的交流。他们的创作得到了各方的肯定和关注。因此，从理论上来说，这个群体虽然没有固定的口号和阵地，但是却因相同的创作倾向理应在新中国成立后沿着这一道路继续发展和壮大，实际上东北流亡作家的情况则不然，群体命运和个体创作都发生了很大的变化。

一、东北流亡作家现代时期形成与发展梳理

关于东北流亡作家，学术研究界对二十世纪三四十年代的东北流亡作家及其创作进行了深入研究，并取得了多方面的研究成果，但是对东北流亡作家的称谓、群体人数的界定、存在时间等问题还存在着一些争议。本书所指的东北流亡作家，主要遵从学术界现有的普遍共识，具有一定的专属意义，主要指九一八事变以后，萧军等一批从东北流亡到关内的作家，他们在左翼文学的推动和鲁迅等人的扶持下自发地进行文学创作。东北流亡作家形成于20世纪30年代中期，他们的作品反映了人民的苦难与挣扎，抒发了故土沦陷后收复失地的强烈愿望，揭露了日本侵略者的残酷罪行。他们的创作具有鲜明的爱国意识、忧患意识、反帝意识、流亡意识。主要的代表作家有萧军、萧红、端木蕻良、舒群、骆宾基、白朗、罗烽、李辉英等人。应该说，由这些代表作家扛起并得以铭记的东北流亡作家，是"九一八"前生于东北、表现东北的众多东北作家中的一部分，他们是东北大地上走出来的一群富有文学才华和长久艺术生命力的高举民族意识、地域意识的突击队和远征军。东北流亡作家从萌生到分化衰落经历了这样几个时期：

（一）孕育萌生期

早在"九一八"前夕，在东北的哈尔滨等地，一些年轻人就参加学生社团或组织文学活动。萧军、萧红、端木蕻良、舒群等人，他们都生长在东北的广阔土地上，白山黑水孕育了他们独特的东北文化性格。他们抱有爱国的热忱，对东北沃土更是有深深的感情。"九一八"前后，萧军、端木蕻良等作家在思想、社会活动和文学活动等方面都进行着充分的准备工作。这些活动为东北流亡作家后来的异军突起奠定了坚实的基础。

第一，从思想意识上看，萧军、端木蕻良等人在青年时期就有鲜

明的爱国、反帝倾向。不仅如此，他们积极宣传、参加各种抗日活动。他们虽然年纪轻轻，但是都充满正义感、责任感，思想基础具有高度一致性。萧军从小就目睹了日本警察和宪兵对中国人民的肆意侮辱，幼小的心灵深处早就埋下仇恨和反抗的种子。之后的军旅生活使萧军近距离体验了战争的残酷和人民所受的灾难。五四运动爆发之时，端木蕻良上街参加游行示威活动。九一八事变爆发后，端木蕻良组织参加"抗日救国团"，并参加孙殿英的部队保家卫国。舒群在哈尔滨中学读书期间，参加共产党领导的反帝组织，宣传抗日。九一八事变后，白朗在罗烽的帮助下积极参加反日工作，担任《国际协报》等刊物的编辑并进行抗日宣传活动。学生时代的骆宾基也有着相似的经历，十四岁他就经历了九一八事变，并加入抗日救国军。李辉英也在经历亡国之痛后，面对故乡被践踏蹂躏，带着满腔怒火，参加抗日活动。东北流亡作家不仅具有相同的反帝意识，同时，他们又在哈尔滨这个当时东北思想文化的重镇，进一步在思想意识和革命活动中得到磨炼。这些抗日活动和人生经历，是他们文学创作的宝贵源泉，成为促使他们以文学为武器去战斗的直接动力。

第二，从文学活动上看，伴随着早期的抗日救亡和革命活动，东北流亡作家也开始了他们的文学活动。萧军1931年冬到哈尔滨后，就逐渐开始了在文学上的试笔，在《国民日报》和《国际协报》等报纸发表文章，揭开了文学事业的序幕。1932年夏他与萧红相识，结伴同行，一起战斗跋涉。端木蕻良在天津南开上学期间，就在学校的刊物上发表了多篇诗歌、小说、书评，并担任校刊《南开双周》的编辑，还和胡思猷等人组织新人社，出版文艺刊物。1932年加入北方左联的端木蕻良发表小说《母亲》，并在1933年开始进行《科尔沁旗草原》的创作。舒群1931年也开始了文学生涯，他在《哈尔滨新报》副刊《新潮》上发表诗歌、散文。入党之后的舒群一边从事党的地下组织工作，一边发表文学作品。

第三，从感情关系上看，东北流亡作家之间的关系比较密切。看一个文学流派的形成与发展，成员间的关系是不可忽视的一个因素。处在萌生期的东北流亡作家比较团结友好。当时，萧军、萧红、白朗和地下党员金剑啸、舒群、罗烽等人关系比较密切，地下党员金剑啸对萌生期的东北流亡作家影响是比较大的，萧军、萧红、白朗、舒群都是金剑啸组织的星星剧团的成员，他们在演出活动、革命活动和文学活动中建立了深厚的友谊。萧军与萧红、白朗与罗烽，他们不仅是战斗的伙伴，还发展为生活的伴侣。萧军与舒群等人的友情也是文坛上的佳话。当时，萧军的家就是舒群在第三国际组织工作中交换情报的一个联络点，那时，萧军和萧红生活十分艰难，无钱出版作品，正是舒群等人的倾力帮助，四处奔波筹集印刷费，使他们的《跋涉》得以出版。其间，舒群与萧军、萧红、罗烽、白朗等进步文学青年建立了深厚友谊。即使相互不熟悉的，彼此间关系也比较单纯，并无芥蒂。

第四，从地域环境上看，萧军等东北流亡作家都来自东北这片广袤的大地，他们不仅年龄相近，而且在生长的地域背景上也相近。萧红1911年出生于黑龙江省呼兰县，萧军1907年出生于辽宁省义县，端木蕻良1912年出生于辽宁昌图，白朗1912年出生于沈阳，罗烽1909年出生于沈阳，骆宾基1917年出生于吉林珲春，舒群1913年出生于黑龙江哈尔滨，李辉英1911年出生于吉林永吉……东北这片地域，四季分明，土地辽阔，气候寒冷，物产丰富。东北古代是蛮荒之地，满、蒙古、汉、朝鲜等多民族融合聚居，形成独特的东北文化。东北人内质刚毅，性格豪爽，热情勇敢。东北的地域文化赋予了东北流亡作家相似的文化基因。萧军等人都曾到过哈尔滨这样一个在当时思想相对开放多元的地方，接受了新思想。所以，在国难当头，家园沦陷之时，这些青年人表现出爱国意识和反抗意识是自然而然的。

从早期的人生经历、思想意识、社会活动到文学活动，"抗日"成为东北流亡作家孕育萌生的关键词。东北流亡作家在孕育萌生期有着相同的思想基础和相似的创作训练。这些相同的思想基础和早期的创作试笔，使得当时正处朝气蓬勃、心怀抱负的青年人，积极行动起来，以笔为武器，投入火热的战斗中。因此，思想基础、文学基础、感情基础等共同作用使得他们以"群"的姿态在文坛异军突起。

（二）崛起爆发期

20世纪30年代中期，东北流亡作家登上文坛，迅速崛起，获得各方关注。这段时期也是他们创作的黄金期。他们的作品具有粗犷宏大的风格，形成一支独特的抗日文学力量。同时，东北流亡作家写出了东北风俗民情，显示了浓郁的地方色彩。

第一，从地域上来看，如果说东北是东北流亡作家的萌生之地，那么上海则是东北流亡作家真正的崛起之地。如果说当时哈尔滨是东北思想文化的重镇，那么上海则是20世纪30年代中国经济、思想、文化的繁荣之地。30年代兴起无产阶级革命思潮，特别是1930年左联在上海的成立，推动了马克思主义文艺理论的传播，加强了与世界无产阶级文学的联系，提倡了革命现实主义创作方法。虽然左联1936年解散，但是对于中国文学的发展是起了推动作用的。不仅如此，30年代的上海还有新感觉派等其他流派共同存在。这种多元共存的局面，对文学发展是有积极影响的。然而，对于萧军等人来说，1934年哈尔滨处在白色恐怖之下，很多进步作家和文学青年受到日军的抓捕。萧军、萧红、舒群等人被迫离开哈尔滨。1935年六七月间，舒群从青岛流亡到上海。不久，萧军和萧红也从东北来到上海。1935年5月，白朗与出狱的丈夫罗烽共同前往上海，并加入左联。端木蕻良于1936年从天津经南京来到上海，骆宾基也于1936年从哈尔滨前往上海。经历了早期的流亡，东北流亡作家在上海迎来了集合亮相的契机。

第二，从外力助推看，萌生期的东北流亡作家成员之间互相帮助，还得到了金剑啸等人的鼓励引导，这使他们在革命活动和文学创作上得以顺利起步。那么到了上海，东北流亡作家的迅速崛起除了自身的努力，外力的助推是十分重要的。这种助推主要来自鲁迅。鲁迅对东北流亡作家给予大力的扶持和肯定，甚至在这些作家整个创作生涯，鲁迅都是他们精神的向导。其中，鲁迅对萧军、萧红的帮助是最多的，因为他们与鲁迅能够见面，所以较之群体中其他作家就幸运一些。1934年，萧军和萧红就与鲁迅有了书信的接触，他们到了上海以后又与鲁迅直接见面。鲁迅去世前，萧军、萧红与鲁迅共有多封书信往来。鲁迅见证、成就了一对年轻人的成长。在鲁迅的帮助下，萧军的《八月的乡村》和萧红的《生死场》在上海出版，鲁迅亲自撰写序言。鲁迅还将萧军、萧红介绍给上海的左翼人士。除了萧军、萧红，群体中其他作家的成长也与鲁迅有着密切的关系。早在1933年4月，鲁迅在日记中就记载收到李辉英所赠的长篇小说《万宝山》。1935年，李辉英与鲁迅有过十封书信往来，李辉英几次向鲁迅邀稿。端木蕻良在1933年与鲁迅有了最早的接触，他在北平左联任《科学新闻》编辑时，根据鲁迅的意见，写了一篇关于茅盾被捕消息不实的更正性文章，而且鲁迅的来信成为端木蕻良创作《科尔沁旗草原》的动力。1936年，端木蕻良又以叶之琳和曹坪之名给鲁迅写信，希望鲁迅对《大地的海》提出意见，当时病中的鲁迅让端木蕻良把全文寄给他，并鼓励端木蕻良写些短篇小说，端木蕻良的短篇《爷爷为什么不吃高粱米粥》就是经鲁迅推荐发表的。骆宾基于1936年7月至9月间与鲁迅有七次书信往来，出于对鲁迅的敬仰，骆宾基请鲁迅对《边陲线上》提出宝贵意见。其他的东北流亡作家虽然没有与鲁迅直接接触，但是也都受到了鲁迅的影响。除了鲁迅，茅盾、郑振铎、王统照、冯雪峰等人也对东北流亡作家的崛起做出了积极的贡献。

第三，从创作主体上看，东北流亡作家的人生所见、所感，让他们有拿起笔来抒发心声的强烈愿望。相同的文化基因使他们抱有对国家、土地、人民的最深沉的爱和对侵略者最彻底的恨。早期的文学活动、文化熏陶和创作实践，使他们以文字为匕首，一发而不可收。东北流亡作家的崛起绝非偶然，天时、地利、人和，共同成就了东北流亡作家在中国现代文坛的突起。

第四，从文学创作上看，他们迎来创作的黄金时代。在上海，较早发起抗日救亡呼声的东北流亡作家是李辉英。他在1932年发表了短篇小说《最后一课》，隔年便出版长篇小说《万宝山》，较早揭露了日本侵略者对祖国河山的侵略和东北人民勇敢的反抗。随着萧军的《八月的乡村》和萧红的《生死场》的出版，到1936年，东北流亡作家中的其他作家会集上海，纷纷发表作品，标志着东北流亡作家这一群体的正式出现和形成。东北流亡作家的崛起引起了文坛的高度关注，他们也迎来了创作的高峰期。例如，继《八月的乡村》后，萧军在上海又创作了《羊》《江上》《绿叶的故事》《十月十五日》等作品集。1936年舒群的第一篇小说《没有祖国的孩子》发表后即成为他的代表作，并得到了周扬、周立波等人的充分肯定，影响很大。之后一年的时间里，舒群仅短篇小说就写了二十多篇，他还写了中篇小说《老兵》和《秘密的故事》，这段时期是舒群创作的旺盛期。端木蕻良1936年来到上海，这一年他的创作成绩颇丰，6月完成了长篇小说《大地的海》，8月在上海的《文学》杂志发表了短篇小说《鹭鹭湖的忧郁》，10月在上海的《作家》杂志发表了短篇小说《爷爷为什么不吃高粱米粥》，11月在上海的《文学》杂志发表了短篇小说《遥远的风沙》，12月短篇小说《万岁钱》和《雪夜》也在《中流》杂志发表。1937年，端木蕻良的创作势头继续延续，发表了短篇小说《浑河的急流》《吞蛇儿》《憎恨》《被撞破的脸孔》等作品。骆宾基也于1936年5月从哈尔滨来到上海，并开始创作《边陲线上》。其他东北流亡作家也在这一时期有着可喜的创作收获。他们以风格鲜明的创作，奏响了抗日文学的嘹亮号角，为文坛交上了一份满意的答卷。

（三）发展分化期

东北流亡作家这一群体经过了萌生期、崛起期，也随着战时环境的变化等多种因素走向了发展和分化。

第一，从地域上看，东北流亡作家由聚集走向分流。东北流亡作家从萌生期的哈尔滨，到崛起期的上海，从事文学活动的地域是相对集中的。全面抗日战争的爆发，文坛也随着战时形势的变化形成了以延安为代表的解放区文学、以重庆为代表的国统区文学和以上海为代表的孤岛文学。东北流亡作家也在这样的流散迁徙大潮中开始了流亡、辗转和分散。从地域轨迹的走向上不难看出一些端倪，经过了哈尔滨的第一次"聚集"，上海的第二次"聚集"，东北流亡作家这种带有群体色彩的大规模"聚集"难以再现。之后，他们投入全面抗战活动当中，并在辗转各地过程中坚持创作。1937年七七事变后，武汉成为全国抗战的中心，东北流亡作家中的部分作家来到武汉。1937年10月，萧军和萧红从上海前往武汉，开始人生的第三次逃亡。端木蕻良也于1937年10月前往武汉。他们以高昂的革命热情投入抗日救亡的洪流中。在武汉短暂停留后，随着局势的逐渐险恶，带着报效祖国的雄心，萧军、萧红、端木蕻良等人又从武汉前往临汾。不到两个月的时间，随着日寇的轰炸和萧军、萧红与端木蕻良关系的复杂化，这支从上海到武汉、临汾的小队伍随着萧军选择去了延安而发生了分流。后来，萧军和萧红在西安彻底诀别，萧军辗转于兰州、成都等地，而萧红和端木蕻良前往香港。1937年八一三事变以后，上海的一些作家和文化人士在党的指示下进行撤退，东北流亡作家中的另一部分作家如舒群、罗烽、白朗等人前往重庆，后辗转于南京、延安等地。在战时背景下，东北流亡作家开始了又一次地域趋向意义上的分流。而东北流亡作家继上海之后，萧军、舒群、白朗、罗烽等人在延安有了一个小范围的"集合"。

第二，从社会活动上看，离开上海之后，东北流亡作家仍然从事文学活动和抗日救亡活动。全面抗战以后，他们积极参加全国文艺界抗敌协会。来到武汉的萧军、萧红、端木蕻良等人继续编辑《七月》杂志。萧军不仅积极参加《七月》的编辑工作，还为之写了很多文章。他响应周恩来的号召，积极参与"文协"的筹备工作。萧军等人对国民党当局欺骗民众的做法，对汪精卫等人的言行极度愤慨。萧军和萧红还曾被国民党反动派以打架为名进行逮捕。离开上海，来到武汉，又到了临汾的萧军、萧红、端木蕻良等人，在民族革命大学任教，教书之余继续从事抗日救亡工作。萧军和萧红分开以后前往兰州，继续从事抗日活动，并担任《民国日报》副刊《西北文艺》的编辑。1938年年初，舒群和丁玲在武汉创办了《战地》刊物。舒群的创作因工作原因有所减少。1939年春，舒群又从武汉来到桂林。1941年皖南事变爆发，萧军、白朗、罗烽等人从重庆前往延安。1941年至1943年，舒群担任《解放日报》四版主编，并在延安鲁艺文学系担任领导工作。骆宾基也在"八一三"之后在浙东等地辗转，继续开展抗日救亡运动。

第三，从作家的个体遭遇上看，斗志昂扬与迷茫坎坷并存。东北流亡作家初登文坛就受到鲁迅等先辈的保驾护航，得到了文艺界的肯定与赞誉，因此他们是幸运的。七七事变以后，东北流亡作家虽然经历着个体生活上的迁移流浪，但他们在精神上总体来说是积极向上、斗志昂扬的。在延安，萧军、舒群等人受到党中央的重视，萧军曾受到毛主席的接见，并有书信往来。萧军反映文艺界存在的问题，表达自己的看法，毛泽东还亲笔致信萧军参加延安文艺座谈会。但是，由于阶级斗争思想、宗派主义思想以及萧军的性格原因，因为王实味事件，萧军受到冷落，赌气过了几个月的乡居生活，在毛主席等人的关怀下，重回延安。而东北"二萧"之一的萧红，没能等到抗战胜利就英年早逝。端木蕻良在经历了战乱的逃亡、妻子萧红的去世等事情后，内心深处的孤独凄苦可想而知。舒群、白朗、罗烽等人，在革命活动中磨炼了意志，也在颠沛流离中多了人生的体悟。

第四，从成员间关系上看，东北流亡作家之间渐趋复杂。端木蕻良1937年10月前往武汉，与萧红、萧军同住。萧红和萧军的感情也经历着风雨变化，她选择离开萧军而与端木蕻良结合。之后，萧红与萧军、端木蕻良也开始了复杂的感情纠葛。萧红和端木蕻良1940年去了香港，积极参加香港文协的工作。1942年萧红在香港病逝，东北流亡作家失去了一位才女作家。随着萧红的去世，萧军、端木蕻良、骆宾基等人的恩怨日益积攒，争议一直持续几十年。在延安时期，萧军、舒群、罗烽、白朗等人保持友好关系，他们还被毛主席邀请到家中做客。从文学群体的整体发展上考量，群体内部作家的团结、友好对群体的发展具有积极促进作用；相反，群体内部成员间的恩怨纠葛、猜忌成见，对群体的发展肯定是有害无益的。

第五，从文学活动上看，战争的灾难，人生的颠沛，并没有使东北流亡作家的创作停滞不前。萧军在《七月》上连载长篇小说《第三代》，并于1939年3月完成了十九万字的散文集《侧面》。从1940年到1945年，延安时期的萧军创作了大量的杂文。从1938年到1939年，端木蕻良长篇小说《科尔沁旗草原》和读者见面，短篇小说集《风陵渡》也出版问世。端木蕻良去香港之后，长篇小说《新都花絮》、中篇小说集《江南风景》，还有几十篇散文、论文等问世。萧红也开始《马伯乐》和《小城三月》等作品的创作。萧红去世以后，端木蕻良经历了一段时间的痛苦、低落之后，创作风格也随之发生了一些变化，《初吻》《早春》等小说在艺术上更加深沉。此外，骆宾基从香港到达桂林，继续创作，奉献出《人与土地》《幼年》等长篇小说，《罪证》《仇恨》等中篇小说，《老女仆》《红玻璃的故事》《北望园的春天》等短篇小说。1938年到1945年，舒群发表《夜景》《画家》《祖国的伤痕》等多篇短篇小说和散文、短评等文章。应该说，这一时期东北流亡作家的创作依然关注战争背景下的地域、社会、人生，反映不同阶层人民的灾难和反抗。他们的创作依然具有相似的风格和精神追求。从个体风格上看，萧军、端木蕻良、骆宾基等人的创作更加深沉、细腻，更加注重人物形象和心理层面的刻画。这一时期，东北流亡作家继续保持着创作上的上升势头，个体作家的创作总体上也较早期更加成熟。

实际上，鲁迅的去世、战时的形势、萧红的去世以及东北流亡作家成员之间关系的错综复杂，这一系列的因素使东北流亡作家受到不小的震荡。抗战后期，东北流亡作家走向发展的同时也孕育着分化。

（四）分化衰微期

1945年以后，随着抗战的胜利，东北流亡作家继续走向分化，像上海时期的集中爆发阶段已不复存在。从抗战结束到新中国成立，东北流亡作家面临着挑战和考验。

第一，从群体的流向和命运遭遇上看，东北流亡作家中的主要作家又都有了新的去向。从九一八事变到七七事变，从东北的沦陷到全民族的抗战，东北流亡作家一直在为民族的解放呐喊。抗战结束，神州大地无不沸腾。作为东北流亡作家的创作主力，萧军斗志昂扬，继续战斗与创作。他回到东北，担任东北大学鲁迅艺术文学院的院长。1947年5月，萧军主编的《文化报》在哈尔滨创刊。但是随之而来萧军在思想和创作上遇到了前所未有的阻力。特别是因为《文化报》和宋之的主编的《生活报》之间的论战，萧军受到批判，经历了人生的重创，人生进入低谷。骆宾基在1945年和1947年两次被国民党逮捕入狱，在狱中，骆宾基经受着身心的考验。相比之下，舒群、端木蕻良等人的命运遭遇要平顺一些。1945年，舒群响应党中央的号召，投身到东北文化事业的开发和建设中去，他从延安回到东北，在沈阳、抚顺、长春、哈尔滨等地辗转。从所从事的工作和文学活动来说，舒群的经历较为丰富，他在东北文工团、中共东北局宣传部文委、东北大学、东北电影制片厂、东北文协等单位都曾担任重要职务，社会活动较多。抗战胜利后，李辉英回到东北，先后在长春大学、东北大学任教。端木蕻良在抗战胜利前夕由遵义前往重庆，又于1946年从重庆前往武汉，编辑《大刚报》副刊《大江》。从抗战胜利到新中国成立，东北流亡作家在地域上继续分流。随着个体命运遭际的改变，东北流亡作家的群体命运也无法和20世纪30年代同日而语。

第二，从创作上来看，群体风格逐渐弱化。抗战胜利后萧军就着手创作京剧剧本《武王伐纣》。1947年5月到1948年7月，他创作自叙传作品《我的童年》，真实地描摹出自己的人生轨迹，也刻画了众多人物形象，包蕴深广的历史内容和时代内涵。骆宾基创作了《一个坦白人的自述》《一个奉公守法的官吏》《贺大杰的家宅》《由于爱》等短篇小说，完成萧红的传记《萧红小传》，还有话剧、短论和诗歌等作品。舒群这一时期在创作上主要以散文为主，发表了《我所见的红军》《沈阳漫记》《不朽的笔墨》《素描沈阳夜》《妈妈的爱》等散文。端木蕻良在此期间创作了多篇散文、论文，在小说创作上没有拿出像《科尔沁旗草原》《大地的海》那样高水准的作品来。白朗这一时期以报告文学和短篇小说创作为主。总体上看，在这一时期，他们的创作较之20世纪30年代没有实质性的突破和创新，反而呈现下降的趋势，群体风格在弱化。30年代抗日主题的空前彰显与光芒已悄悄淡去，作家个体的艺术风格和审美取向在逐渐强化。

第三，从精神纽带和创作指向等方面看，东北流亡作家受到严峻的冲击和挑战。严格说来，东北流亡作家并不是一个发展特别成熟的文学流派，它是在抗战的特殊历史时期形成的产物。他们没有固定的创作主张、没有鲜明的口号、没有创作的阵地，是特殊的时代和命运将他们联系在一起，使他们在经历、遭遇、创作倾向等方面表现出一些相似性。可以说，战时的背景、流亡的经历成就了东北流亡作家。抗战结束之后，东北流亡作家群体的精神纽带弱化了甚至中断了。战争结束，历史翻开了新的一页，创作什么，怎么创作，成为他们必须面对的问题。抗战结束，解放战争开始，东北流亡作家的生活并没有真正安顿，人生继续漂泊，精神何处安放？因此，东北流亡作家群体命运也面临着更大的分化和衰微，东北流亡作家的个体创作也面临着新的挑战。

在群体存在的合理性与完整性方面，学界一般认为，东北流亡作家并不是一个组织严密、发展成熟的社团或流派，而是一个松散的群体。对于东北流亡作家的成立时间，学术界一般能够达成共识。而对于解体的时间，则存在着不同的意见。宋喜坤在《再论东北作家群的存在时间》[①]一文中，列举出了几种不同的看法，如杨

---

① 宋喜坤. 再论东北作家群的存在时间 [J]. 语文教学通讯，2014 (10).

义、逄增玉等人认为全面抗战以后东北流亡作家就走向解体了，马伟业认为东北流亡作家是在抗战结束以后自行衰落的。宋喜坤则认为东北流亡作家的解体时间是在1949年，随着萧军因《文化报》事件受到批判以后解体的。这几种看法各有其道理，表明东北流亡作家的松散性。

东北流亡作家经历了上述孕育、崛起、发展、分化到衰落几个阶段。在这些阶段里，他们分别受到"五四"文学、左翼文学的深刻影响，现实主义是他们创作的共同底色。这些文学传统也延续到当代，和他们在新中国成立后的文学选择有着直接的关系。

二、后东北流亡作家当代命运与道路分化

笔者在绪论中提到，东北流亡作家这一群体从逻辑上来讲是现代文学时期的产物，到了当代，群体特征日渐消失而个体特征越加凸显。在越过群体命运和时代变迁的双重分水岭之后，东北流亡作家这一群体走向衰落并进入后东北流亡作家时期。后东北流亡作家与东北流亡作家又有着难以割舍的联系。对一个文学群体的研究，我们不仅要关注群体在形成、发展与鼎盛期的创作活动，也应该追踪群体在分化衰落后的群体命运与个体走向，这样才能体现研究的持续性、完整性和全面性。沿着这一轨迹和思路，梳理后东北流亡作家的文学命运与创作道路十分必要。后东北流亡作家的命运与创作队伍的发展态势、作家的个体遭遇、社会影响力等多方面密切相关。在文学史上，作家文学命运的起伏不仅取决于文学作品本身，还要受到文学以外多方因素的影响。东北流亡作家在1949年前分化衰微的基础上，随着中华人民共和国的建立汇入当代文学的历史洪流。

（一）创作队伍的流散

东北流亡作家这一群体衰落后，他们中的大部分作家以新的姿态进入当代文坛。现代时期的东北流亡作家具有流亡和流浪的色彩。在

战时背景下，这一群体的成长呈现出鲜明的流动性。当群体衰落以后，在创作队伍上后东北流亡作家继续分化和流散。

1. 后东北流亡作家创作队伍的"散"

东北流亡作家这一群体衰落了，群体意义不存在了，文学创作队伍自然不能成"群"。东北流亡作家被主观与客观的各种因素打散后，这个群体中曾经的创作主力走向何方？从大范围的地域流向来看，后东北流亡作家中的大部分作家留在或回到了内地，小部分作家选择前往港台发展。留在内地的作家主要有萧军、舒群、端木蕻良、骆宾基、白朗、罗烽等人。选择离开内地，前往港台的作家主要有李辉英、孙陵。这样，后东北流亡作家也就在作家主体活动的场域上发生了巨大的分化。由于当时内地和港台文学传统、文化传统和意识形态等存在明显的差异，生存在不同场域中的作家，文学命运也自然不同。

宏观上，后东北流亡作家分散成了内地和港台两个活动区域。微观上继续追踪下去，选择在内地继续发展的后东北流亡作家主要的活动区域在哪里呢？

新中国成立后，萧军、舒群回到了东北。1949年，萧军带着妻子和孩子，更带着沉重而复杂的心情来到了抚顺矿务局总工会。他经常和工人们一起劳动，下矿体验生活。萧军还担任抚矿京剧团的顾问，进行历史剧创作，亲自当导演。1950年朝鲜战争爆发，在备战和疏散人口的背景下，萧军回到了沈阳。1951年萧军因思念亲人，也为了文学事业来到了北京，此后就在北京度过了近三十年风雨煎熬的日子。舒群当代的活动区域一个是在抗美援朝期间，他以作家身份奔赴前线，冒着硝烟战火，深入前线，体验生活。他的另一个活动区域是在东北。1953年，舒群到鞍山，担任鞍山轧钢厂工地党委副书记，在此，舒群深入了解生活。1958年，舒群因被划为"反党分子"，下放本溪劳动改造近二十年。平反之后，舒群晚年的活动区域主要在北京。新中国成立后罗烽被派往沈阳，主抓东北文化工作，白朗也和丈夫一起，生活的轨迹辗转于沈阳、北京、阜新、金州、盘锦等地。

与萧军、舒群等人稍有不同，端木蕻良、骆宾基等作家选择从香港回到内地。新中国成立前夕，端木蕻良从香港回到北京，北京便成为端木蕻良当代主要的生活区域。从20世纪50年代到60年代初，他多次深入农村、工厂和部队体验生活，他还到石景山钢铁厂体验生活。骆宾基于新中国成立前夕从香港回到内地。他在《人民日报》创作组和山东省文联工作，后又调回北京，为新时代贡献自己的力量。从地域上看，萧军、端木蕻良、舒群、骆宾基等人的活动在新中国成立后都在内地，他们都不约而同地选择在新的时期深入生活，积累创作素材，锻炼自己。他们虽然是以北方作为主要的活动区域，而且他们当代的人生轨迹上共同拥有北京这样的活动之地，但北京却没有完全成为"群体"创作的栖息之地。他们下放或深入生活的地方基本在东北各地，足迹散落于抚顺、鞍山、沈阳、盘锦、阜新、本溪等地，难以再有现代时期所谓的"聚集"或"会合"。

后东北流亡作家创作队伍的流散，很大程度上是在当代文学格局的整体调整之下发生的分化。萧军等人并不是像东北时期、上海时期、延安时期那样有过创作队伍上的短暂"会合"，而是辗转于战地、工厂、农村，这种分化和流动更多地带有国家体制政策与作家主观选择的双重色彩。

在创作队伍的流向上，与萧军、端木蕻良、白朗等人的选择不同，还有的作家选择离开内地，前往港台，孙陵和李辉英就是如此。前往台湾的孙陵，无论是政治信仰，还是文学创作，都发生了巨大的转向，呈现鲜明的反共意识。而李辉英选择离开东北前往香港，从事专业的写作工作。在香港，他感受到了前所未有的离开故土的陌生，也体会到了创作环境的自由。除了专业创作外，他还亲自主编杂志，并从事教学和研究工作，开辟了事业的第二战场。

2. 后东北流亡作家创作队伍的"流"

由于受到战时背景和革命形势的影响，也由于现代文学和社会变革的密切关系，现代作家的人生轨迹也大都随着革命形势的发展而迁徙和流动。东北流亡作家经历了哈尔滨、上海、武汉、重庆、延安等地的分合与流散。新中国成立后，后东北流亡作家中留在内地的大部分作家经历了几次大规模的流动。第一次即中华人民共和国成立后，在时代的变迁之下，后东北流亡作家从整体上流向了当代生活这一广阔而崭新的创作海洋。第一次文代会后，中国作家实现了空前的团结，指导思想获得了空前的统一，文学的一体化开始形成。一般来说，除了文学风格稍有差异外，大多数作家的创作思想趋于统一。文学界的思想改造逐步展开，这一时期后东北流亡作家也因全国文学格局的变化而变化。第二次规模较大的流动是在十年浩劫和文艺批判运动频繁的特殊历史时期，他们在整体上被卷入并流向了人生命运和文学命运的冰谷。"文革"开始后，萧军、舒群、白朗、罗烽等都受到不同程度的迫害。"文革"十年对中国文坛、对中国作家的命运都带来巨大的伤痛。后东北流亡作家大都以自己特有的方式生活和创作，他们的艺术生命遭到了无情的践踏。第三次较大规模的流动是"文革"以后，他们流向了新时期文学创作和命运道路的暖洋。"文革"浩劫过后，迎来新时期文学的春天。学术研究界重新关注东北流亡作家，他们的文学地位逐渐恢复。可以说，虽然经历了各种磨难和坎坷，但他们一直在文学道路上默默耕耘，一直在人格的魅力上坚守。

应该说，后东北流亡作家进入当代以后的这几次"流"，是具有整体性、客观性和普遍性特征的。这是绝大部分的现代作家以及现代文学流派跨越到当代的普遍性现象。整体文学气候的改变，使后东北流亡作家在文学代际的转变和无法逆转的历史潮流中进行着一种不由自主的流动。这种流动的动因更多出自外力和客观的影响，客观驱动多于主观选择。如果说后东北流亡作家创作队伍的"散"主要是主观使然，那么，后东北流亡作家创作队伍的"流"则主要是客观驱使。

（二）文学创作的断续

1. 文学创作走向上的"续"

虽然时空场域发生变化，但后东北流亡作家中的大部分作家依然在从事着文学活动，基本延续了新中国成立以前的创作生命力。

首先，后东北流亡作家创作上的延续表现在创作热情与欲望的延续。应该说，那些在现代成名的作家在新的文学时代面前是没有创作上的优势的。这些作家与在当代文坛新崛起的年轻作家相比，是有压力的，因为他们要先进行思想改造才能与新的时代接轨。在压力之下这些作家并没有失掉继续创作的热情，后东北流亡作家也是如此。他们的创作热情依然在延续着。这种创作热情的延续源于作家的使命感、责任感，也源于不服输的性格。因此，我们看到萧军、端木蕻良等人都在努力摆脱创作上的不利影响，不断地调整自己，化压力为动力，在当代文学发展的不同历史阶段，克服重重困难，延续艺术创作的生命。

其次，后东北流亡作家创作上的延续表现在个体作家在各自擅长的文学领域继续开拓。不管这些作家的创作与现代时期相比发生怎样的变化，以往曾经开拓的疆域并没有彻底凝固。例如，萧军延续了对长篇小说的青睐，当代小说创作依然是以长篇为主。虽然题材不同，但《五月的矿山》和《吴越春秋史话》均为长篇力作。萧军还在诗歌领域进行几十年不间断的创作。骆宾基延续了在中短篇小说上的独特造诣。他在《北望园的春天》《老女仆》等作品的基础上继续关注现实，在当代创作出了《王妈妈》《夜走黄泥岗》《山区收购站》等切近时代风貌而又艺术精湛的短篇小说。舒群也在中短篇小说上有所收获，他选择了在《没有祖国的孩子》等作品中一贯沿用的青少年视角和温暖主题的表达，创作出了《少年chen女》《美女陈情》等具有时代意义的小说。白朗在当代延续了她所擅长的女性题材，小说《为了幸福的明天》就是典型的代表。端木蕻良在二十世纪三四十年代创作出了《科尔沁旗草原》《遥远的风沙》《初吻》等为文学界津津乐道的作品。新中国成立后他的小说创作虽然算不上高产，但是创作了《钟》《蜜》等艺术手法精湛的短篇小说和《曹雪芹》这部宏大而深厚的长篇小说。新中国成立后前往香港的李辉英在创作方面保持了较高的创作生命力。初到香港几年间，他的创作便在小说领域继续开花。比如，短篇小说集《牵狗的太太》，中篇小说《蔷薇小姐》《追求》《永恒的爱情》《哈尔滨之恋》《悲欢离合》《乡村牧歌》《团聚》，以及长篇小说《人间》都是在1951年至1954年短短几年完成的。

再次，后东北流亡作家创作上的延续表现在创作方法、艺术观念等方面的延续。他们在创作中关注社会、现实和人生，努力展示不同历史背景下的人的命运。当然，也延续了现代文学发展过程中的一些优良传统。萧军、端木蕻良等人都在现实主义的道路上继续前进。无论是历史题材，还是现实题材，不管是小说，还是诗歌或散文，现实主义创作观念、爱国主义精神、忧患意识等由来已久的文学传统都在后东北流亡作家的文学创作中被努力延续和发展下来。关于这一问题，笔者将在后续章节中展开论述。

2. 文学创作走向上的"断"

后东北流亡作家文学创作上的"断"，表现在文化传统和创作思路的潜在打断，也表现在个体作家因为在特殊历史时期创作上的被迫打断，还表现在作为一个创作群体标志性的创作风格的中断。

东北流亡作家从现代走来，自然也曾置身于现代文学传统之中，并深受现代文学传统的熏陶和影响。当现代过渡到当代，后东北流亡作家原有的创作思想就会被打断。那么随之而来，新的时代需要有新的文学范式。当文学创作中长期形成的"旧"面对突如其来的"新"，也就是那些"熟悉"的题材、主题和"陌生"的领域相冲突的时候，必然会带来作家创作思路的缓冲和短暂的中断。后东北流亡作家不约而同地重新整理曾经的艺术积累，进行艺术构思的改造和重组。因此，他们纷纷减少甚至扬弃曾经在创作中重点描写和突出的主题和思想。后东北流亡作家创作走向上也在适时调整艺术的着眼点和关注点。其实，李辉英在香港的文学活动也是重新开始的。在新的文学空间，曾经的文学传统和创作风格也必然被打断。李辉英到了香港，为了生存，也不得不做出迎合当时香港文化及市民的审美趣味的创作选择。

后东北流亡作家文学创作上的"断"还体现于多次文艺批判运动之下所导致的创作中断。在特殊的历史时期，他们在被剥夺创作自由期间，也以另一种潜在的方式表达或延续知识分子的人文理想。比如，萧军在新中国成立初期主要从事小说创作，可是"文革"中萧军饱受迫害，多次被抄家，文物、书稿等珍贵书籍都被损毁，这一时期小说创作之路被打断，转向诗歌以寄情。骆宾基在"文革"中的创作也被打断，他在新中国成立初期经过上下求索，在农业合作化题材方面探索出一条新路，也受到了官方的肯定，可惜，"文革"后没能继续发扬，转向从事古文字学研究。白朗正当新中国成立初期创作热情高涨之际，便因"反党"和"右派"之名而被迫中断创作。后东北流亡作家创作中的这种"断"，不仅对作家创作的连续性造成了伤害，也隔断了文学作品与读者、批评家之间正常的阅读、评价和互动。

东北流亡作家完成了历史和时代赋予的使命后，以一种自然、无奈而悲情的方式在文坛上悄悄地落幕了，同时也意味着作为群体纽带之一的相似的创作风格的断裂。群体风格中断之后随之延续和凸显的是作家个体风格。萧军进入当代创作的小说思想性是大于艺术性的。萧军的创作中平添了许多悲剧意味与沧桑之感。萧军将自己的思想、经历、体悟揉进他的创作中。端木蕻良试图在作品中真正表达自己的审美追求，但这种表达隐晦而曲折，这与端木蕻良内敛、忧郁的性格有直接关系。舒群当代作品中秉持着温暖、清新、向上的风格。骆宾基当代则表现出对主流文学话语的最紧密的追随，淋漓尽致地诠释和图解着主流意识形态和文学话语。这些作家的创作追求和审美风格的分化是强大的意识形态规约之下的反映。

需要指出的是，后东北流亡作家创作走向上的"断"与"续"并不是泾渭分明、界限严格和绝对的，断断续续是他们当代创作的一个基本态势，往往断续之中孕育、包含着转化。比如，白朗在新中国成立初期延续了现代时期的创作精力，从1950年开始，奉献出了《不朽的英雄》《妹妹和哥哥》《变》《为了幸福的明天》《锻炼》等较为新颖的作品。然而，白朗和罗烽从1958年到1961年被错误地打成"右派分子"，这三年创作就中断了。当"右派"的帽子摘掉以后，他们二人的文学创作才得以继续。白朗的《少织了一朵大红花》《温泉》《警钟》，罗烽的《雪天》《第九盏红灯》等作品便陆续创作出来。文学创作发展过程中的断续并不否定创作的坚持、创新与发展。特殊历史时期文学创作中的"断"与"续"，这是一个互相渗透、影响的动态过程。当乌云散去，后东北流亡作家进入新时期后重新踏上征程，再次燃起创作激情。萧军整理创作出《鲁迅给萧军萧红信简注释录》《萧红书简辑存注释录》，还创作了大量的诗歌。舒群创作了《少年chen女》《美女陈情》《题未定的故事》《思忆》《醒》等短篇小说。骆宾基出版了《骆宾基短篇小说选》和散文集《初春集》。端木蕻良进行长篇小说《曹雪芹》的创作。新时期，萧军、端木蕻良等作家的创作与十七年时期的某些创作思想产生了中断，而与现代文学传统或自身的创作追求又有了某些方面的接续。

（三）群体影响的起伏

从社会影响力上看，后东北流亡作家的社会影响力逐渐减弱。他们在现代时期社会影响力是很高的，是获得广泛的接受与阅读的。比如，萧军和萧红深得鲁迅的赏识，鲁迅高度评价萧军的《八月的乡村》和萧红的《生死场》。鲁迅逝世后，萧军作为鲁迅的弟子，担任送葬队伍指挥的重要任务，可以想见萧军当时的社会地位。在延安时期，萧军还曾被毛泽东主席接见。抗战胜利后，萧军还曾担任鲁迅艺术文学院院长。骆宾基两次被捕入狱，都曾得到中国共产党的积极营救。舒群在二十二岁的时候就是第三国际驻哈尔滨的中国地下党员，是东北地下革命工作的组织者。罗烽与白朗也是中共地下工作者。他们中的大部分人都有过很高的政治地位和社会地位。端木蕻良的《科尔沁旗草原》曾受到郑振铎的高度评价："出版后，预计必可惊动一世耳目！"①李辉英的《最后一课》、骆宾基的《边陲线上》也都引起强烈的社会反响。

就整个当代文学而言，后东北流亡作家并没有引起巨大的轰动效应，影响力是在逐步缩小，甚至在特殊时期遭到不公正的待遇和评价。然而，在新中国成立初期，这些作家的社会影响力和关注度在复杂中也有所不同。一种情况是以萧军为主要代表。作为被鲁迅盛赞的作家，萧军在新中国成立后几十年间的文坛上基本谈不上影响力的问题。萧军的成名作《八月的乡村》1954年再版时却印数很少，而耗费作家十八年完成的作品《第三代》当时虽然和人民文学出版社有了合同，但是却因"纸张困难"一直拖延，并要求将八十五万字删减到二十万字，这给予萧军巨大的打击。在小说方面萧军受到了冷遇，在剧作方面也是如此，他的《吴越春秋》《卧薪尝胆》《卧薪尝胆前记》也因为"不合时宜"被拒绝出版。基本上萧军在新中国成立初期面对的是一边倒的批评。另一种情况是以白朗、骆宾基等为代表，流星似的划过文坛，旋即又受到冷遇。比如，白朗的中篇小说《为了幸福的明天》出版后社会反响却很大，"短短几年间先后出版十四次，并有日文、朝鲜文版本"②。舒群的《这一代人》发表以后，社会反响很好。"上海海燕电影制片厂和天马电影制片厂，同愿改编电影。同时，各出版社也争相约稿出版，可谓极盛一时矣。"③骆宾基在新中国成立初期创作的短篇小说，不仅能得到发表，而且还在《人民文学》这样的主流刊物上发表，受到读者欢迎和文艺界好评。骆宾基的《父女俩》还收入人民文学出版社在新中国成立以来短篇佳作选中。白朗、舒群、骆宾基这一时期被文坛肯定的身份地位直接影响了他们作品的被

---

① 李兴武. 端木蕻良年谱 [J]. 东北现代文学史料，1982（7）：151.

② 白朗. 白朗文集（第6卷）[M]. 沈阳：春风文艺出版社，1994：211.

③ 舒群. 舒群文集（第4卷）[M]. 沈阳：春风文艺出版社，1982：1.

肯定。但是，当他们受到批判之时，作品也受到牵连。

"文革"期间，后东北流亡作家大都受到迫害，地位相同，当然均无影响力和关注度。"文革"结束后，他们迎来了暖春。但是这些作家的影响力也不是完全一致的。在新中国成立之后的几十年里最为坎坷的萧军在进入新时期后的社会影响力变大。如四次"庆祝萧军文学生涯五十周年"大会，不仅提高了萧军本人的知名度，更极大地扩大了东北流亡作家的影响力。这四次大会分别是：1983年5月16日—20日，吉林大学主办的国内首届"萧军创作学术讨论会"。1983年8月31日—9月4日，黑龙江大学中文系主办的"庆祝萧军从事文学事业五十周年学术会议"。1983年9月24日—28日，辽宁省文联、社科院、辽宁大学等十三家单位联合举办的"庆祝萧军同志创作生涯五十年学术讨论会"，参加这次会议的有二百余人，既有作家，也有学者；既有编辑，也有记者；既有朋友，也有国外友人，会议隆重而热烈。1984年3月6日，北京市文联和作协举办"庆祝萧军文学创作五十周年大会"，参加会议的有三百多人。这几次大会，从不同的侧面回顾了萧军的创作生涯，肯定了萧军的文学成就，既鼓舞同辈，也教育后人。萧军的代表作《八月的乡村》曾改编成电视剧。由中国新闻社电影部的潘渊亮任导演，抚顺电视台摄制。这部电视剧在沈阳和抚顺等电视台放映，也在北京举办的"庆祝萧军文学创作五十年大会"上放映，获得了参会人员的好评。1986年9月18日，"萧军资料馆"开馆，盛况空前。《五月的矿山》获得了煤炭部首届"乌金奖"。1979年以后，社会对萧军其人其作的接受程度有了彻底的改观。萧军和出版社建立了很好的业务和友谊的关系。晚年的萧军，作品人气很高，萧军的女儿萧耘回忆说："一位较有名气的青年作家，想改编萧老的一部长篇小说为电视连续剧，他希望老人家能看看这个剧本……"①端木蕻良晚年的代表作《曹雪芹》上卷于1980年1月出版，反响非常

---

① 萧军. 萧军全集（第15卷）[M]. 北京：华夏出版社，2008：222.

强烈。印数二十万册，立即抢购一空，出版社于三个月后再版三十万册，又很快售完。①此外，对骆宾基、舒群、白朗、罗烽等人的接受与评价也都有了明显的改观。

梳理"后东北流亡作家"的当代发展之路，不难看出群体意识的消失和个体创作的延续，而个体命运又在复杂的历史时期起落沉浮，耐人寻味。

三、后东北流亡作家难再成"群"的原因

东北流亡作家在文学史上留下了重要的一页，可是却难阻命运的骤变。虽然个体作家都在从事着文学活动，可是从"群"的角度来说却没有再次凝聚或重振。在遗憾、惋惜的同时，不禁为研究者提出了一个严肃的问题：为什么这样一个文学群体不能在当代文学史上继续发展？笔者认为，影响后东北流亡作家整体发展命运的因素主要有以下几个方面：

（一）文化与精神要素的断裂

文学流派或群体的命运，与该群体的主要创作特点同呼吸、共命运。一群有相似的审美追求和创作风格的作家，创作出在某些方面相似的作品，并在社会引起广泛的影响，于是这个流派或群体才得以确立。文学群体的形成是多方面因素促成的，当然，文学群体的衰落也不是一蹴而就的。东北流亡作家从形成伊始就在形式要素等方面存在着先天性的缺陷。与政治上的派别不同，我们在考量文学群体流转的问题上，很关键的一点应着眼于文学群体本身与文化传承的关系。后东北流亡作家的群体意识和社会影响力远不如山药蛋派、荷花淀派等其他文学流派，抛开政治意识形态，还得回到文学本身和创作自身。

在历史上，一种文学流派或创作倾向的发展，除了受社会、时

---

① 彭慧. 端木蕻良印象［N］. 中华文化报，1988-4-3.

代、阶级等根本条件影响之外，还有文学上的连续的影响。流派传统的延续，文化因素是至关重要的一环。一个文学流派是逐渐发展还是日益衰微，在很大程度上取决于他们的作品的审美理想在多大意义上适应或反映了时代对文学的具体要求。东北流亡作家是一个以地域来命名的松散的文学群体。在历史上，以地域来命名的流派有很多，比如江西诗派、茶陵派、公安派、竟陵派、桐城派、京派、海派等。文学群体所处的地域和空间对文学群体的发展非常重要。东北流亡作家最大的特点在于全方位向读者展示特定时代的东北地域文化。在历史上，东北在全国占据特殊的地理位置和文化位置。东北地处寒冷之地，皑皑白雪覆盖着大片的原始森林，东北与俄罗斯接壤，是一个文化思想多元、庞杂的地方。在这里，既有中国人，也有俄罗斯人，还有朝鲜人、日本人，等等。商贸往来频繁，流动人口众多。这样的地方，也是孕育新思想的地方。因为九一八事变的爆发，二十世纪三四十年代，东北及东北文化受到了空前的关注，表现东北地域文化的小说自然也容易受到高度的关注。东北流亡作家的创作展现了东北人民的苦难与反抗，揭露了侵略者的残酷暴行，凸显了东北的风土人情与地域文化。我们考察东北流亡作家的命运，其与东北地域文化在全国所处的地位有重要的关系。新中国成立以后，东北文化与全国各地文化不断交融、渗透，作为重要的老工业基地，东北在国家的经济建设中担当着重要的角色。因而，文学领域表现东北主要是工业题材的作品。萧军、端木蕻良、舒群等人也在表现东北，但早已不是广袤的草原文化、萨满文化、土匪文化，更不是抗日的主题。他们表现的是工业领域的改革，塑造的是新时代里改革者的形象。萧军的《五月的矿山》、端木蕻良的《钢铁的凯歌》、舒群的《这一代人》都是如此。后东北流亡作家的作品，没有彻底抛开他们熟悉的东北文化，只是他们笔下的东北已是转型了的东北文化。虽然个体作家的创作没有离开东北文化，但是已不是创作中最熟悉、最敏感、最擅长的文化。现代的东北和当代的东北，随着文化身份的改变，东北流亡作家之于现代文学，后东北流亡作家之于当代文学，两者在文学史的位置、命运与境遇可以说是天壤之别。客观文化环境的改变使得他们的创作产生了断代感，打破了一个群体或者一个作家原有的创作风格。

（二）文学群体自身的局限

东北流亡作家在形成与发展过程中是有局限的。这种局限一方面来自20世纪30年代文学流派形成的时代特点，一方面也来自文学流派本身。东北流亡作家是一个准流派。"派"和"群"是有差别的。"派"比"群"更具文化传承的意味。"群"比"派"多了松散性和主体性。文学史将其称为"东北流亡作家"而不是"东北作家派"，这也就在某种程度上表明东北流亡作家在发展规模、成熟度及文化传承等层面上的劣势。从群的创作特征上说，东北流亡作家不像京派、海派、山药蛋派、荷花淀派等文学流派那样明显。即使在30年代东北流亡作家发展的鼎盛期，"群"的特征在社会学和政治学意义上的凸显要高于文学意义上的表达。因为像京派、海派等文学流派都没有经过特殊的历史事件的催生，更多的是文学领域内发展过程中的产物。然而，东北流亡作家现代时期的形成与发展始终伴随战时特殊的历史背景。东北流亡作家的形成发展具有一定的时效性优势，同时也意味着缺少文学流派本身文化传承的稳固性。当抗战这样的重大事件结束后，失去外力催生的条件，又没有足够牢固的文学与文化的纽带维系，后东北流亡作家的发展受到极大的影响。

每一个时代文学流派的形成、发展和消亡都有其各自的特点。现代文学第二个十年形成的文学流派的特点，与现代文学第一个十年明显不同。20世纪20年代的文学流派是以文学社团和创作方法为主的。30年代文学流派的形成则以地域文化为主。题材选择与某种区域生活或特定事件相关，作家们可能身份背景不同，性格不同，是特定的事件把他们凝聚在一起。他们可以没有具体的组织、口号、阵地。30年代的文学流派多是自然形成而不是有意为之的。由于一些作家对某类题材、审美倾向或创作手法相似的表现，而被后人予以概括性的命名。东北流亡作家就是如此，它的命名也是后人所起。那片失去的土地是他们共同的情感寄托，也是他们无法回避的表现题材。正如李辉英所说："这期间东北作家的说法，甚嚣尘上，不胫而走。初听起来，像是一个社团。实际上连个社团的雏形都不具备，乌合之众罢了。一定强调这一说法，只能说他们与东北的那块沃土有着不可分割的关系，不收回那块土地决不善罢甘休。"①不难看出是特定的事件和区域促成东北流亡作家的形成。东北流亡作家在创作的高峰期，正是国难家亡的特殊历史时期，是时势造就英雄。如果没有东北被入侵的背景，就没有东北流亡作家。在这一点上，东北流亡作家和山药蛋派有相似之处。赵树理在成名前是一位文艺爱好者，他如果没有遇到40年代特殊的抗战背景，没有身处解放区的文化氛围，他的创作收获和文学地位也很难到达那样的高度。赵树理从小喜欢民间文化，民歌、鼓词、评书、戏曲等民间艺术从小就开始对赵树理有潜移默化的影响。当赵树理遇到40年代解放区文艺创作的乡村化、大众化、通俗化的主潮时，正好形成了个人的审美追求和时代的审美主旋律的交集。赵树理的创作正好为老百姓喜闻乐见，也自然成为解放区文学的代表。那么，东北流亡作家中的萧军、端木蕻良、骆宾基、舒群等人，他们从小都受中国传统文化的熏陶，爱国忧民。萧军更是表现明显，他自小就对刀枪剑棒感兴趣，有一种侠客情怀。端木蕻良也有过从军的经历。而其他作家，像李辉英所说："我非武人，但因报国不容袖手。"②当国难当头，东北流亡作家正处青年，他们拿起笔，写出对侵略者的仇恨和对故乡同胞的热爱，发出的时代呐喊与30年代的最强音正好是同一节拍。因此，我们说，文学流派的创作只有和时代的某些特点相契合，才能应运而生。现代时期东北流亡作家得名的最大优势同时也隐藏着这一群体难以延续的劣势。

新的时代，东北流亡作家因特定文化和事件把他们凝聚在一起的

---

① 马蹄疾. 李辉英研究资料 [G]. 沈阳：春风文艺出版社，1988：114.

② 马蹄疾. 李辉英研究资料 [G]. 沈阳：春风文艺出版社，1988：114.

焦点没有了。而新的生活和他们所熟悉的生活又有距离和差异，不足以激起他们这个群体共同的精神情感。中华人民共和国成立，全国上下无不欢呼雀跃，这对国家和人民来说，是最大的幸事。从解放区走来的作家也好，从国统区来的作家也罢，在当代登上文坛的新作家也罢，无论是小说、诗歌还是散文，都在歌颂新时代，歌颂农民翻身当家做主，歌颂经济建设如火如荼。在这样的大背景下，萧军、端木蕻良、舒群、骆宾基都在围绕这一新时代在进行创作，只是他们的创作不足以在一片歌颂声中凸显出他们的音符。作为一个文学群体，他们独树一帜的那种特点被湮没了，他们的作品，既缺少某种特殊的文化或地域风情，也缺少文学流派独特的风格。这种自身的局限，使东北流亡作家在新中国成立以后难以摆脱衰落的历史命运，也为后东北流亡作家再次凝聚埋下了重重障碍。

（三）缺少具有影响力的核心人物

在文学史上有过影响的文学流派都有一个灵魂人物。这个灵魂人物是群体的创作核心。提到一个文学流派就会让读者自然想到流派的代表作家。例如，在古代文学史上，陶渊明与魏晋时期山水田园诗派，曹操与建安文学，王维与唐代山水诗派，高适、岑参与边塞诗派，元稹、白居易与元白诗派，李煜与南唐词派。在现代文学史上，鲁迅与乡土小说，徐志摩与新月诗派，沈从文与京派，穆旦与九叶诗派，赵树理与山药蛋派。在当代文学史上，高晓声以《陈奂生上城》继续探讨新时期农民的精神心理，在某种意义上是鲁迅乡土小说的当代继承；沈从文当代基本中断文学创作，可是他的学生汪曾祺继续他的文体风格，创作上一脉相承。萧军和萧红是东北作家群的代表作家，当东北流亡作家进入"后东北流亡作家"时代，萧红去世自不必说，萧军因政治原因受到长期批判。当个人的命运难以掌握，群体的发展自然受到影响。缺少领袖人物，对东北流亡作家这一群体的重振是比较艰难的。

同时，东北流亡作家在当代难以为继，难以传承，这也与后继力量不足有关。缺少新鲜血液的输入，缺少继承者的追随，也阻碍了东北流亡作家这一群体在当代的继续发展壮大。当代东北作家普遍是散兵游勇，各自为战，在创作上没有领袖人物与核心力量。山药蛋派、荷花淀派都有核心的创作力量。荷花淀派的代表作家孙犁，在进入新时期以后达到一个创作的高峰期，甚至他的晚年的创作成就已经明显超越了20世纪40年代，这种影响也自然带动了一批作家的追随。随着东北文化的发展和东北新时期作家的不断涌现，东北的文学也在蓬勃发展。新时期东北出现了一批有成就的中青年作家。如迟子建、素素、王充闾、孙惠芬等，但却始终没有形成合力。

后东北流亡作家缺少团队的凝聚力，也与东北流亡作家中个体作家的创作思想、性格特点、作家之间的关系有直接的联系。在创作思想上，东北流亡作家在20世纪30年代具有共性。40年代以后的创作，他们开始关注特定时代风云中人的命运与精神世界。从人物形象的刻画上，不仅有农民、战士，还有知识分子等其他人物形象的拓展。也就是以抗战为圆点，在题材选择、艺术表现上都开始向更深广的层面延伸，这在端木蕻良的《初吻》《早春》，骆宾基的《北望园的春天》《乡亲——康天刚》等作品中已经开始显露出来。后东北流亡作家时期，时代的变迁，文艺体制和创作环境的改变，加上具体作家的命运遭遇的不同，使得后东北流亡作家在创作的目的、思想和表现上的分化逐渐加大。虽然他们有很多审美选择上的共性，但个性是非常突出的。萧军创作的焦点集中在工业题材和历史题材。端木蕻良的创作主要是农业合作化背景下短篇小说创作和长篇历史小说《曹雪芹》。骆宾基致力于表现土改和合作化运动。舒群更关注新的时代背景下青年一代的形象刻画与成长之路。在创作的目的上，萧军具有家国意识，同时也试图为自己正名，端木蕻良更突出地表现在创作的个体性上。在创作的风格上不同作家的表现也不尽相同。

在作家的性格上，萧军是明显的外向型性格，豪爽中带有侠气。他青年时当过骑兵，他的亲戚中还有的当过土匪，所以萧军的性格也难免受此沾染。萧军的妻子王德芬回忆,萧军遇到刺激时情绪有时控制不住:"不顾一切地像原子弹一样爆炸开来!"①萧军不满有些同志座谈会上教条式的发言,没少"开炮",有时候还当着很多首长的面,为此与不少同志结怨。他的性格,火暴、仗义、豪爽。然而,端木蕻良则是明显偏于内向性格。虽然端木蕻良和萧军一样,都曾当过兵,但是端木蕻良是比较温和的、踏实的、沉稳的。俗话说,物以类聚,人以群分。在萧军的身上始终保持着一种战斗的精神,而在端木蕻良身上,却总是表现为一种低调而又忧郁的感伤。东北流亡作家成员之间性格上这种差异,也导致了他们在新中国成立以后不能再进一步维系在一起。

在作家之间,除了性格上的差异,更多了成员间的复杂关系。那些发展比较健全和传承较好的流派,他们总是能够有一定的群体意识,群体内部关系较为和谐,彼此尊敬,相互切磋,在遭到批判和抨击的时候一致对外。比如,京派内部的团结和一致应对海派的论争便是一例。再比如,九叶诗派成员之间通过书评的方式对流派成员的作品大力赞扬。唐湜对陈敬容、杜运燮、辛笛、穆旦都给予很高的评价。面对七月诗派的批评,袁可嘉等人一致对外予以反击。东北流亡作家的情况则有些不同。20世纪30年代,东北流亡作家紧密地围绕在左联的周围。如果说,鲁迅使得东北流亡作家在精神上紧密地团结,那么,萧红则使得东北流亡作家在一定程度上走向疏远,甚至分散。虽然萧红早于1942年在香港去世,但半个世纪以来,关于萧红与东北流亡作家的话题却源源不断。萧红和萧军、骆宾基、端木蕻良之间的感情纠葛,使得几人之间的关系非常复杂。萧军在书信中回忆他和女儿去疗养院看望骆宾基时说:"他又谈了一些端木对萧红种种鄙视、残忍行为,在'文化大革命'中他又如何诬陷骆的问题。骆那时'笔下留情'没有把他的一些丑恶行为尽情写出,他反而'恩将仇

---

① 王德芬. 安息吧,萧军老伴 [J]. 新文学史料,1989 (2):108.

报'要一口咬死骆，这种狼子野心的东西，迟早总要给以揭露的。"①萧红与萧军感情破裂，后与端木蕻良的结合，使端木蕻良在很长时间内都遭到负面的评价。在面对各种非议的时候，端木蕻良更多地选择了沉默，不去解释或说明，让时间证明一切。萧军和舒群虽友情深厚，也难免出现矛盾。1949年1月2日萧军曾作诗《赠舒群》，而这首诗的创作背景和情绪，萧军在日记中这样袒露，他认为舒群："已经为小小地位权势所陶醉，已无心于什么文学事业和补充自己知识的工作了。"②1949年12月12日萧军作诗《赠舒群》其二："攀花惹刺血痕斑，留取他年带笑看。美酒葡萄人醉后，雪深三尺不知寒。"③萧军也在日记中表达出犹豫和矛盾的心理："因为从公方面讲，'不在其位，不谋其政'；从私方面讲我和他已不想再有什么友情。——太热情的结果是相反的！"④而有时，萧军又为舒群的状态而担忧："看了舒群那种样子，很不愉快。阴沉，萎靡。"⑤可见，即使像萧军和舒群这样友谊非常深厚的朋友也会有误解的时候。由于知识分子本身重情而又敏感的心理特点，使得同一时期不同的人之间以及不同时期相同的人之间，情感都不是固定不变的。在1950年1月8日的日记中，萧军说："晚饭由我请舒群夫妇，罗烽，白朗，李纶，萧慎等吃二酉轩，花九十万元钱，吃得很愉快，大家全尽情欢笑。"⑥1951年1月10日，萧军在给妻子王德芬的信中谈到自己的生活状况："白天在白朗那里闲聊聊，夜间常常去看程砚秋的戏。"⑦这些表明在新中国成立初期萧军与其他成员是有联系的，但关系复杂而又微妙。萧军曾在文章中记录在困境中帮助骆宾基的情景：骆宾基常遭到同院的流氓欺负，委屈时会

---

① 萧军. 萧军全集（第15卷）[M]. 北京：华夏出版社，2008：442.
② 萧军. 萧军全集（第20卷）[M]. 北京：华夏出版社，2008：334.
③ 萧军. 萧军全集（第14卷）[M]. 北京：华夏出版社，2008：207.
④ 萧军. 萧军全集（第20卷）[M]. 北京：华夏出版社，2008：335.
⑤ 萧军. 萧军全集（第20卷）[M]. 北京：华夏出版社，2008：408.
⑥ 萧军. 萧军全集（第20卷）[M]. 北京：华夏出版社，2008：593.
⑦ 萧军. 萧军全集（第15卷）[M]. 北京：华夏出版社，2008：183.

找萧军诉苦。侠义性格和火暴脾气让萧军看不惯朋友受侮辱，他带着儿子和朋友，大骂欺负骆宾基的人，那人害怕了也就再不敢欺负骆宾基了。"文革"结束后，萧军和东北流亡作家中的舒群、罗烽、白朗都曾见面，舒群等人的问题都已经得到了平反解决，萧军很为他们高兴。晚年的萧军和舒群住得很近，也常常见面，一直保持着友谊。"文革"结束后，萧军得知一些朋友得到平反，说："我很为他们高兴：舒群、罗烽、白朗、聂绀弩、江丰……"①并且他对作家之间的关系也有了新的认识："舒群、罗烽，……我全主动去看他们了。经过了这次浩劫，大家感情、再认识，……全有了不同。"②虽然到了晚年，所有的恩怨烟消云散，但是对群体的发展来说为时已晚。

① 萧军. 萧军全集（第15卷）［M］. 北京：华夏出版社，2008：452.
② 萧军. 萧军全集（第15卷）［M］. 北京：华夏出版社，2008：449.

第二章　后东北流亡作家与当代
主流文学话语

新中国成立后，东北流亡作家在文坛上的风光逐渐暗淡下来。新的时代和环境造就他们新的创作起点。后东北流亡作家与当代主流文学话语进行着艰难而令人欣慰的融合互动。一方面这些作家从主观上积极融入当代文学的创作中。另一方面当代文学的体制和政策又规约、影响着他们的创作。值得注意的是，后东北流亡作家与当代主流文学话语的关系既有普遍性，也有特殊性。

一、后东北流亡作家对当代主流文学的融入

后东北流亡作家一直有两条精神纽带缠绕着他们：一条是他们融入当代主流文学的迫切愿望，一条是社会环境创作主体的影响。尽管这些作家的心态表现各异，但在对党的追随与靠近主流文学这一点上是相同的。

（一）思想上对主流文学话语的靠近

1. 新中国成立后的十七年时期

新中国成立后，全国上下一片欢欣鼓舞，胜利的喜悦在广大知识分子身上激起了热烈而持久的反应。后东北流亡作家也同样有着强烈的共鸣，文学事业在他们心中是无比神圣崇高的，这种磁场以强大的引力吸附着他们。

然而，新中国的文艺却表现出了鲜明的一体化特征，对文艺工作者的要求也发生了变化。1950年4月19日，中国共产党中央委员会发布《关于在报纸刊物上展开批评与自我批评的决定》，加强刊物的政治性、思想性与战斗性。《文艺报》1950年第5期发表社论《加强文学艺术工作的批评与自我批评》。《人民文学》1952年第1期刊发胡乔木的《文艺工作者为什么要改进思想》和周扬的《整顿文艺思想，改进领导工作》，开展了对自身工作的检讨。随后，广大作家迅速地做出呼应。一方面表现在他们对新时代的讴歌，另一方面表现在对过去创作的自我反思。在思想改造的背景下，作家"除旧迎新"的主观意识比较明显。比如，冯至就形容自己心上和脑子里积攒二十多年的是灰尘和垃圾。他认为："这些灰尘和垃圾必须清除掉。"①巴金、老舍、曹禺、冰心等现代著名作家都在调整自己的创作观念，纷纷加强自我改造。如曹禺在《我对今后创作的初步认识》②中把自己过去的作品基本否定了，他认为自己的作品没有起到进步的作用，反而给读者和观众带来不好影响。巴金认为要想在新的时代长期生存，就必须过社会主义的关，任何时候都不放松的一件事就是知识分子"认真地改造自己"③。冰心认为自己以前的创作眼光短浅，她在调整着自己的文艺观，要让儿童感受到新中国向上前进的力量，所以要"努力创造正面艺术形象，表现新型人物"④。老舍认为自己之前的作品多是个人的小感触，并进行批判性的评价："不痛不痒，可有可无。"⑤新中国成立初期作家在创作生涯中遇到的这个问题，是许多老一辈作家普遍面临的问题。这些作家在心理上也有微妙的变化。有的作家如郭沫若、茅盾等表现为骄傲、兴奋与谨慎。有的作家如巴金、冰心等人表现为自我批判与

---

① 冯至. 为了不辜负人民的委托［N］. 文艺报，1954（10）.

② 曹禺. 我对今后创作的初步认识［N］. 文艺报，1950（3）.

③ 李存光. 巴金传［M］. 北京：北京十月文艺出版社，1994：308.

④ 范伯群. 冰心研究资料［M］. 北京：北京出版社，1984：94.

⑤ 曾广灿，吴怀斌. 老舍研究资料［G］. 北京：北京十月文艺出版社，1985：223.

忏悔。有的作家如沈从文表现为无奈、彷徨、转型。在文学思想空前集中的背景下，作家的内心活动反而变得非常复杂。作家思想深处也集结了激流涌动与暗流交织的复杂情绪。后东北流亡作家融入当代主流文学的迫切渴望，并不是这几位作家的个体行为和独有表现，而是作家队伍在特殊的文学代际转换下的整体性表现。无论这一群体衰落与否，试图继续创作出符合时代要求的作品，是他们共同的心愿。

早在20世纪40年代，萧军等人参加了延安文艺座谈会，对党的文艺政策有着深刻的理解，就已经表现出对党的文艺政策的认同。萧军在1949年7月27日的日记中诉说要捕捉创作的灵感和素材："但它们却是虚空的，漂浮的，不是用的稀泥似的东西，团不成'型'啊！我还要更深刻，更多，更长期地捞取！"①舒群在文艺座谈会后就表明了自己的感悟："我们才比较认识到一个道理，到底什么叫作'面向工农兵'。"②舒群认识到文艺为工农兵服务是文艺发展的必然规律。虽然萧军是在毛主席的邀请挽留下参加的文艺座谈会，并在会上与一些同志进行了激烈的争论。但是他在主观上对当时文艺政策、方向、潮流等问题都表现出强烈的使命感，并在毛主席致开幕词后以《对当前文艺诸问题的我见》为题第一个发言。延安时期，萧军、舒群、白朗、罗烽等人受到邀请去毛主席家做客，畅谈文艺方面的诸多问题。可见，萧军、舒群等作家在思想上对党的文艺政策是赞同的。

来自国统区的骆宾基表现出对新的文学事业的急切渴望，他对新的国家政权具有高度的认同感和皈依感。参加完第一次文代会的骆宾基，立即投入新的创作生活中。当有的朋友认为骆宾基已经是"过时"的人物时，骆宾基则信心满满地反驳："'要是没有信心，我早就教书去了！'……我相信总有一天会赶上这个队伍的。"③同时，骆宾基如饥似渴地寻找着自己新时代的创作源泉，并陷入了苦闷与彷徨，在

---

① 萧军. 萧军全集（第20卷）[M]. 北京：华夏出版社，2008：518.

② 舒群. 必须改造自己 [N]. 解放日报，1943-3-31.

③ 骆宾基. 骆宾基短篇小说选 [M]. 北京：人民文学出版社，1980：23.

《我的创作历程》中骆宾基感慨自己以前在国统区的艺术积累已经落伍了，变得黯然无光，而新的生活自己又没有深切体会。他从现实革命需要出发改造旧的世界观。骆宾基心灵深处的焦急，正是他急于融入中国当代文学的最好说明。面对两手空空的自己，骆宾基肩上的担子是沉重的，他感到了巨大的压力和紧迫感，寻找新的艺术源泉的信念，充分显示了一个知识分子的可贵精神与责任意识。

　　与骆宾基的喜悦、自信与迷茫相比，萧军则表现为倔强坚持与艰难追随。早在1948年7月萧军申请入党就已充分表明他想在党的领导下继续文学创作，但因《文化报》事件而搁浅。萧军受到批判后，他想到前线去战斗，希望在战斗的考验中让党看到自己的政治觉悟。虽然没有得到批准，但他不屈不挠，反而忘我工作着，他用"但得能为天下雨，白云原自一身轻"来勉励自己，他的心态没有失衡，个人的命运得失在伟大祖国的革命事业面前是微不足道的。他一方面向中央提交自己的思想汇报材料《批评与自我批评》，一方面努力创作。萧军的好友舒群曾对他说："你受批判后，看来只有三条路可走了，一是自杀，二是得精神病，三是再也写不出东西来！"①倔强的萧军正是带着这样不服输的精神投入到《五月的矿山》等创作中去。他克服重重困难要为自己争口气。

　　新中国成立初期，后东北流亡作家中有的作家则表现得比较低调谨慎。端木蕻良就是如此。在他的思想深处，有时不是一种主导思想，而常常是多种思想的错综交织。草原之子的忧郁、诗人的浪漫、文人的细腻、革命者的热情在端木蕻良的身上都有鲜明的反映。他很少表达自己的主观想法，这与萧军正好相反，但端木蕻良又是一位非常执着的作家。他用行动表达了回到党的怀抱继续创作的愿望。新中国成立后摆在他面前的选择不止一个，但他谢绝了好友马思聪让他到中央音乐学院任教的邀请，也谢绝了王统照要他去山东大学任教的邀

---

　　① 王科，徐塞. 萧军评传［M］. 重庆：重庆出版社，1993：235.

请，而是选择留在北京文联工作，从这一人生选择上不难看出端木蕻良对文学事业的挚爱。在当时的文坛，他并不是以主人翁的姿态自居的，反而表现得是那样热切而又谦卑："刚回来，听什么都新鲜，很兴奋。先听吧，熟悉了才有话说。"①他想熟悉一下文化环境，也想追赶上时代潮流。虽然此时的端木蕻良仍然将自己的艺术个性看得很重，但他在敏锐地感知外在创作环境的变化后做出调整，鲜明地表达自己的创作立场和文艺观念。端木蕻良认为，爱国主义文学的任务应该为人民的英雄们塑造动人的形象。屈原、杜甫、鲁迅等都是爱国主义的典型形象。"我们要积极地宣传人民对于新制度的热爱，人民对于自己政权的拥护和保卫，同时对旧社会的残余加以肃清。"②端木蕻良的《纪念萧红，向党致敬》流露出对党的崇敬之情，表示要永远以文艺的武器为人民服务。《我们心中在歌唱——北京》同样表现出热切的赞美之情。这些都在表明，创作主体对融入新时代的内心渴望。

在后东北流亡作家中，还有的作家有别于上述几位作家的情况。比如舒群，他从20世纪30年代开始就不仅从事文学事业，还担任革命组织工作。抗战胜利以后，舒群还前往东北，曾担任过重要的领导工作。这些经历使他在向当代文学转向的过渡时期没有太大的波折。舒群在东北文协的会议发言中表态要尽一切努力提高自己的工作。他没有萧军的倔强，没有端木蕻良的谨慎，也没有骆宾基的热切与迷茫，相比之下，舒群的表现较为冷静。他保持着文学创作的使命感，因此1952年舒群向组织提出搞专业创作的要求。从1942年延安文艺座谈会后，舒群就在思想意识上提出必须进行思想改造的问题。"改造我们的思想，改造我们的生活，改造我们的语言。"③1961年舒群就文艺的语言和寓教于乐等问题进行深刻的思考。他表示要"'寓教育

---

① 邓友梅. 心香祭故人 [J]. 北京文学，1997（3）：45.
② 端木蕻良. 端木蕻良文集（第5卷）[M]. 北京：北京出版社，2009：513.
③ 舒群. 必须改造自己 [N]. 解放日报，1943-3-21.

于娱乐之中'……我自己准备在今后的写作中将这句话写在床头。"①
这也体现了舒群积极努力贴近大众化的文艺观念。白朗作为后东北流
亡作家中唯一的女作家，为庆祝毛泽东的《在延安文艺座谈会上的讲
话》发表十周年，她写了《检讨过去，加强思想改造》这样的文章，
可见在思想上对新中国文艺的追随。

总之，后东北流亡作家在思想上都紧密地跟随着文艺界的脉搏，
他们中的很多作家都积极响应时代的号召，敏锐地触摸着时代的脉
搏。他们对文学事业有着难以割舍的感情，而这种情感是不以时代和
个人命运的改变而改变的。他们在受到批判和迫害之时仍心念革命事
业。比如，1960年罗烽在被下放期间创作了诗歌《胡不归》："游魂离
魂子，胡不归去吟。欲归归无处，还怜未归人。"整首诗虽然只有四
句，但却以悲愤之情抒发了回到革命队伍的急切愿望。

2."文革"结束以后的新时期

虽然"文革"给萧军、骆宾基、白朗、罗烽等作家造成了巨大的
身心伤痛。然而，风雨过后，后东北流亡作家在主观思想上依然对文
学事业充满深爱与希望。浩劫之后，他们没有选择安逸地度过晚年生
活，也没有以老作家自居。回首沧桑的人生历程与艰难的创作之路，
他们在思想上更加成熟，对党的信任、对祖国的未来和新时期的文学
事业的坚定信念不曾改变。萧军在第四次文代会上曾说："粉碎'四
人帮'后，不仅是整个文艺界的春天，也是我个人的春天的开端。"②
1982年，端木蕻良在《"我是中国人"》一文中表达了自己由衷的热情
与骄傲。虽然走过了很多弯曲的道路，虽然背负着沉重的历史负担，
但他仍然以作为一个中国人而感到无比的骄傲和自豪。这是一个老作
家走过风雨之后的由衷的感慨，对祖国的未来抱有坚定的信心和希
望。他再次抒发对党的忠诚和捍卫："东方的巨人重新站起来了！只要

---

① 董兴泉. 舒群研究资料 [G]. 北京：知识产权出版社，2010：62.
② 萧军. 春天里的冬天 [J]. 第四次文代会《简报》，1979（49）.

我们的党站稳在大地上，他是永远不能被战胜的。"①祖国的春天激励着每一个知识分子的使命意识和担当意识："我们中华民族不正是一只勇猛的金色大狮，在哺育着许许多多的幼狮吗……"②舒群也坚信党会越来越好，越来越光明。同时，舒群对于文学创作，始终坚持毛主席的讲话精神，认为它"是革命文艺的纲领性文件，是马列主义的重要文献。这个基本认识我不会改变"③。

面对国家和个人的全新开始，他们一方面发自内心地感到骄傲："一夜连两岁，五更分二年。醒狮东方舞，四化艳阳天。"④另一方面他们又感到创作的压力。1983年，端木蕻良在文章中说："如果想为人类做一些事情的人，永远不会觉得无事可做的。老年人的眼前不应该是坟墓。"⑤是的，前景在召唤着他们："写这些作品时，我是听从时代的召唤的，我对生活是忠诚的。"⑥不难看出，后东北流亡作家对新时代和文学创作的热情再次被点燃。新时期，这些老作家在思想上依然努力保持与主流意识形态的密切接触。如果说十七年时期，后东北流亡作家融入当代文学是小心翼翼、如履薄冰，那么新时期的互动则是自然而然，总体上平顺了很多，在思想上少了迷茫和阻力，多了豁达和平和。

（二）作品对主流文学话语的追随

在广大作家对文学主流普遍追随的诉求下，作品的主题思想体现了高度的相似性。后东北流亡作家在积极融入当代主流文学话语的历史发展进程中，试图将这种融入具体化。他们的创作越过时代的分水岭，从一个松散的文学创作群体走向一个更为集中的大群体。他们对主流文学的追随，就像海上的漂浮物，随着流向不由自主地漂向

---

① 端木蕻良. 一九八〇年的歌［N］. 北京日报，1980-1-1.

② 端木蕻良. 端木蕻良文集（第7卷）［M］. 北京：北京出版社，2009：694.

③ 叶伯泉. 追求与信念——访舒群［J］. 北方文学，1982（1）.

④ 端木蕻良. 新春插话［N］. 北京日报，1983-2-15.

⑤ 端木蕻良. 端木蕻良文集（第7卷）［M］. 北京：北京出版社，2009：712.

⑥ 端木蕻良. 端木蕻良文集（第5卷）［M］. 北京：北京出版社，2009：583.

远方。

1. 以敏锐反应响应主流文艺导向

新中国的文艺创作首要任务就是继续深入贯彻毛泽东的讲话精神，响应党的号召。全国文联组织作家深入生活。在思想改造和整风的背景下，作家深入部队、工厂、农村等地体验生活。新中国成立初期，后东北流亡作家在创作上表现出对主流文艺导向的敏锐呼应。比如，在抗美援朝的背景下，广大作家响应号召纷纷奔赴前线并创作出相关题材的作品。如杨朔的《三千里江山》、路翎的《洼地上的"战役"》、巴金的《团圆》等。在后东北流亡作家中，白朗是第一批赴抗美援朝战争前线的作家。白朗在抗美援朝战争爆发后，往返于中朝列车上接送伤员，根据这一经历创作出长篇小说《在轨道上前进》，歌颂了战地医务工作者无私奉献的精神。舒群也于1950年年底以作家身份奔赴抗美援朝战争前线，创作了长篇小说《第三战役》，战地通讯《天上地下》《欢迎你们来——记一些文艺工作者在朝鲜》《前线女护士王颖》等。端木蕻良创作《给抗美援朝的志愿军同志》表达对志愿军同志崇高精神的赞美。这些作品激励着前方的将士，鼓舞着后方的军民，体现着文艺为政治服务、为时代服务的基本思想。

后东北流亡作家积极响应中央深入基层、深入生活的号召。正如张修竹在《文艺报》发表的文章《作家们，请为英雄辈出的工业战线歌唱》所呼唤的那样，他们到火热的工厂体验生活，寻找创作的素材。萧军到抚顺煤矿，舒群到鞍钢大型轧钢厂，骆宾基到哈尔滨轧钢厂，端木蕻良到石景山钢铁厂，他们在工业战线体验生活，创作出很多工业题材的作品，如萧军的《五月的矿山》，舒群的《这一代人》，端木蕻良的《钢铁的凯歌》《钢铁战士》《红河涨满了春潮》，白朗的《为了幸福的明天》等。这些作品与周立波的《铁水奔流》、艾芜的《百炼成钢》、草明的《乘风破浪》、杜鹏程的《在和平的日子里》等一起，成为十七年时期描写工业题材的代表作品。同时，十七年时期曾兴起一股写厂史的热潮。1958年《文艺报》第13期编辑专题"大家都来编写工厂史"，刊发笑雨的《用自己的手，写自己的历史》、周骥良的《天津编写工厂史的初步经验》，1958年《文艺报》第22期又刊登工厂史特辑，石泉的文章《把编写工厂史和开展共产主义思想教育运动结合起来》揭示了这一时期编写厂史热潮的目的。1963年《文艺报》第7、8期又刊登石泉的文章《重视村史、家史、社史、厂史的编写工作》。在这样的背景下，我们又能看到后东北流亡作家的积极响应。端木蕻良在深入石景山钢铁厂体验生活中积极参与厂史的编写工作。萧军在抚顺矿务局、舒群在鞍山轧钢厂都有忘我工作的身影。舒群创作《在厂史以外》、编写《本溪县志》，罗烽参加《海州露天矿矿史》编写工作，这些都是生动的写照。后东北流亡作家积极响应主流文艺导向，努力和意识形态话语合拍。

1955年第20期的《文艺报》上刊登了毛泽东的《关于农业合作化问题》，这篇文章是1955年7月31日，毛泽东在省委、市委和区党委书记会议上做的报告。随后《文艺报》又刊发《人民日报》社论《作家、艺术家们，到农村中去》。在这种导向下，广大作家到农村去体验生活，农村题材自然成为一时的热点。之后，短短两年的时间里反映农村生活的小说篇幅在四五万字以上的中篇和较大的长篇，就有近二十部。配合党的土地改革、农业合作化运动等方针政策，这一时期展现新时代农业、农村、农民风貌的作品有很多，如柳青的《创业史》、李准的《不能走那条路》、赵树理的《三里湾》、周立波的《山乡巨变》、秦兆阳的《农村散记》等。后东北流亡作家也努力跟上这种时代潮流：端木蕻良创作了反映农业合作化运动的短篇小说《蔡庄子》《钟》《蜜》《刘介梅》《护秋》；骆宾基创作了多篇反映农村生活的短篇小说，如《王妈妈》《年假》《交易》《父女俩》，还以《北京近郊的月夜》为题，创作了一组连续性的反映农村生活的短篇小说；白朗的长篇小说《长城脚下》是她到农村考察后创作的有关合作化的作品。

除了小说创作，在当代散文创作中，分别在20世纪60年代和80

年代掀起过散文创作的热潮。在这两股创作热潮中，我们也都能看到后东北流亡作家的身影和他们的努力。从 1959 年开始出现散文的勃兴，1959 年《文艺报》第 14 期，秦牧发表《散文领域——海阔天空》、冰心发表《关于散文》。之后出现了散文创作的一个活跃时期。文坛上出现了 1961 年散文年的盛况，之后两年也是散文创作的繁荣阶段。这一时期的散文勃兴，题材涉猎比较广泛，作品数量众多，涌现出了一些优秀的散文作家作品，如杨朔的《海市》、秦牧的《花城》、巴金的《倾吐不尽的感情》、冰心的《樱花赞》、吴伯箫的《北极星》等。在散文创作热潮中，1960 年骆宾基写作传记体散文《疾风知劲草》，1961 年和 1962 年，骆宾基两次游大兴安岭，创作多篇散文，《一九六二年秋天在苇河》《富饶迷人的黑河》《航行在黑龙江上——大兴安岭散记之一》《"东北"号江轮上——大兴安岭散记之二》《"燕子峡"外——大兴安岭散记之三》《东北的冬天》都是骆宾基此时创作的散文。端木蕻良 1961 年到内蒙古参观访问，于 1961 年、1962 年在《北京文艺》《大公报》等刊物上发表多篇草原系列的散文。如《在草原上》《在内兴安岭原始森林里》《草原放歌》《草原！新禧！》《雨后》《草原春曲——内蒙古纪行》《美丽的呼伦贝尔草原》《风从草原来》《三河马》《套马》《摔跤》《原始森林》《去达赉湖路上》《达赉湖》等。这些散文在题材上都是与当时的文学主流同步的。

20 世纪 80 年代以后文坛又掀起散文热潮。《文艺报》1982 年第 1 期、第 2 期推出专题"繁荣和发展散文创作"。在这一专题中，冰心等散文名家都撰文提倡散文创作。例如，冰心的《漫谈散文》、李健吾的《撒得开，收得拢》、吴伯箫的《散文，应该提倡一下》以及吴组缃的《谈散文》等文章都提倡散文创作。这一时期的散文创作在文体精神的回归和散文本体意识的自觉上显示着独特的时代特色。此时的萧军、端木蕻良、骆宾基等都创作了大量的散文，较之十七年时期表现范围更加丰富。例如，骆宾基的散文《悼冯雪峰同志》《美学家——吕荧之死》《初到哈尔滨的时候》，端木蕻良的回忆性散文《怀念老舍》《追思》《山的回忆》，游记性散文《记游之外》《访"瓶湖"》《千山一叶》《长城》，杂记性散文《金砖琐谈》《泉》《云杉》等，都是对新时期散文创作热的有力呼应。

此外，在戏剧领域，当代文坛一直在尝试戏剧的改革。早在20世纪40年代，毛泽东就提出了戏曲的"推陈出新"和"旧剧革命"问题，新中国成立后关于戏曲改革，毛泽东提出了"百花齐放、推陈出新"的方针。新中国成立后戏剧界也在随整体文艺的调整而调整，而且文艺界对戏曲改革这一领域的重视程度也可见一斑。仅1952年《文艺报》就刊登多篇戏曲改革方面的文章。梅兰芳于1952年8月25日的《文艺报》上发表文章《中国戏曲艺术的新方向》，10月10日陈荒煤在《文艺报》第19期上发表文章《加强团结，做好戏曲改革工作》，10月25日吴天保在《文艺报》第20期上发表《谈戏曲艺术的改革》，12月25日《文艺报》第24期发表周扬的《改革和发展民族戏曲艺术》、光未然的《戏曲遗产中的现实主义》等。推陈出新和京剧现代戏的改革是戏曲改革的主要任务和使命。1963年《文艺报》第9期又推出专论《一定要做戏曲改革的促进派》，坚持戏曲艺术的推陈出新。因此文坛出现了一个历史剧创作的高潮。如郭沫若的《蔡文姬》、田汉的《关汉卿》、曹禺的《胆剑篇》等，这一时期历史剧的主旨一方面为历史人物翻案或歌颂，一方面发掘和总结历史经验，以达到鼓舞和警示后人的作用。在新中国成立初期的历史背景下，历史剧创作的主要任务是根据历史真实创造出能够教育当代人民的动人的历史人物形象，也就是说历史题材戏剧的现实教育意义是被格外强调的，这也就要求剧作家要用现实主义态度处理历史题材。萧军、端木蕻良等人也为此在进行着积极的探索。1962年，萧军根据历史小说《吴越春秋史话》创作完成京剧剧本《吴越春秋》。罗烽创作了话剧《春风得意》。1952年端木蕻良的评剧《罗汉钱》，1955年端木蕻良的京剧《周处》《戚继光斩子》等都是在积极响应号召的背景下创作的。端木蕻良在文章中也谈到"有意为之"的问题，他创作的京剧《戚继光斩子》，主要的创作目的就是用京剧的形式，表现戚继光的爱国主义精神。其实，端木蕻良并不擅长戏剧创作，那么，他为什么要创作这样一个作品？这部戏基本上是创写的，因为没有底本可参照。但是他要表现爱国主义的主题，所以有些地方"有意为之"。

2. 以塑造英雄人物为基准的创作方法

后东北流亡作家遵循当代文学主流的创作方法。二十世纪五六十年代，塑造新的英雄人物成为毋庸置疑的任务。陈荒煤在1951年第1期的《文艺报》上发表题为《为创造新的英雄的典型而努力》的文章。1952年《文艺报》第9号、第11—14号都推出了开展关于新英雄人物问题的大讨论，并刊登了多篇如何创造新的英雄人物的指导性文章。1953年召开的第二次文代会确定了社会主义现实主义的创作原则，把塑造新英雄人物确定为社会主义文艺的基本要求。茅盾认为英雄人物："既是抱有伟大理想的舍己为人的英雄，同时又是现实的人；他们不是个人主义的英雄而是集体主义的英雄。"①五六十年代文学创作方法上主要采用现实主义，注重思想性与倾向性，而忽视真实性与审美性。在这种创作方法的驱动下，文学作品中英雄人物的形象刻画更多地突出人物的光辉伟大而回避缺点和不足。

我们重新审视后东北流亡作家这一时期的创作，就会发现作家在不由自主地跟着当代文艺政策走。以人物形象的塑造为例，不管是长篇小说还是短篇小说，他们都践行着这种原则，英雄人物在作品中随处可见。如萧军的长篇小说《五月的矿山》中的鲁东山、杨平山是平凡的劳动英雄，他们将集体利益置于个人利益之上，忘却家庭、婚姻及个人的幸福。萧军的《吴越春秋史话》中的伍子胥、越王勾践是忍辱负重的英雄人物，专诸、要离等人也被刻画成忠义的勇士形象。舒群的长篇小说《这一代人》中主人公李蕙良虽然刚刚大学毕业，但作

---

① 茅盾. 夜读偶记——关于社会主义现实主义及其他［N］. 文艺报，1958
（10）.

者却把这个人物塑造成女中豪杰的角色。白朗的《为了幸福的明天》中的邵玉梅舍己为公，身负重伤，是一位让读者深受震动的坚强的英雄角色。此外，舒群的短篇小说《崔毅》中的英雄人物崔毅，《在厂史以外》中的模范人物寇金童，《题未定的故事》中的马海龙；骆宾基的小说《北京近郊的月夜》中的柴桂英，《山区收购站》中的曹英；端木蕻良的短篇小说《钢铁战士》中的王才，《独臂英雄》中的李世喜；等等。这些人物形象塑造的成就与价值另当别论，这些人物形象的共同之处就是在塑造的时候都是按照英雄人物的身份来刻画。他们都是时代的优秀劳动者，都具有无私奉献的革命乐观主义精神，特别是在这些人物身上基本看不到缺点。这些人物形象的塑造普遍存在着扁平化、类型化、模式化的倾向，不难看出作家在创作时的思想意图。他们以自己的作品诠释了对主流文学的追随。在他们的作品中劳动模范屡见不鲜，端木蕻良《不借天风自展旗——介绍残疾人发明家韩颐和》描写一位残疾人韩颐和发明"旗帜飘扬器"的故事，表达人能胜天的愿望。这与舒群的《美女陈情》中表达的人定胜天有异曲同工之妙。端木蕻良的《九龙醉——介绍丰宁满族自治县女厂长范庆云》向读者介绍了丰宁满族自治县女厂长兼总工程师范庆云的模范事迹。不管是农民形象，还是改革者形象，都是带有鲜明的时代印记的。此外，戏剧等体裁也在密切反映着主流的文艺导向。戏剧艺术的根本任务，正如田汉所说："是塑造出能够概括地反映生活本质的典型人物。"[1]戏剧领域同样要塑造英雄人物。因此，我们看到萧军笔下的伍子胥、越王勾践，端木蕻良笔下的戚继光等人物形象都是典型的英雄人物。

3. 以歌颂为主的思想内容

整个十七年时期文学在思想内容上基本以歌颂为主，歌颂新时代、新生活、新人物成为文学的重要主题。新中国成立伊始和新中

---

① 田汉. 题材的处理 [N]. 文艺报，1961 (7): 3.

国成立十周年这两个时期，歌颂主题的文章层出不穷。何其芳的《文学艺术的春天》、巴金的《迎接新的光明》、巴人的《大鹏歌》等都是此类代表性的文章。新中国成立初期无论是创作还是批评都非常重视作品的思想性。为了向新时代和新政权靠拢，小说、诗歌、散文在思想内容的表达上无一例外地选择歌颂。那些擅长描写旧社会的作家也都转变了。比如，曹禺、巴金等作家在新中国成立后的创作就是如此。

萧军的《五月的矿山》歌颂了新中国成立后工人阶级艰苦创业的崇高精神，高度赞扬了鲁东山、杨平山等工人阶级先进人物身上散发的革命英雄主义精神。作品开篇就在红旗与歌声中开场，对劳动人民庆祝五一劳动节到来的兴奋与忙碌给予了热烈的歌颂。舒群的《这一代人》通过一个女大学生毕业后参加工业建设的经历，生动地描绘了新中国成立后第一批工业建设者们的精神风貌。骆宾基写的有关互助组合作化题材的短篇小说《王妈妈》《夜走黄泥岗》《年假》等也都是着力歌颂在农业合作化运动、土地改革过程中的先进人物。《北京近郊的月夜》歌颂了建设工地劳动者夜间火热的劳动场面。作家都在努力挖掘新中国成立后各条战线上欣欣向荣的气象。端木蕻良的《英雄赞歌——首都劳动英雄乐章》以饱满的热情，盛赞了首都劳动英雄们用辛勤的劳动创造了伟大的奇迹。在端木蕻良的这篇文章中，歌颂劳动者这一思想主题初衷是好的，只是在创作方法上有意迎合当时的创作主流，带有鲜明的"大跃进"风格。如作品中这样描写："英雄们，擒猛虎，锁蛟龙，拿山雕，攀大象；赛鲁班，超孔明，压倒穆桂英，赶过花木兰，超越千古千人，开辟百代大业，成了时代的标兵。"[①]这是非常带有时代印记和主流意识形态的话语表达。1957年端木蕻良的散文《月亮最圆的时候》借中秋月圆表达节日的喜悦和对祖国丰年的赞美："在山西，国营煤矿，八月份超产原煤九万五千多

---

① 端木蕻良. 端木蕻良文集（第7卷）[M]. 北京：北京出版社，2009：204.

吨；在唐山，八月份，增产五百吨钢锭；在首都，石景山钢铁厂青年高炉工人在十三天内就超产了三百三十多吨生铁。"①这些具体而虚浮的数字，直接地配合、宣传着"大跃进"前后的浮夸风。端木蕻良1958年《石钢交响乐》通过石景山钢铁厂今昔对比，表现翻天覆地的变化和工人热火朝天的干劲。在文本中出现这样的文字："红旗先头招展，顺风帆篷扯满。不出三个五年，赶到英国前边。"②以此来表现全厂职工的信心。白朗在《小小的献礼》中难掩激动的心情："一想到五年来祖国的惊心动魄的变化，立刻激动起孩子般的欢欣，即使睡在梦里也会笑醒的。"③萧军的《五月的矿山》中，作者这样描写："五月五，大献工，中国出了个毛泽东。"④这样的表达，明显符合"大跃进"前后特定时期主流文学创作的普遍态势。

十七年时期，诗歌中也有很多以歌颂为主的作品，在和平与建设两大主题的统摄下沉浸在一片颂歌当中。何其芳的《我们最伟大的节日》、郭沫若的《新华颂》、胡风的《时间开始了》、田间的《祖国颂》、艾青的《国旗》、冯至的《我的感谢》、郭小川的《致青年公民》、贺敬之的《放声歌唱》都是当时较有影响的诗歌。端木蕻良、萧军等人也创作了类似的作品。骆宾基1959年创作了诗歌《十年，奔驰了百年的路》，发表在1959年10月《北方文学》国庆第10期特大号。1979年骆宾基创作诗歌《我们处在百花争妍的春天》，发表在1979年12月9日的香港《文汇报》上。这两首诗歌都是歌颂新的时代，表现作者积极的信念。"我们中华民族的优秀儿女三千，如处百花争妍的春天！""歌颂应该只限于自己新生的社会主义的英雄政权！"⑤端木蕻良1957年创作诗歌《十三陵水库诗》："十八勇士挑双

① 端木蕻良. 端木蕻良文集（第7卷）[M]. 北京：北京出版社，2009：507.
② 端木蕻良. 端木蕻良文集（第7卷）[M]. 北京：北京出版社，2009：528.
③ 白朗. 小小的献礼 [J]. 人民文学，1954（10）：5.
④ 萧军. 萧军全集（第4卷）[M]. 北京：华夏出版社，2008：117.
⑤ 骆宾基. 初春集 [M]. 南昌：江西人民出版社，1982：7.

担，钻石爆破钢铁连。你吹九级风，我打百丈岩，排山倒海重造天。"①
1961年创作诗歌《总路线·太阳》："一日出东方，千山如火发。长征二万里，能开六亿花。"②这些都鲜明地体现了创作者对主流文学思想的有意迎合。

新时期伊始，文艺界一方面在批判与控诉"文革"带给人们的伤痛，一方面也在歌颂文艺新的春天。这一时期文学的反思与歌颂是并行的。端木蕻良创作了很多歌颂新时代的作品。比如，《桂枝香·还看今朝》《满江红·英雄时代咏》《桂枝香·国庆放歌》，歌颂神州大地的新气象，歌颂中华儿女的新风貌。萧军也在各类公开的演讲当中歌颂着祖国和自己的新春天。骆宾基的散文就以《初春集》来命名，其中的意义表露无遗。

4. 以激越与反思为主的感情基调

东北流亡作家二十世纪三四十年代的创作，在民族救亡的气氛下，作品的格调激昂而又沉郁。十七年时期他们文学中的感情基调发生了明显的变化，使用相对明快的格调以努力追上时代的鼓点。比如，白朗的小说《为了幸福的明天》开篇就以热烈的气氛开场，工人们经过一天的紧张劳动，完成了任务，喜悦之情仿佛在战斗中打了胜仗。"他们个个精神焕发地哼着愉快的歌子，挤挤碰碰、有说有笑地向食堂拥去。"③白朗的散文《和平与胜利的象征》中，援朝的列车"仿佛一长列严阵以待的队伍，显示出战斗的英姿，威武不屈地坚守在自己的岗位上"④。端木蕻良十七年时期描写草原的作品，如散文《在草原上》《草原放歌》《草原！新禧！》等，这些作品的格调与《科尔沁旗草原》相比反差很大，与当代文学的步伐一致，充满欢快的调子。比如，《草原放歌》开篇就渲染了这种气氛："草原是辽阔的，草

① 端木蕻良. 端木蕻良文集（第8卷）［M］. 北京：北京出版社，2009：411.

② 端木蕻良. 端木蕻良文集（第8卷）［M］. 北京：北京出版社，2009：412.

③ 白朗. 白朗文集（第2卷）［M］. 沈阳：春风文艺出版社，1985：132.

④ 白朗. 和平与胜利的象征［J］. 东北文艺，1951（3）：11.

原的歌声更辽阔。"①甚至在作品的叙述过程中作者会直接发表议论性的文字，如："只有在社会主义的大家庭里，草原的面貌才会是崭新的，草原的豪迈的事业，才会是前无古人的。"②关于人们的生活和精神状态，端木蕻良在作品中这样描写："太阳照在红墙上，地上就唤起一道红霞，孩子们就像走在彩虹里一般。"③作为擅长表现忧郁的作家，端木蕻良却在他当代的作品中屡见这样欢快明朗的调子，作家艺术个性的某种程度的"妥协"可以想见。萧军在新中国成立初期心境十分痛苦，可是在他的长篇小说《五月的矿山》中呈现的是蓬勃的、热烈的格调。作者本人痛苦的情绪掩藏在心里，化为文字尘封在萧军的日记里。骆宾基、舒群等人的创作，也是在为社会主义服务的目标下，在现实主义创作方法的基础上，特别是在以歌颂为指导思想的驱动下，文学创作呈现出欢快的格调。这样的感情基调是和他们现代时期的创作有巨大反差的。从另一个角度来说，也正是出于渴望融入当代主流文学的思想才使创作主体做出相应的改变。

如果说20世纪50年代到70年代，后东北流亡作家创作的感情基调是有意地改变，那么进入新时期以后的创作感情基调则是表现得合理而自然，从五六十年代的激越过渡到80年代初期的反思。80年代初期在伤痕文学、反思文学的创作潮流中，创作基调较为深沉。萧军、端木蕻良等人的创作，有揭露"文革"带给人们的深重痛苦的表达，也有对"文革"中被迫害致死的同行或朋友的怀念，更有对自己人生命运的深切感怀。这些作品抒发了怀念之情，也融入了作者对人生和生命的思考，充满浓浓的怀旧色彩，如端木蕻良的《郭老逝世敬致小诗以志哀思》《酹江月·吊刘澍德同志》《诉衷情·怀念黄谷柳兄》《念奴娇·挽田汉》《哨遍·"五四"六十周年怀王统照先生》《南浦·"五四"怀旧，挽许地山、许寿裳、马季明、耿济之》《挽杨述同

---

① 端木蕻良. 端木蕻良文集（第7卷）[M]. 北京：北京出版社，2009：546.
② 端木蕻良. 端木蕻良文集（第7卷）[M]. 北京：北京出版社，2009：554.
③ 端木蕻良. 端木蕻良文集（第7卷）[M]. 北京：北京出版社，2009：517.

志》《痛悼茅公二首》《大江东去·挽诗人王亚平逝世一周年》等作品。当看到与"文革"中被迫害致死的同事高敏夫的合影时，端木蕻良感慨万千，遂创作《怀念敏夫二首》，既有对"文革""何期浩劫十年血"的深刻控诉，也有对历史和人生的感慨。1979年萧军创作的诗歌《雪峰：我悼念你！》《思亡女黛儿》等也是如此。萧军的《鲁迅给萧军萧红信简注释录》《萧红书简辑存注释录》透露着对历史的追忆。舒群的《少年chen女》等更是充满深沉的反思与希望。后东北流亡作家和其他很多老作家一样，深受迫害，饱经风霜，历经沧桑，所以此时他们的创作基调与80年代初期文坛主流是基本一致的。

二、主流文学话语对后东北流亡作家的规约与影响

后东北流亡作家以极大的热情投入当代主流文学的发展进程中，他们在政治意识上、主观思想上积极地向党、向新时代靠拢。他们以文学创作努力践行对主流文学话语的融入，这是从作家及其创作的层面上讲的。那么，我们说后东北流亡作家与当代主流文学又是一个互动的关系。当后东北流亡作家以这样的精神姿态面向新的时代的时候，主流话语对他们及其创作又是怎样的回应呢？由于种种原因后东北流亡作家虽然付出了很多努力，但是主流文学话语并没有对这些作家给予充分的肯定与回应。

（一）主流文学话语对后东北流亡作家的接受与回应

1. 后东北流亡作家的社会地位

第一次文代会之后，文坛给予在现代文学中做出积极贡献的作家以充分肯定。除了像张爱玲那样远走海外，像沈从文那样被迫离开文学创作，像胡风那样思想受到批判等特殊情况以外，大部分作家在当代文坛或继续进行文学创作活动，或从事政务工作，或既从事创作也身兼领导职务，总之，在作协、文联、新闻、政府等部门都给其以政治身份或文学位置。新政权对广大知识分子采取的是争取、团结和改

造的策略，知识分子基本都被纳入国家体制之中，给予一定的政治地位。在中国革命历史进程中，很多作家身兼作家和革命家双重身份，革命胜利以后，这双重身份使他们平添了无比的喜悦和自豪，很多作家被委以重任，担任要职。在中华全国文学艺术界联合会这样一个全国文艺界的组织里，郭沫若担任主席，茅盾、周扬担任副主席。郭沫若在新中国成立后担任政务院副总理兼文化教育委员会主任、中国科学院院长、全国文联主席、全国人大常务委员会副委员长等要职。茅盾受到毛主席和周总理的首肯，担任文化部部长和中国作家协会主席。周扬担任文化部副部长、中宣部副部长。巴金、曹禺等来自国统区或海外的作家也被给予很高的位置。巴金参加了第一次文代会，参加了开国大典，担任中国作协副主席。曹禺被选为全国文联常务委员会委员并担任国立戏剧学院副院长。老舍从海外回国并积极创作，1951年被北京市人民政府授予"人民艺术家"的光荣称号。丁玲也一度受到重用，担任中国作家协会党组书记、副主席，中宣部文艺处处长等职，并主持《文艺报》和《人民文学》编辑部的工作。很多延安或者国统区来的作家都被安排做了干部或者其他工作。

那么在此背景下，后东北流亡作家是如何被安排的？新中国成立初期的几年间，白朗应该说是这些作家中较为"风光"的女作家。她六次入朝，多次出访，参加世界妇女大会、和平大会，出席朝鲜停战协定签字仪式等重大活动，因此，白朗在新中国成立初几年间是很受重视的。相反，萧军则是这些作家中最"悲惨"的一位。萧军因《文化报》事件受到批判，入党申请和到前线去战斗的请求都没有被批准，被分配到抚顺煤矿总工会，生活和创作双重受阻。端木蕻良参加了开国大典，在北京市文联担任创作研究部的副部长，20世纪50年代曾主编过《北京文艺》。舒群1951年担任中国文学艺术界联合会副秘书长和中国作家协会秘书长，1953年担任鞍钢大型轧钢厂工地党委书记。骆宾基参加了第一次文代会，在人民日报社创作组工作过一段时间，后当选为山东省文联副主席。新中国成立以后，罗烽历任东北人民政府文化部副部长兼秘书长，东北文联第一副主席，中国作协第一、二届理事、顾问。整体来看，后东北流亡作家更像是介于在文学话语掌控的"上"与接地气的一线创作的"下"之间，这也为他们日后的文学命运的走向埋下了伏笔。

除了和平时期主流文学给予萧军、端木蕻良等后东北流亡作家一定政治地位和文学身份之外，在文艺运动中，当代文坛是怎么对待他们的呢？除了萧军从新中国成立前就受到批判以外，其他如端木蕻良、舒群、骆宾基、白朗、罗烽等作家在二十世纪五六十年代的文艺运动中受到牵连。萧军自不必多说，《文化报》事件让萧军吃尽了苦头。在对电影《武训传》的批判中，端木蕻良则被卷入其中，因为他与杨毓民联名写了一篇赞扬《武训传》的文章而受到批评并做检讨。后来，端木蕻良因胡风事件受到牵连。1955年舒群、罗烽、白朗被划为"舒、罗、白反党小集团"。在反右期间，《文艺报》还开辟再批判的专栏，将萧军、罗烽等人在延安期间发表的文章重新批判。1958年，白朗和罗烽被定为"右派"，他们的一切职务和荣誉都被撤销。而像赵树理、孙犁等作家，在"文革"以前的文艺运动中是基本没受到批判的。他们本身就偏于专业创作而且又是在解放区文艺传统下成长的作家，所以新中国成立初期很少被文艺运动牵连，文坛给予赵树理、孙犁等人也就有一定的空间和位置。和二十世纪五六十年代的其他作家的生存环境相比，文坛给予后东北流亡作家的是一种无比紧张的氛围。

"文革"期间，萧军、骆宾基、端木蕻良等人都被批斗。直到"文革"结束以后，他们才迎来沉冤昭雪，恢复身份和名誉。萧军参加了1979年召开的第四次文代会，这是他在新中国成立以后第一次参加文艺界如此规模的盛会。如果说十七年时期萧军与当代文学之间主要表现为潜在的个人的坚守与追随，那么这一次则代表着萧军真正的归来与被认可。萧军还被选为大会主席团成员、中国文联委员、中国作协理事。骆宾基出席第四次全国文代会，当选为中国文联委员、中国作家协会理事。舒群也出席了这次大会，还被选为中国作协理事。而罗烽和白朗出现在第四次文代会上时，夫妻二人已老态龙钟、风烛残年。罗烽拄着手杖，而白朗坐着轮椅。他们终于回到党的怀抱，回到文艺队伍中来。

2. 后东北流亡作家的文学史地位

各类现代文学史在论及20世纪30年代文学时，对东北流亡作家及萧军、萧红等代表作家的创作都有所提及。几十年来，当代文学史的出版与撰写也取得了长足的发展。文学史的数量在增加，内容也在丰富和拓展。据不完全统计，"1990年—1999年，学界共出版了'中国当代文学史'著作四十四部，2000年—2006年则为十五部"①，20世纪60年代以来，出现了近六十部当代文学史。

在这些文学史中，根据文学史撰写者的立场、阐释角度的不同而对作家及作品的评价也不同。应该说，无论是哪一种文学史，当代的作家自然成为走进当代文学史的主力军。那么，那些从现代跨越到当代的作家，他们的当代创作，文学史给予何种位置呢？虽然不占据绝对主要的篇幅和章节，但是对有些现代作家的优秀当代作品还是予以论述和肯定的。如老舍的《茶馆》、田汉的《关汉卿》在各种文学史中以专节论述，曹禺的《明朗的天》《胆剑篇》和郭沫若的《蔡文姬》《武则天》等也都在文学史书写中被广泛提及。赵树理的《登记》《三里湾》，孙犁的《风云初记》，马烽的《一架弹花机》等反映农村现实的作品在当代文学史上都给予肯定。可是，在当代文学史中，对后东北流亡作家的创作提及得很少，多是零散地论及这些作家的创作。如洪子诚的《中国当代文学史》②，在20世纪50年代至70年代文学中的农村小说部分提到了骆宾基，将骆宾基与赵树理、周立波、柳青、马烽等作家一起归纳为以农村生活为主要取材范围的作家。华中师范学院《中国当代文学》编写组撰写的《中国当代文

---

① 张健. 中国当代文学编年史 [G]. 济南：山东文艺出版社，2012：1.

② 洪子诚. 中国当代文学史 [M]. 北京：北京大学出版社，1999.

学》①，比较详细地介绍了骆宾基的当代短篇小说创作。编者认为虽然新中国成立后骆宾基的作品数量并不多，但是在思想和艺术上取得了较高的成就，也分析了《王妈妈》《夜走黄泥岗》《山区收购站》等小说在构思、人物等方面的成功之处。孟繁华、程光炜的·《中国当代文学发展史》②，在第五章第一节中提到了萧军的名字，将他和丁玲、艾青、陈企霞等人称为来自解放区的作家。文学史对进入新时期以后特别是对80年代文学的描述中，同样看不到曾经辉煌的东北流亡作家的踪迹。

在现当代文学发展过程中出现的作家作品是非常多的。不是一个作家创作出一部作品就可以走进文学史。哪位作家、哪些作品可以走进文学史也不是撰写者某一个人就能决定的。能走进文学史的应该是非常具有代表性的、能经得住时间考验的、被学术界广泛认可的作品。走进文学史以后，又涉及文学史书写给予多少篇幅、多少章节、怎么评价等诸多具体问题。当代文学史书写中对后东北流亡作家的作品关注得不多。这其中既有作品本身的原因，也包含着多种复杂的因素。后东北流亡作家的文学史地位是很尴尬的。这种尴尬既表现在十七年文学的书写中，也表现在新时期文学的描述上。

3. 后东北流亡作家在学术研究领域的地位

从文学批评方面来看，新中国成立以后，文学刊物、学术期刊、文艺评奖等也逐渐建立起来。20世纪50年代到70年代，关于萧军、端木蕻良、舒群等作家在新中国成立初期创作的研究文章是比较少的。仅有的几篇研究文章也受制于当时批评模式的影响，对这些作家的创作肯定的少、批判的多。萧军的作品出版与发表是很困难的，而端木蕻良、骆宾基、舒群等人的情况则稍好一些。新中国成立初期文

---

① 华中师范学院《中国当代文学》编写组. 中国当代文学 [M]. 上海：上海文艺出版社，1984.

② 孟繁华，程光炜. 中国当代文学发展史 [M]. 北京：北京大学出版社，2011：76.

坛对萧军呈现一边倒的批判姿态。《文艺报》就发表了几篇对萧军作品和思想的批判文章。晏学、周培桐的《萧军的〈五月的矿山〉为什么是有毒的?》就是一篇代表性的文章。文章否定了萧军在新中国成立以后的文学创作,认为萧军仍然"坚持着和发展着他在解放战争时期被批判过的那些反动思想"①。对萧军的这部作品的批判言辞是非常激烈的,否定了萧军塑造的英雄人物,文章认为萧军的笔下展现的不是团结、互助、积极的社会主义劳动竞赛,而是互相贬损、排挤和资本主义式的斗争,进而认为《五月的矿山》是一部歪曲现实、人民、革命的书,是宣传反动毒草的书。1958年《文艺报》继续展开对萧军等人的思想批判。马铁丁在《斥〈论同志之"爱"与"耐"〉》一文中对萧军的思想给予了严厉的批判,认为萧军与王实味、丁玲等人所做的反共宣传和反党活动为民族和阶级敌人起着内应的作用,"萧军把我们革命队伍的这种团结友爱看成了眼中钉"②。严文井、公木《萧军思想再批判》③对萧军在新中国成立前的三篇毒草文章《政、教泛谈》《丑角杂谈》《夏夜抄之三》进行批判,并对萧军的个人主义、悲观情绪进行批判。

至于端木蕻良、舒群等人,文艺界对他们的社会活动以及文学活动的回应是好于萧军的。但是,在《文艺报》等主流的期刊中是看不到对他们赞美的声音的,他们同样处在一种尴尬和被排斥的状态之中。新中国成立以后,罗烽的处境也不是很好,在马铁丁的文章中,虽然主要在批判萧军,但是也将罗烽算作萧军的同伙进行批判。严文井的文章《罗烽的"短剑"指向哪里——重读〈还是杂文的时代〉》将罗烽早年的文章视为老牌毒草,认为比当时的一些新的毒草还要恶毒,在文艺界反右、锄草背景之下,"重新研究一下这些老牌毒草,

① 晏学,周培桐. 萧军的《五月的矿山》为什么是有毒的?[N]. 文艺报,1955(24):43.

② 马铁丁. 斥《论同志之"爱"与"耐"》[N]. 文艺报,1958(2):17.

③ 严文井,公木. 萧军思想再批判[N]. 文艺报,1958(7).

是很有必要的"①。舒群在新中国成立后创作的小说《在厂史以外》发表之后也受到批判。1965年宋汉文等六位作者在《文艺报》上联名发表文章《资产阶级阴暗心理的自我暴露——批判舒群的短篇小说〈在厂史以外〉》，对舒群的资产阶级阴暗心理进行批判，认为小说中的舒厂长就是作家舒群的化身，自私自利、官架十足，没有起到对职工的教育作用。可见，萧军、舒群、罗烽等人在当时的《文艺报》这样的主流刊物上出现，完全是负面的、反面的典型，对于他们在新中国成立以前的某些思想创作还在持继续批判的态度。在这几位作家中，骆宾基当时的学术地位是相对较高的。他的短篇小说创作获得了学术界的积极肯定。1959年《文艺报》第19—20期安排了庆祝中华人民共和国成立十周年专号，宋爽的文章《五彩缤纷的短篇小说》在梳理新中国成立十年的短篇小说创作时，提到了骆宾基的小说《年假》。这篇文章认为骆宾基"从农村日常生活中探索和发掘出了社会主义新人的美好的品质和感情"②。1964年，魏金枝在第2期的《文艺报》上发表论文，细致地分析了骆宾基短篇小说集《山区收购站》中的小说。这两篇文章在十七年时期，在后东北流亡作家学术地位整体处于低迷的情况下显得弥足珍贵，然而，与当时的赵树理等山西作家群相比，还是有天壤之别的。同样以《文艺报》为例，在1956年第5、6号上，康濯在《关于两年来反映当前农村生活的小说》一文中指出近两年最受欢迎的是赵树理的《三里湾》。《文艺报》1958年第11期，刊发了一组山西文艺特辑，发表了巴人《略谈赵树理同志的创作》、朱东《谈谈山西省的群众创作》、陈笑雨《写下最新最美的诗篇》、李束为《永远和人民在一起》等一组研究文章。这些文章都从不同侧面肯定了山西作家群的创作，足见在文坛受关注的程度。除了赵树理，西戎、马烽等山药蛋派作家也都得到了批评界的肯定。虽然后东北流亡

---

① 严文井. 罗烽的"短剑"指向哪里——重读《还是杂文的时代》[N]. 文艺报，1958（2）：23.

② 宋爽. 五彩缤纷的短篇小说 [N]. 文艺报，1959（19—20）.

作家很努力地靠近文学主流，但是无论如何都不能成为批评界的宠儿。

进入新时期以后，后东北流亡作家在学术界的地位逐渐上升，重新获得了关注。在本书绪论的研究综述中，笔者谈到了进入新时期以后直到21世纪以来的学术界的主要研究关注点，这里不再赘述。进入新时期以后，当代文学向后东北流亡作家张开怀抱，对他们予以真正的接纳。就像萧军所言，他们成了"出土文物"。文艺政策和文化环境给予他们宽松、自由的存在条件，给这些历经风雨的老作家以莫大的安慰与支持，这在文艺评奖、文艺盛会、作品研讨会，文学史的书写等方面都能反映出来。当代文学发展过程中自身的调整与蜕变，极左观念的纠正，文学的功能、创作的方法、文学理论等多方面的辨析和重建，都为后东北流亡作家回到正常、健康的发展轨道提供有利氛围。在20世纪80年代初期的文艺刊物上，逐渐看到萧军等后东北流亡作家的身影。比如，《文艺报》1982年第2期发表萧军的文章《一瓣"新"香》，1984年第2期发表骆宾基的《从"拿来主义"说起》，1984年第7期发表骆宾基的《希望寄托在这一代》，等等。在文学评奖活动中也不乏看到后东北流亡作家上榜，如舒群的《少年chen女》就获得了全国优秀中篇小说奖。相关的评论文章也得以出现。例如，陇生就在研究文章中肯定舒群的《少年chen女》正视现实，"刻画了一位情操高尚的老干部的崭新快乐"①。值得注意的是当代文坛及批评界对复出以后的后东北流亡作家的回应，与同样复出的艾青、穆旦等人相比，学术地位仍然有所不同。

整体来看，当代文坛对后东北流亡作家创作的回应还是较为复杂的，表现为一种曲线式的冷热反应。即使是针对个体作家，接纳的态度也是有差异的。这种差异，不同时期，不同作家，是否接纳以及如何接纳是不尽相同的。当代主流文学对后东北流亡作家的接受是随着

---

① 陇生. 读近期一些短篇小说的思索［N］. 文艺报，1981（17）：21.

政治意识形态和自身的客观发展而变化的，对这些作家的成长及认可带有阶段性的特点，也就是说在端木蕻良、骆宾基、舒群，包括白朗、罗烽等人没有遭到文艺批判或政治牵连的时候，当代文坛给予他们一定的文化环境和创作环境。因此，在新中国成立初期召开的文代会上能邀请他们参加，在深入基层和农村的生活中能看到他们的身影，在文坛上能看到他们的作品发表，甚至在某些领导岗位上也对他们予以任用。但是从文学创作的实际情况来看，后东北流亡作家没能成为当代文学创作的主力军。当代文学与后东北流亡作家之间的关系可以说时而松弛，时而紧张。

（二）意识形态对后东北流亡作家的影响与制约

我们在考察后东北流亡作家与当代主流文学话语的关系时，看到了当代文坛对后东北流亡作家的接受，也看到了后东北流亡作家为此所付出的努力。二者之间都不是孤立存在的，反而有着复杂的关系。从广义上来说，当代文学的发展促进了当代作家的成长，当代作家的创作又反过来丰富了当代文学的园地，这是一种相辅相成的关系。从狭义上来说，后东北流亡作家似乎总有一些无形的枷锁在影响着他们。

首先，这种影响来自文艺政策的促动、冲击与制约。"一定的政治措施可以促进文艺的繁荣，也可以限制文艺的发展，总起说来政治是决定性的。"[①]1949年第一次文代会对当代文学有重要的影响。虽然是文艺队伍会师的大会，确立了新中国文艺事业的总方针，指出了文艺的总方向和新任务，但实质上是褒扬和突出解放区文学，忽视国统区文艺运动经验的总结和介绍。而我们知道，骆宾基就是来自国统区，这对作家的创作自然带来隐藏的冲击。1953年第二次全国文代会确定了社会主义现实主义的创作原则，虽然鼓励作家创作出更多更好的作品，但是也出现了一元化价值批评模式的端倪。以文学的政治效

---

① 孙犁. 文学和生活的路 [N]. 文艺报，1980 (7)：60.

用为核心的文艺思想在新中国成立后取得了当然的统治地位。在文学高度政治化的时代，文艺成为阶级斗争的晴雨表。

在文学批评上，由于坚持和推行政治标准第一、艺术标准第二的原则，使得文艺界创新不足。虽然1956年制定"双百"方针，但1957年下半年起开始反右斗争，1958年在"大跃进"狂潮下的"新民歌运动"，使整个文艺界浮夸成风，1960年文艺界开始了文艺政策的调整。随之而来的是十年"文革"，文艺政策被空前强化和扭曲。后东北流亡作家的执着热情遇到文艺政策的密集调整，对于后东北流亡作家来说，是不利的。他们从现代时期起走的就是现实主义创作之路，创作风格的突变不是一朝一夕就能完成的。

其次，几次文艺运动对后东北流亡作家的影响。1951年在对电影《武训传》的文艺批判运动中，端木蕻良因与杨毓民联名发表了一篇肯定电影《武训传》的文章，受到牵连，遭到批判。1952年，端木蕻良加入了中国共产党，这对他来说是莫大的激励。但是同年，端木蕻良受"胡风事件"的牵连被怀疑为"胡风反党集团"成员之一。这使得性格比较忧郁内向的端木蕻良变得非常谨慎，自然在创作中不敢放开手脚。1955年，舒群、罗烽、白朗被定为"舒、罗、白反党小集团"而遭到批判。骆宾基也在1955年肃清胡风及一切反革命分子的政治运动中受到牵连被隔离审查。这些文艺运动对于刚刚越过分水岭的后东北流亡作家而言是接二连三的打击。而因为他们作为知识分子本身思想的不够坚定，那么这些文艺运动对他们的打击最为直接的结果就是创作中矛盾、谨慎、苦闷、敏感等多重心理的变化。不敢放开手脚大胆创作，不仅是后东北流亡作家，其他作家都是如此，"文革"中更为严重。

再次，文学话语对后东北流亡作家的影响还来自当代文学本身。在后东北流亡作家努力融入当代文学主流的过程中，当代文学本身也在向前发展，特别是进入新时期以后文学更是飞速发展。文学题材不断扩大，表现领域不断挖掘，除了以往常见的题材内容之外，知青题材、武侠题材、穿越题材、科幻题材等新颖的题材为文坛提供了新的景观，这拓展了当代文学的题材领域。新中国成立之初，文学作品中的人物形象虽然很多，但人物类型和性格比较单一。进入新时期以来，人物形象塑造的固有模式被打破，出现了种类繁多的人物形象，而且人物性格也更为立体和多元。此外，在表现手法的选择上，除了现实主义的手法，还出现了比如意识流、精神分析、表现主义、象征主义、魔幻现实主义等新的表现手法。创作队伍也不断扩大，有由现代时期跨越而来的文坛老将，有在新中国成立后成长起来的作家，有经历过上山下乡运动的一代作家，还有20世纪60年代以后出生的年轻一代作家。进入新时期以后文学的蓬勃发展，也就意味着后东北流亡作家努力融入的文学圈子越来越大。

三、后东北流亡作家融入主流文学话语中的纠葛

萧军、端木蕻良等作家在当代文学的百花园里积极地播种，辛勤地耕耘，忘我地投入。但是从实际情况来说，却充斥了动力与压力、希望与无奈等多重纠葛。文学创作是一种复杂而又痛苦的精神活动，作家的心路历程在作品的字里行间隐隐闪现。后东北流亡作家在与主流文学话语的互动中普遍带有一种纠结的心绪，诸多因素导致这种融入与互动的效果并不理想。

（一）文学与政治之间的纠葛

在中西历史上，知识分子这一特殊群体，他们内心普遍有过入世与出世的矛盾。入世与出世，是一种人生哲学。积极的入世心态表现为个人的进取和对现实社会的深切关怀，而出世则包含着对精神自由的渴望和独立审美意识的追求。东北流亡作家进入当代以来依然富有政治热情，表现出了入世精神，知识分子的使命感使他们始终有一种家国情怀和政治抱负。他们既想不被时代和政治抛弃，又要忠诚于自己的文学创作事业。比如，舒群从抗美援朝前线回来后在中国文学艺

术界联合会和中国作家协会担任领导工作，这时的舒群向组织提出搞专业创作的申请。1952年，罗烽申请由东北文化部调全国作协搞专业创作。这何尝不是他们一种矛盾心理的体现。十七年时期，他们反对假大空的作品，但是他们也创作了一些和自己审美理想不太相符的作品，在作品中又试图找回自己的审美独立性来，形成了文学与政治之间的这种复杂的徘徊。

端木蕻良在文学史上长久地被忽视，在东北流亡作家内部也饱受批评、质疑和指责，他所承受的压力和痛苦可以想见。在端木蕻良的思想中，他曾经有过非常强烈的政治热情，端木蕻良经常参加社会活动，他说："这种活动把我的兴味引到政治方面去。我有一个时候，很鄙视文学。"①后来，这种强烈的政治热情在1933年发生了转变，端木蕻良身上特有的文人气质使他开始由政治家转向文学家的道路上去。这种转变并没有让他立即快乐起来，这可以从当时的很多细节表现出来，如1936年鲁迅逝世，他一个人悄悄地为鲁迅送行。"穿军装的革命家们不能接受他这个'懒散的资产阶级'分子，而穿长衫的'传统文人'甚至西装革履的'资产阶级'知识分子又不能接受他的'左倾'思想和激进行为。"②端木蕻良在新中国成立后虽然也积极响应党的号召，但是这种政治热情已无法和他在南开读书期间相比，也无法和20世纪30年代相比。他在创作时，有文学为政治服务的意识，又不敢放开去创作。因此，两者之间的拉锯形成复杂的犹疑。骆宾基说："伟大的新现实主义的艺术价值，就是在于它推动和帮助人类历史向前发展的政治作用。"③骆宾基的这句话说明了艺术和政治的关系，他的创作一直也伴随着强烈的社会功利性。如果说端木蕻良的创作在内心深处是躲避政治，那么骆宾基在内心深处是亲近政治。对于萧军来说，虽然主流话语在孤立着萧军，但萧军的当代创作，却无时

① 端木蕻良. 端木蕻良文集（第5卷）[M]. 北京：北京出版社，2009：362.
② 孔海立. 端木蕻良传 [M]. 上海：复旦大学出版社，2001：127.
③ 骆宾基. 初春集 [M]. 南昌：江西人民出版社，1982：211.

不在进行着一种证明，证明自己的政治立场，回到文学主流中来，也就是始终没有远离政治。在这一点上，萧军和丁玲是有相似之处的，他们都是在现代有过很高的社会地位和文学身份的。二人都曾受到过毛主席的肯定，毛主席和萧军多次进行思想的交流，毛主席曾给予丁玲"昨日文小姐，今日武将军"的高度评价。但是好景不长，他们二人的遭遇都像过山车一样发生了变化。丁玲在新中国成立后被定为"丁、陈反党集团"，受到长期的批判和迫害，但是她始终和萧军一样有一种不服输的精神，保持一种战斗性的品格。她创作的《杜晚香》以及复出以后的作品，都有鲜明的政治倾向，在政治上"顺着说"的思路一直延伸在文学创作中。萧军也好，丁玲也好，都是在文学与政治之间徘徊与纠结。后东北流亡作家中的大部分作家处在一种中间的徘徊状态。

（二）动力与压力之间的挣扎

后东北流亡作家有一个很突出的相似之处，那就是勤奋，这种勤奋是不以现实境遇的好坏为前提的，超越了一般意义上的"辛勤"。由于后东北流亡作家与主流文学话语的融入与互动的艰难，作家的压力、苦闷与孤独在内心深处隐隐闪现，文字成为他们抒发内心情感的媒介。面对每一次社会的变革，知识分子群体的思想意识总是表现出最为敏感的状态。经过多年的阅历积累和艺术实践，他们的视野越来越宽阔，对外在事物的洞悉越加敏感，心理也较之普通人复杂得多。他们既有历史责任感、使命感，又具有由责任感、使命感产生的改造社会的崇高感。在崇高精神的背后又隐藏着他们的孤独感、矛盾感和悲剧感，它们互为因果形成了知识分子复杂的精神结构。

萧军在1955年8月9日的日记流露出这样的苦闷："说文章是'苦闷的象征'，单对我个人来说，这是对的。"①骆宾基因找不到新的创作方

---

① 萧军. 萧军全集（第20卷）[M]. 北京：华夏出版社，2008：734.

向而困惑和苦闷，虽然在新中国成立后骆宾基和邹民才结婚，生活不再像过去那样动荡，他先在人民日报创作组工作，后来全家迁往济南，不久，骆宾基担任山东省文联副主席。但是他一直想有更多的时间搞创作。如何在新的时代创作出新的作品？他经常心事重重，困惑不解。骆宾基到群众中进行了几个月的深入生活，发现自己的艺术观仍然是旧的，他为新的艺术观没有形成而苦思冥想。他们在进行创作的时候这种无形的压力更是非常明显的。在历史上产生较大影响力的名人，那些伟大的作家和思想家，往往都有一种无法排遣的孤独感。作家身上表现出来的孤独意识，和日常生活中所说的孤独感是明显不同的。作家身上的孤独意识往往是一种本质上的孤独，精神上的孤独。这种孤独意识折射到文学作品中，则呈现为一种独特的审美意识。当压力与精神束缚过大的时候，就会对作家的创作产生一定的影响。

在动力与压力构成的天平两端，其实更倾斜于压力一端。不管是文坛的老作家，还是后起之秀，创作上的压力是比较普遍的。文学心态的失衡导致很多作家与当代文学的互动效果不理想。后东北流亡作家在与当代主流文学的互动过程中，不是团队作战，而是孤军奋战，这给他们的转型也带来了一定的阻力。七月诗派也是一个在抗日战争中成长起来的流派。七月诗派的理论倡导者胡风因主观战斗思想也饱受迫害。虽然萧军和胡风都有过被批判的遭遇，但胡风的当代命运要比萧军悲惨得多。耐人寻味的是七月诗派在当代顽强地延续着，艾青等七月诗人在"文革"结束后又重新归来。而东北流亡作家只剩下个体的复出，群体则依然羸弱，雄风难振，这是值得反思的。压力也好，动力也罢，都没有化成现实有效的成功实践，反而在压力与动力纠葛在一起的精神牢笼里难以挣脱，这也使他们存在着遗憾。

（三）转型与互动之间的劣势

后东北流亡作家融入主流文学话语是异常曲折的。对于那些在抗战背景下形成的文学群体，他们在新中国成立以后都面临着如何融入当代文学主流的问题。审美取向的转换无论是对于群体还是对于个体来说都不是简单容易的事情。山药蛋派也是在抗战的背景中成长起来的，东北流亡作家和山药蛋派，包括荷花淀派等都体现了文学服务于政治的功利性特征。但是如果说东北流亡作家的形成在某种程度上是为了唤醒民众的民族意识，那么，山药蛋派是为解决文艺大众化问题而登上文坛的。东北流亡作家的笔下也出现了很多农民形象，20世纪30年代东北流亡作家笔下的农民更多是在灾难中从被压迫、被蹂躏到觉醒、反抗的形象。东北流亡作家虽然刻画了众多农民形象，但是他们的文学起步更贴切抗日题材，而终究不是本质上的农村题材，只是他们对东北地域文化的描写逐渐发展到怀乡文学的格调上去。山药蛋派在40年代主要擅长描写的也是农民形象，而且农村题材是他们的主攻阵地。但是山药蛋派笔下的农村和农民，不再是20年代鲁迅笔下的封建思想浓厚的未庄农村，不再是阿Q那样的农民，不是30年代茅盾笔下的在帝国主义经济侵略下"丰收成灾"的农村，不是老通宝那样的农民，也不是东北流亡作家笔下的被侵略者的铁蹄践踏下的农村，山药蛋派所倾力展示的是一种不同以往的新农村、新形象。赵树理等人笔下是40年代中后期共产党领导下的不再受压迫的农村。农村的矛盾冲突不再是你死我活的民族冲突，而是新旧思想、先进思想与落后思想的冲突。40年代赵树理所描写的新农村、新农民、新风貌与新中国成立以后的农村很自然在创作上形成一种衔接。新中国成立以后农民翻身当家做主，农村是一片崭新的天地。土地改革、合作化运动的叙事中广大作家主要表现的也是新、旧思想的对立。赵树理等人擅长的也是对新式农民和旧式农民的刻画。因此，山药蛋派在从现代过渡到当代的过程中就相对容易一些。相反，后东北流亡作家缺少山药蛋派那样的文学传统。而且，在融入当代文学主潮的过程中，山药蛋派作家不是单打独斗，而是保存着一种流派意识。流派中赵树理、马烽等人艺术风格还是有相似之处的。同时，山药蛋派在与当代文学的互动中，还有刊物《火花》作为阵地，以山西独特的地域文化为依托，还有一批青年作家作为后继力量。这些不仅对融入当代文学主潮有积极意义，而且对流派的整体发展与传承意义重大。以孙犁为代表的荷花淀派也是立足农村和农民，孙犁注重表现的是解放区人民在艰苦的环境中散发的人性美、人情美，是对乐观向上精神的歌颂。这样的一个主题在新中国成立后也依然能找到生存的空间。新中国成立以后百废待兴，那种乐观向上、无私奉献的精神在当代依然是时代的刚性需求。因此，曾经的文学积累和艺术宝藏在新的时代下变成赵树理、孙犁等人的继续开采，而对于萧军、端木蕻良等人而言则是重新开采。相比之下的这些优势在后东北流亡作家那里基本没有，与主流文学靠近的效果也自然不理想。

（四）追随与坚持之间的取舍

后东北流亡作家在融入主流文学话语的过程中，创作主体在追随主流与坚持自我中间同样存在着矛盾与纠结的心绪。

在当代文学起步后很长一段时间里，广大文艺工作者在创作上都在"赶任务"，并且普遍认为"赶任务"是一件光荣的事。后东北流亡作家的创作，一方面，追求文学创作紧密反映时代生活，文学和时代的关系非常密切。另一方面，又追求文学自身的审美性和规律性。但是在现实面前，个人对艺术个性的坚守阻力重重，时代的变化使得他们的创作及风格发生了变化。一个作家的文学创作，一旦形成了自己的创作风格，这种创作风格就会表现出稳定性和一贯性、持久性。而当外在的世界发生改变，特别是时代迫使作家改变已有的创作风格时，作家的个人风格就会改变。而这种改变，有主动改变也有被动改变，有彻底改变也有部分改变，具体作家情况不同。后东北流亡作家的创作，在与当代意识形态积极互动过程中，又秉承了他们最初的文化基因。他们在主观上追随着中国当代文学的前进步伐。特别是在十七年时期，从作品的主题、题材、思想上都与文学创作的主流、与党的文艺政策保持高度的一致性。但是，当我们专注于文本的细读，关注他们写了什么的基础上进一步研究后东北流亡作家的创作是怎么写的、写得怎么样、用了什么手法等问题时，就会逐渐发现，后东北流亡作家的创作总会有群体和个体一贯的创作个性的坚守。文化基因、背景、经历这些复杂的因素在他们的当代创作中不由自主地呈现出来。换句话说，他们是在最大限度地调动他们最熟悉的写作资源来与当代文学完成这种融入与互动的。可是，比较遗憾的是，他们在追随与坚守之中，并没有凸显出鲜明的、稳定的艺术个性来，也没有在他们原来的园地里继续探索。

第三章　继承与弱化：后东北
流亡作家与现代传统

　　新中国成立以后，后东北流亡作家以积极的姿态试图融入当代的主流文学，并为此在思想上和创作中付出了艰辛的努力和积极的探索。但是除了融入当代主流文学的一致步调之外，还有一个问题值得深思。那就是后东北流亡作家从历史中走来，也从文学传统中走来，东北流亡作家虽然衰落了，但是探寻后东北流亡作家创作之路，就会发现他们的创作中存在很多碎片式的共性特征与趋同现象。这种趋同现象一方面表现为他们对忧患意识、流浪与寻根等创作主题或思想的共同选择和继承；另一方面表现在后东北流亡作家与东北流亡作家相比，不约而同地在思想和风格上发生了弱化。无论是共性的继承还是创作的弱化，这种步调一致的共性表现能否说明后东北流亡作家显示出新的流派或群的特征呢？其实不然，诸多碎片式的共性表现既没有效延续东北流亡作家的创作风格，也没有形成后东北流亡作家过去常说的"群"意义上的精神纽带。

一、继承：后东北流亡作家创作的趋同显现

　　那些跨越不同文学时代的作家，他们既要受到现实意识形态的制约，也要受到过去文学传统的影响，甚至受到多种文学传统的复杂影响，这在某种程度上造成了他们思想深处的矛盾和撕扯。

其实，出现这样的演变现象是很常见的。研究他们在时代变迁等复杂语境下创作风格中的继承和转变，将使作家作品的研究更全面、更客观。新中国成立后虽然东北流亡作家已经走向衰落，"群"的特征基本消失，但他们的创作和成名时的二十世纪三四十年代相比存在某些创作思想上的继承，文学传统的薪火相传的特性使他们在创作中总会有一些不变的或延续的东西。我们探究后东北流亡作家如何融入当代文学洪流，这样一个问题也自然摆在面前。后东北流亡作家在追逐现实主流文学话语的同时，并没有完全与文学传统割裂。他们在文学创作、文学思想等方面表现出连贯性与继承性。

（一）现实主义的坚持与深化

中国文学发生以来，现实主义和浪漫主义就是两大文学传统。进一步讲，古往今来留传下来的重要文学作品基本以现实主义为主。《诗经》以强烈的关注现实的意识，开启了中国文学的现实主义源头，直接影响了后世的创作。汉乐府民歌继承和发扬了《诗经》的现实主义传统。它反映了广阔的社会现实，是汉代社会生活的一面镜子。之后，曹操继承了现实主义文学手法，他对战乱带给人民的苦难发出了哀叹。伟大的现实主义诗人杜甫更是将现实主义继续深化。随后，《三国演义》《水浒传》《红楼梦》等名著都是现实主义的名著。即使像李白那样的浪漫主义诗人，他的精神也是和现实相通的；即使像《西厢记》那样的作品，也是概括了现实问题的。因此，不独在现实主义作品中被高扬和标举，现实主义因素也在那些浪漫主义作品中有所体现。

"五四"以来，现实主义、浪漫主义和现代主义三大文学主潮在中国现代作家笔下进行不懈的探索和实践。三大思潮此消彼长、相互影响，贯穿中国现代文学以及文学流派的发展历程。其中，现实主义是从古至今绵延不绝的文学思潮和创作方法，具有极强的现实生命力。正如冯雪峰所言："人类各民族文学的基本精神及其主潮，是现实主义。"[①]一般来说，作家美学追求的实现主要依赖于创作方法。五四新文学一直发展到今天，它的主潮都是现实主义。陈独秀在《文学革命论》中就提出了"写实的文学"的主张，文学研究会的重要发起人沈雁冰提出了"为人生而艺术"的现实主义创作原则。现实主义观念和创作实践得到了鲁迅、茅盾等作家的积极提倡。从乡土文学到社会剖析派，现实主义创作不断发展和深化。现实主义认为文学作品要真实地反映社会生活，要通过具体可感的形象来感染人，这样更能使读者感到贴近生活、真实可信。现实主义还注重通过典型的方法，捕捉、提炼、概括现实生活素材，进而反映生活的某些本质特征。现实主义主张文学与时代紧密结合，文学反映广阔的现实生活，也有比较明显的现实批判色彩。在中国革命与社会发展的特殊历史背景下，中国现当代文学与国家的历史进程一直具有伴生性。中国革命的社会性质和任务构成了现实主义在中国发展的坚实的社会基础。

早在20世纪30年代，萧军、萧红等东北流亡作家就受鲁迅的影响，在现实主义创作道路上迈出了坚实的一步。他们注重文学创作与现实的关系，具有强烈的时代感与使命感，他们的作品深刻地反映"九一八"之后东北社会各阶层的现实生活，不做无病之呻吟，发出强有力的政治呐喊。东北流亡作家的创作反映了文学鲜明的社会功能，也表明了作家强烈的社会参与意识。在对文艺的功能问题上，东北流亡作家崛起之时，无疑是将文艺的社会功能摆在非常重要的位置。这也意味着，现实主义文学传统在他们创作伊始就深入骨髓，成为他们日后文学世界里一以贯之的基因。萧军的《八月的乡村》描写了东北沦陷以后人民水深火热的生活和不屈不挠的抗争，作者希望小说能"发挥政治作用"，以此鼓舞更多的人投入保家卫国的战斗中去。萧军的《第三代》同样是反映现实的力作，刻画了农民反抗剥削和压迫的斗争历史。骆宾基的《边陲线上》、李辉英的《万宝山》等

---

① 冯雪峰. 中国文学从古典现实主义到无产阶级现实主义的发展的一个轮廓（上）[N]. 文艺报，1952-7-25.

也是日本入侵后社会的真实反映。舒群的短篇小说集《没有祖国的孩子》中收录的九篇小说无一不是描写日本入侵以后东北现实生活的苦难和抗争。此外，舒群的《老兵》《松花江的支流》《死亡》《海的彼岸》等作品也都是现实主义的力作。他们高举现实主义的旗帜，注重典型人物的塑造。例如，《八月的乡村》中的陈柱司令、铁鹰队长，《过去的年代》中的井泉龙、海交、刘元等，都是作家着力刻画的人物形象。他们也注意典型人物性格成长的环境描写，践行典型环境中的典型人物。此时的东北流亡作家秉承的是革命现实主义理念，通过对具体、真实的人物的描写来概括某一特定的时代，进而达到一定的政治目的。

在当代的文学语境下，20世纪50年代到70年代，现实主义创作方法"一统天下"，文艺的政治化功能被格外强调。虽然浪漫主义在这一时期也有提及，但是由于意识形态权力话语的不断集中，浪漫主义在一定程度上丧失了其真实的意义。后东北流亡作家对文学传统中的现实主义创作理念采取了继承的态度。在文学创作中，塑造了一些大公无私的英雄人物。萧军的《五月的矿山》中的主人公就是按照这样的原则来表现的。小说中的主人公鲁东山、杨平山是在社会主义建设时期非常可贵的劳动模范典型。骆宾基《北京近郊的月夜》中的柴桂英，《山区收购站》中的曹英都是新时代的劳动人物典范。同时，我们也注意到这样一个现象：后东北流亡作家一方面关注现实，另一方面又避开现实。关注现实表现在萧军等人继续反映社会现实生活；避开现实表现在萧军转向历史剧创作、端木蕻良创作《曹雪芹》、骆宾基创作《金文新考》等，他们纷纷将目光转向历史，就是很好的说明。但是，我们更应看到，作家转向历史不等于否定真实的追求，只是从另一个角度来实现对真实的诠释。

关于生活与创作经验的问题，李辉英坚持为人生的现实主义创作主张，他在对文艺功能的认识上依然认为文学作品反映人生，是最低限度的要求。端木蕻良认为自己所追求的是尽可能地忠实于历史的真实。时代在变化，作品反映的时代生活也在发生变化，但是作家对于生活的独立思考和写作态度不应改变。端木蕻良的创作很少赶时髦，他往往专注于生命的真实体验。虽然在特殊的历史时期端木蕻良也短暂写过妥协性的作品，但就其一生的创作经历来看，可以说瑕不掩瑜。文学创作来自现实生活的触发，这种感悟随着时间的流逝、岁月的沉淀以及作家阅历的增加而越加深刻。端木蕻良看到自己曾经的作品，使他对生活有了更深的体会，他更加深刻地感悟到生活永远是汲取不完的海洋，透过生活的海洋总能看到彼时彼地的海的苍茫和潮的奔腾。萧军的创作中一直带有一种侠气，给人以硬朗豪爽之感。可是，萧军也有另一面，他晚年对鲁迅写给自己和萧红的书信进行注释的时候，往事历历在目，真情自然流露，鼻子酸酸，眼泪难以克制，这也是一种真实的表达。是的，当战争的硝烟散去，"文革"的劫难终止，当他们重获新生、重新出发创作的时候，他们的创作真实平淡，却又耐人寻味。舒群新时期的小说取材可以说是随处可见的日常生活，既自然又朴实，没有轰轰烈烈，没有史诗篇章，但是无时无刻不在显露着"真实"二字，真实反映当代生活中的社会问题。这些作家在现实主义的道路上一直坚持强调真实性原则。这种真实，既表现在创作主体进行文学创作时的真实、真诚的态度，也表现在作品对现实社会与人生的真实再现。无论是顺境还是逆境，他们都忠实于现实，忠贞于事业，忠诚于内心。萧白曾这样评价骆宾基的创作："他是真实的，正因为真实，所以也有了光芒。"①骆宾基始终坚持文学创作的现实主义创作原则，反映时代风貌。端木蕻良也认为描写历史事件和人物时"必须具有真实性，代表时代的精神"②。因此，可以说，后东北流亡作家在现实主义的创作道路上没有懈怠过，他们对社会、人生、心灵真

---

① 转引自韩文敏. 现代作家骆宾基 [M]. 北京：北京燕山出版社，1989：148.

② 端木蕻良. 曹雪芹（上卷）[M]. 北京：北京出版社，1980：13.

实的再现也没有停止过。只是在不同的历史阶段，表现的方式不同而已。

（二）漂泊流浪与寻根意识

漂泊流浪是文学的一个永恒母题。不管在中国，还是在西方，都有悠久的历史。早在屈原的《离骚》之中就描述了诗人被放逐后漂泊的体验。西方的《荷马史诗》《鲁滨孙漂流记》《汤姆·琼斯》都是不同时期展现漂泊流浪的作品。在中国现当代的作家中，具有漂泊与流浪意识的人不在少数。知识分子是社会当中的一个特殊的群体。知识分子在社会体制的链条上，相对来说容易缺少安身立命之感，在他们的身上无根和寻根的意识就表现得较常人明显。虽然他们在不停地追梦、寻梦，但知识分子"在灵魂深处，他们总是漂浮的"①。漂泊流浪表面上是一种人生的生命体验，而本质上是一种精神的无所寄托。不管怎样流浪与漂泊，对自由的渴望与追求则更具有人类永恒的价值与普遍意义。

在现代文学史中，作家多具有漂泊流浪的人生经历，再加上知识分子的身份，使得漂泊的感受更具有深刻的心灵体验。鲁迅、郭沫若、郁达夫、艾芜等人均有这样的生命体验。东北流亡作家也不例外，并且因特殊的经历使得漂泊流浪的意识在他们身上表现得更为深刻。东北流亡作家的漂泊意识主要表现在空间上的流浪。来自东北三省的萧军、端木蕻良、骆宾基等人青少年时期或外出求学，或离乡背井，九一八事变后，抗日战争爆发，他们流浪多地，生活极其艰苦，人生处在颠沛流离的不稳定境地之中。20世纪30年代初期，上海成为中国文学的中心，萧军、萧红、舒群、端木蕻良、骆宾基等人相继流亡到了上海。鲁迅的逝世，抗日战争的全面爆发，文坛出现的区域性变化，使萧军等人又来到了延安。1923年，十一岁的端木蕻良就到天津读书，1928年再次离开科尔沁旗草原到天津读书，之后就开始辗

---

① 许纪霖. 中国知识分子十论 [M]. 上海：复旦大学出版社，2003：31.

转各地。1929年李辉英考进中国公学大学部中国文学系，1932年伪满洲国成立不久，李辉英回到家乡后就又离开故乡去上海求学，"随着东北四省的沦陷，自己就开始尝味到流浪的滋味"①。从此上海、武汉、四川、哈尔滨、长春、香港……开始一路的漂泊。1933年，骆宾基在日军的炮火下离开了故乡，从此四处辗转。他们既是知识分子，又是被迫离开故乡的一员。但此时的东北流亡作家身上所表现出的，不是对生活的哀叹与自怜，而是充满战斗的激情和对未来的信心。比如，端木蕻良在《科尔沁旗草原》中塑造了漂泊者形象，在丁小爷身上体现着草原上流浪者的典型特征。草原上新一代的地主丁宁年轻时走出草原，去南京求学，后重回故乡，又再度求学。在出走与寻找之间，主人公身上充满了生命的活力与渴望。《新都花絮》中的宓君经历了从北京到天津、香港、重庆等地辗转漂泊的痛苦经历。不管是东北流亡作家，还是他们笔下的人物，漂泊对他们来说都意味着对社会和人生价值的不懈追寻。这种流浪是将个体的追求与民族的未来联系在一起的。

　　新中国成立后，后东北流亡作家在空间漂泊的层面上并没有结束。梳理他们当代的人生轨迹及所到之处，不难发现，萧军、端木蕻良等作家并没有在一个固定的城市或地域停泊下来。新中国成立以后萧军在抚顺、北京等地辗转。端木蕻良在北京、内蒙古、昆明、哈尔滨、南京、扬州、上海、昌图等地都留下了足迹。骆宾基则在北京、济南、吉林、哈尔滨等地漂泊。舒群奔赴抗美援朝战争前线，回国后到沈阳、北京、鞍山、本溪等地工作和生活。白朗从朝鲜战地到阜新，李辉英从内地到香港，后东北流亡作家随着个人命运的沉浮，无论是深入生活，还是被迫下放，所到之处都是他们人生漂泊的证明。现代时期，萧军等作家也经历了颠沛流离，四处迁徙，但是那时的漂泊更多地带有对革命胜利的信心和对祖国和个人未来的美好憧憬。他

---

① 马蹄疾. 李辉英研究资料 [G]. 沈阳：春风文艺出版社，1988：141.

们进入当代以后生活的辗转与漂泊虽然也带有对民族振兴与未来的希望，但这其中夹杂着更多个人的迷茫的复杂心理。因此，与现代时期空间上的流浪不同，后东北流亡作家的漂泊意识更多还是表现在心理上的流浪。虽然不再饱受战乱之苦，但接二连三的政治运动，使他们在内心深处依然找不到安稳的精神家园。这些作家在人生的漂泊中显示着对自由的渴望与追寻，因为对自由的追求是人类一种普遍的精神诉求。对自由锲而不舍的追寻，正是因为自由的匮乏和外界对自由的束缚。如果说现代时期萧军等作家对自由的追寻更多地体现在国家的自由、民族的自由的向度上，那么当代时期这些作家对自由的追寻则主要体现在个人精神自由的获取上。不管是抗战时期生活的漂泊，还是新中国成立以后精神的漂泊，他们大都离开了生养他们的故乡，开始了对人生和世界的探索，在离开与寻求的旅途上蕴含着丰富的文化意义。对他们来说，这是人生的苦难，也是精神的财富。这种漂泊意识反映在当代的创作中也时常得见。比如，白朗的《为了幸福的明天》中的主人公邵玉梅出生后被亲生父母抛弃，被好心人捡去养大，后来又寄在哥嫂家生活，在日本人的厂里做工，她始终在漂泊，命运非常凄楚，是新中国让她感到了家的温暖。萧军的《吴越春秋史话》中的伍子胥父兄被杀害，他开始一路的逃难与漂泊，尝尽辛酸。端木蕻良的《曹雪芹》在某种角度上说是作家经过了一生的漂泊又回到了文学的起点。

中国人的家园情怀与寻根思想是非常浓厚的。"根"文化植根于中国文化的心理底层。"落叶归根"思想强烈地感染着一代代漂泊在外的游子。这种漂泊与寻根反映到文学中，对家乡的思念，对羁旅的无奈，对理想的追寻、感伤与怀旧等也成为其普遍表现的内容。例如，在中国古典诗歌中，薛道衡的"入春才七日，离家已二年"（《人日思归》）、李白的"举头望明月，低头思故乡"（《静夜思》）、白居易的"望阙云遮眼，思乡雨滴心"（《阴雨》）、高适的"故乡今夜思千里，愁鬓明朝又一年"（《除夜作》）、贺知章的"少小离家老大回，乡音无改鬓毛衰"(《回乡偶书》)等，都表现了对故乡深深的眷恋之情。

　　不管是人生的漂泊，还是对自由的追寻；不管是在现代，还是在当代，在后东北流亡作家的内心深处，改不了也抹不去的是对故乡的深深依恋。东北流亡作家二十世纪三四十年代的创作中带有明显的乡土色彩。而当作家不断经历了辗转和漂泊，这种乡土色彩逐渐深入，成为浓得化不开的一种怀乡情结。乡土情结在中国现代作家身上是普遍具有的一种情怀。乡土情结在中国知识分子身上也是表现得最为明显的。早在20年代就形成了乡土小说创作的热潮，在鲁迅的引领之下，许杰、鲁彦等作家都将目光聚焦在生养他们的农村。当这些知识分子离开故乡，再反观故乡，对故乡的风俗人情往往是同情与讽刺、批判相交织，对故乡的风俗恶习、封建思想是持批判态度的，但是又掩饰不住对故乡的眷恋之情，这些便构成了20年代乡土小说的美学内涵。而到了30年代，东北流亡作家的作品中带有浓厚的地域文化色彩。他们对故乡的热爱是远远多于批判的，特别是当故乡的热土被外敌践踏之时，对故乡的情感更是令人动容，远远超过一般意义上的乡情。东北流亡作家的文学创作并不是纯粹的乡土文学，和20世纪20年代的乡土小说是不同的。他们的创作因作家的经历、表现的需要、文化基因等因素而呈现出浓厚的乡土色彩。萧军的小说中，故乡的风土人情、点点滴滴是那样让作者神往陶醉。在《八月的乡村》中作家笔下的家乡连空气里都时时夹杂着飘送着高粱、大豆等各种粮食半成熟的香气。端木蕻良在《科尔沁旗草原》《大地的海》中对故乡辽阔的草原发出由衷的赞美，对萨满文化的描写更是乐此不疲。到了40年代，在骆宾基的《北望园的春天》《乡亲——康天刚》，端木蕻良的《初吻》《早春》，以及萧军等其他作家的创作中，怀乡情绪表现得更为深沉。更进一步说，东北流亡作家的创作已经从20世纪30年代的抗日文学发展到40年代的怀乡文学，这种怀乡的情结在作品中表现得更为圆熟。骆宾基的《北望园的春天》《贺大杰的豪宅》，作者借笔下的人物形象的感受，抒发了自己浓厚的怀乡之情。"我"跟着队伍东奔西走，像家乡那边味道的瓜再也没尝到过。无论人生漂泊到何处，家乡的味道总能吸引着出门在外的游子。骆宾基在《落伍兵的话》一文中借作品中人物的语言，表达中华民族延续千年的落叶归根的思想。而且通过对比的方式，衬托出故乡的好。通过娶妻的话题将北方姑娘和南方姑娘进行对比，南方姑娘又浪又娇气，没有北方姑娘能干实在，还是赚钱回老家去娶妻合适。正如小说中人物所说："一个人总得记住老根，……街坊邻居看着也称道：'到底没有忘了从小爬来爬去的那块土！'"①

萧军、端木蕻良等人都有比较明显的乡土情结。其实，中国的作家普遍具有怀乡的情绪，那种思乡之情在笔下的文字中也时有流露。特别是在现代作家身上表现得比较明显。因为那些作家普遍都从农村出生，长大以后也大都经历了鲁迅式的走异乡、逃异路的人生寻求历程。不论走到哪里，故乡都是生养他们的地方，他们对故乡也自然具有难以割舍的情感。端木蕻良认为故乡是不能选择只能爱的，他感慨于不能忘记家乡的一草一木，这种印记年复一年，在心灵深处永不凋落，"是任何事物也无法代替的"②。萧军也有同感，虽然故乡并不美丽，但因为它曾经是生养过的地方，所以还是怀念它。进入新时期以后，萧军、端木蕻良等人又回到了他们的故乡，回到了他们的出生地。当再次踏上这片热土，回首往事，感慨万千。这些久经风霜的老作家，从青年时代离开家乡，为了国家的解放和人民的自由漂泊辗转。当人生暮年，无论身在何处，无论人生怎样漂泊，对自由的追寻不曾停止，对乡土的思念也不曾中断。

这种怀乡情结通过语言印刻在字里行间，就使文学作品无形中平添了亲切感和深沉感。离开故乡的时间越久，乡情便愈加醇厚。去了香港的李辉英，他在文章中多次表达了自己对故乡的思念。李辉英到

---

① 骆宾基. 初春集 [M]. 南昌：江西人民出版社，1982：39.
② 端木蕻良. 端木蕻良文集（第7卷）[M]. 北京：北京出版社，2009：42.

香港以后出版的一部散文集，就以《乡土集》命名。说到乡土，李辉英认为人是从乡土中长大的："谁也不能完全忘记了乡土，谁也不能没有乡土观念。"①带着对土地深深的爱，李辉英到香港后写了很多怀念故乡生活的散文，真挚细腻，散发泥土的芬芳。李辉英在《乡村牧歌》再版时也重申，他期待读者："宁愿你们去发见它的浓重的地方色彩。"②罗烽晚年创作的诗歌《道情篇——哈尔滨，并念靖宇同志》抒发了对故乡的思念："每忆壮岁凛冽地，冷在肌肤暖心头。"端木蕻良在20世纪60年代创作了多篇草原系列散文。在现当代文学史上，写散文的名家不在少数，但是真正把草原写得鲜活与直立、苍茫与辽阔的作家非端木蕻良莫属。端木蕻良60年代创作的草原散文已经和30年代的《科尔沁旗草原》不能同日而语，但是那种对草原的挚爱之情没有丝毫的消减。因为草原是端木蕻良的根，端木蕻良是草原之子。舒群的小说《金缕传》中当多年后再踏上那片熟悉的土地，抗联的岁月，故乡的生活，过年的习俗，故乡的好客热情的父老乡亲，在作家的笔下呈现得是那么亲切、自然。只有带着这样真实又深刻的情感，才能让读者身临其境，毫无做作之感。萧军在长篇小说《第三代》中展现出对家乡的依恋之情。比如不堪欺压的刘元等人即使当了土匪，心中仍然忘不了故乡。井泉龙的妻子不愿到城里去住，因为她舍不得离开家，因为她深知故土难离的滋味。在《第三代》中，作者将青年离开自己家乡的人，比喻为像一只鸟离开他们的老窠巢一样。不管长大后飞到哪里，都想着飞回来看看曾经栖息过的树林。正如小说中杨五爷所感慨的，没离开过家的人就不懂得这想家的心！这种寻根之情自然流露出来。萧军的长篇历史小说《吴越春秋史话》也在借人物来抒发思乡之情。伍子胥被迫离开祖国，离开家乡，带着父仇在逃亡流浪之中无时无刻不在思念着故国家园，在困难的境遇中每每想起，伍子胥都会潜然泪下。这部小说中的越王勾践，为了保住自己的

---

① 马蹄疾. 李辉英研究资料 [G]. 沈阳：春风文艺出版社，1988：161.

② 马蹄疾. 李辉英研究资料 [G]. 沈阳：春风文艺出版社，1988：148.

国家和人民，忍辱负重，正是那种对重回祖国、重回故土的精神信念，支撑着他熬过各种人格的屈辱。那种流浪和思乡之情更比常人多了一份厚重和沧桑之感。无论在伍子胥身上，还是在越王勾践身上，都具有非常强烈的流浪意识与寻根意识。萧军在新时期完成了《鲁迅给萧军萧红信简注释录》和《萧红书简辑存注释录》。他为何要对这些几十年前的书信重新注释？除了萧军所说的萧红已去世注释的工作只能由他来完成，给鲁迅研究者提供真实的史料以外，那种寻根的目的自然也在其中。鲁迅也好，萧红也罢，都在萧军的人生中扮演着至关重要的角色。一个是文学道路的精神起点，一个是婚姻感情的真正起点。历经风雨之后的萧军重新对书信进行注释，那种思想深处的寻根意识不言自明。

（三）平民意识

平民意识既是社会发展的产物，也是人性的本质体现。早在1918年，周作人就在《人的文学》《平民文学》中倡导了平民化写作的思想或倾向。不同于通俗文学，也不同于为平民而作的文学，周作人认为平民文学"乃是研究平民生活——人的生活——的文学"[1]。此后，"平民"一词在中国现代文学创作中得到了广泛的应用，也难以下确切的定义。但是在一般的意义上，在文学创作中的"平民"主要指的是作品中的普通人物形象。有的学者指出平民意识应该站在平民的立场，举起以底层民众为本位的旗帜。[2]在文学创作上，平民意识是作家精神意识里的一种写作姿态，是一种态度，也是一种立场的表现。如鲁迅就是非常鲜明的代表。鲁迅笔下的人物不是帝王将相，不是才子佳人，而是普普通通的小人物。无论是阿Q、祥林嫂、闰土等农民形象，还是孔乙己、陈士成、吕纬甫、魏连殳等知识分子形象，都是处于社会底层的平凡人物，而正是这些普通的人物形象才更有普遍性

---

① 周作人. 平民文学 [J]. 每周评论, 1919 (5).
② 李海龙. 略论中国现代文学中"平民意识"的流变 [J]. 贵州社会科学, 2006 (5)：141.

和典型性。除了鲁迅，叶圣陶、老舍、沈从文、赵树理、柳青等作家在创作过程中将平民意识不断发展。

萧军、端木蕻良等东北流亡作家，无论是在现代，还是在当代，他们的作品中都散发着浓厚的平民意识。他们始终把创作植根于普通而伟大的人民群众之中。在20世纪30年代，东北地区居住着大量的贫民。萧军、骆宾基、舒群等人均生长在普通家庭，对底层社会的生活十分熟悉。端木蕻良虽然生于大家庭里，但他的母亲是来自贫民家庭的，所以他特别同情母亲的遭遇，他的母亲也经常向他诉说自己的身世命运。这使得端木蕻良从小就对父亲一族的地主阶级充满了抵触情绪，他的思想也更倾向于母亲一族。东北流亡作家中的主要作家从小就在思想意识深处具有这种平民意识。他们生活在普通百姓中间，同情百姓的遭遇，热爱人民身上的纯朴性格。

东北流亡作家的作品中人物形象的平民意识是非常鲜明的。萧军的《八月的乡村》表现了由很多平凡的人物聚合而成的群体性的英雄形象。作品描写了一个农村普通妇女李七嫂的痛苦遭遇和坚强意志。端木蕻良的《科尔沁旗草原》《大地的海》《遥远的风沙》等作品中不仅塑造了地主、老爷等贵族形象，还塑造了仆人、农夫、妇人、士兵、土匪、跳大神的等众多普通人物形象。白朗的《生与死》塑造了安老伯母这样一个普通而又感人的女性形象。作者赞美她的纯朴善良的优秀品质，更歌颂了她逐渐坚定的反抗精神，危急时刻献出了自己的生命。李辉英的《松花江上》讲述的是松花江畔山村中勤劳、善良、朴实的农民的故事。他们辛苦劳动，攒下的家业被日本帝国主义横行霸占，善良的农民终于挺身而起，和敌人展开斗争。骆宾基的《北望园的春天》所写的也都是知识分子、农民、士兵、农妇等平凡的小人物的各种人生境遇。舒群在20世纪30年代创作的作品在选材上也主要以平凡人物为主。如他的诗歌《夜妓》就是描写下层劳动人民的苦难作品，深刻展现了苦难中的人们沦为乞丐和妓女的悲惨生活。作者在描写中对下层人民的悲惨遭遇寄予深切的同情。在战争的背景下，东北流亡作家对深受苦难中的人民的遭遇是分外同情的，对普通百姓身上体现的觉醒与反抗意识是格外赞美的。

到了当代，平民意识这一现代文学中的传统文学精神也在后东北流亡作家的创作中延续下来。他们作品中人物形象的塑造主要选择的都是普通的小人物，展现在特殊的生存背景下普通人的觉醒与反抗、向上与奋斗。从现代跨越到当代的长篇小说《第三代》主要描写对象是凌河村受欺压的普通百姓。井泉龙、林青、翠屏等人身上闪耀着善良、正义、勇敢的平凡而伟大的光辉。《五月的矿山》歌颂的是鲁东山、杨平山、艾春秀等无私奉献的工业战线上千千万万的劳动者，批判的是有些干部的官僚主义作风。正是在这种对比中，普通劳动者身上的优秀品质才更加动人，因为这些平凡人物把集体利益放在第一位，关键时刻牺牲个人利益和幸福来保全集体利益。在历史小说《吴越春秋史话》中，虽然作家描写了统治阶级的代表人物，也描写了重大的历史事件，但是萧军在人物的处理与设置上流露出一种朴素的平民意识。伍子胥本是上层阶级，贵族出身，但是因为当时楚国的楚平王听信小人谗言而将伍子胥的父亲满门抄斩。伍子胥幸免逃脱，但他已经不是贵族阶级的人物了，成为最普通的百姓。在伍子胥逃避追捕的过程中，他认识到了上层阶级人物的丑恶嘴脸，他接触到了各种各样的下层人物，更亲身感受到人民群众身上闪耀的善良纯朴的品质。因此，在萧军的《吴越春秋史话》中，用了大量的笔墨刻画了渔丈人、浣纱女、专诸等众多普通人物，赞美了这些古代劳动人民身上的优秀品质。萧军在新时期的《鲁迅给萧军萧红信简注释录》中，一方面时时刻刻在赞颂着恩师鲁迅对他的帮助和教诲，同时，作者在对这些书信的注释的过程中，并没有将鲁迅神化，而是通过点点滴滴的真实回忆，将一个平凡而又伟大的鲁迅呈现在读者面前。不仅作文如此，在做人的问题上萧军本人也秉承着这样一种思想。萧军回忆自己走上文学道路时说，所靠的是年轻时候的热情和不写就难受的冲动，

"再加上还认识几个方块字，就这样动起手来的"①。萧军在晚年依然有一种平民意识。1980年萧军在一篇文章中说："刊物要登'名'作家的作品，这风气到今天似乎还在继续。什么时候能够把这风气一刀斩断呢？"②萧军在思想上并没有以一个名家来自居，写作姿态上始终都带有一种平民意识。

在这一问题上，端木蕻良也有同样的理解。端木蕻良的短篇小说《钟》《蜜》等，塑造的是纯朴、善良、一心为公的农民形象。《钟》里的胡大叔、《蜜》里的胡大爷、《握手》中的王淑兰、《钢铁战士》中的王才，这些平凡的人物身上都闪耀着不平凡的精神品质，而这些人物形象正是新中国成立后在各条战线下，无论是农业改造还是经济建设中祖国需要的人才。这样的人物一方面具有普遍性，但另一方面亦是典型性十分鲜明。端木蕻良的《曹雪芹》始终带有一种平民意识去刻画主人公，曹雪芹在生活中与下层人民亲近接触，厌恶贵族权势人物。作者要把曹雪芹塑造成一个现实生活中的人，而不是将其放在帝王将相的层面去考虑的。在《曹雪芹》中，端木蕻良对下层市民、普通丫鬟的人生命运给予了很多笔墨。曹霑没有把自己当作少爷来看待，对下人十分亲切，丫鬟们见到曹霑都下跪，曹霑接受不了这样的大礼，作者借丫鬟双燕的口说："快起来吧！我们小爷就是不要咱们当奴才的老是是呀，回禀小爷呀，屈膝请安什么的。"丫鬟砚侬见状说："自当奴才以来，还没见过这样的主子呢！"③而曹霑对下人的亲切也正与福彭对下人的骄横霸道形成鲜明的对比。

在这一点上，除了萧军和端木蕻良，舒群和骆宾基也不例外。舒群的长篇小说《这一代人》将主要的笔墨塑造了一个刚参加工作的女性人物形象。女主人公李蕙良是新中国成立初期众多普通建设者中的一位。以李蕙良为中心，作者又塑造了很多普通的人物形象。舒群的

① 萧军. 萧军全集（第9卷）[M]. 北京：华夏出版社，2008：112.
② 萧军. 萧军全集（第9卷）[M]. 北京：华夏出版社，2008：150.
③ 端木蕻良. 曹雪芹（上卷）[M]. 北京：北京出版社，1980：163.

《少年chen女》《思忆》《醒》等小说中塑造的人物形象都不是伟大的人物，而是平凡生活中的小人物。作者选取的都是现实生活中千千万万普通事件中的点点滴滴。比如，《少年chen女》中的李晨虽然是一个普通的女学生，看似简单平凡，实则具有非常强烈的现实意义，体现了作家新时期关注青少年成长的紧迫感和责任感。骆宾基当代的小说创作，在人物形象的塑造上，也都是选取普通人物形象加以刻画。骆宾基在新中国成立后深入生活，创作了一系列反映合作化运动的短篇小说。这些短篇小说在人物形象的选取和塑造上，也都是以平凡的小人物为切入点，以小见大，以点带面。《王妈妈》《夜走黄泥岗》《年假》《交易》《父女俩》《老魏俊与芳芳》《山区收购站》等小说中的人物无一例外都是当时千千万万普通人物的缩影。

李辉英在当代的创作中从当时香港的社会生活入手，主要表现的也是小人物的平凡人生。李辉英的散文集《乡土集》里的第二辑中出现的几个人物，都是平凡的小人物，平凡到难以引起任何人的注意。李辉英在序言中阐发了刻画平凡人物的重要意义："就整个人类来说，到底也不是除了几个有名有姓的伟人之外，就此限制了小人物的出现和立足了。"[1]而且，平凡人物的人生遭遇，他们的喜怒哀乐也十分有价值。在李辉英的长篇《前方》中出现的英雄人物，不是骁勇善战的将军首领，而是普通的士兵、善良的农民。

平民意识在中国现当代文学的发展过程中，在不同的历史时期具有不同的表现形态。不管经历了怎样的演变，平民意识终究是作家创作中可贵的思想意识。后东北流亡作家在创作中自然地将平民意识延续下来。同样，在当代不同的时期，作品中的平民意识具有不同的特点，但作家创作的本意和初衷并没有发生改变。

(四) 忧患意识

在源远流长的中国文化历史的长河中，忧患意识始终伴随着中国

---

① 马蹄疾. 李辉英研究资料 [G]. 沈阳：春风文艺出版社，1988：162.

文化的演进，并且成为中国传统文化的一个重要组成部分。忧患意识作为一种意识形态在中国人的文化意识中具有根深蒂固的影响。不同的时代、不同的群体，忧患意识具有不同的表现方面。忧患意识既包括对客观自然世界的忧患意识，也包括对人自身命运的忧患意识和对社会发展的忧患意识。这种文化意识通过历史的陶冶和代代积淀，逐渐形成了中华民族的一种文化心理定式。忧患意识具有强烈的群体特点，忧患意识不是特定时代或者特殊个体的独有表现，它已经成为中华民族文化基因中的一种群体的心理特征。不同时代的生存环境、社会动荡、朝代更替、兴衰发展都激荡着人们的忧患意识。同时，忧患意识具有悲剧意识和理性色彩。忧患意识薪火相传，激励着中华民族自强不息和蓬勃发展。忧患意识在历代思想家和文人的笔下有过深刻的表露和精辟的阐释。中华民族发源之时，我们的祖先在自然界面前就表现出了忧患意识。洪水、猛兽、饥饿、旱灾等灾难一直伴随着古老民族的生存和繁衍。因此，从《山海经》等古老的神话中我们能看到先民对生存环境的敬畏之情与忧患意识。孔子说："人无远虑，必有近忧。"孟子将其表述为"生于忧患，而死于安乐"，欧阳修说"忧劳可以兴国，逸豫可以亡身"。范仲淹说"先天下之忧而忧，后天下之乐而乐"。文学的忧患意识，是作家对社会历史和自身发展的深邃思考和深切关怀，他们从血与火的现实斗争生活中选取题材，洞见世情，采用多种表现手法，将自己强烈的民族忧患意识融化于具象描写之中。如"商女不知亡国恨，隔江犹唱《后庭花》"（杜牧《泊秦淮》），"位卑未敢忘忧国"（陆游《病起书怀》），这样的例子比比皆是。

在中国现当代文学史上，鲁迅、老舍、沈从文等作家都具有忧患意识。比如，鲁迅早在他的杂文中就表露了他的忧患意识："我所怕的，是中国人要从'世界人'中挤出。"①从萧军等人的人生经历和作品来看，忧患意识始终伴随着东北流亡作家，萧军、端木蕻良等人在

---

① 鲁迅. 鲁迅全集（第1卷）[M]. 北京：人民文学出版社，1981：307.

青少年时期，就已经表现出忧患意识。这种忧患主要表现在对困苦生活的隐忧。当"九一八"以后，面对日本帝国主义的入侵、民族的灾难、人民的苦难，东北流亡作家发出了时代的最强音，在他们的作品中表达了浓重的忧患意识。萧军、端木蕻良等人生长在内忧外患、民族危机深重的时代，这种忧患意识带有自发性和本能性的特点。随着眼界和阅历的丰富，他们的忧患意识由青少年求学时期的人生忧患变为抗日救国、忧国忧民。也正是这种中华民族基因中的忧患意识，成为他们创作的内在情感动因。如舒群的《黑人小诗集》在亡国之痛的书写中展现了忧国忧民的感慨。端木蕻良的《鹭鸶湖的忧郁》《爷爷为什么不吃高粱米粥》等小说笼罩着浓郁的忧患情绪，人物及其环境都被一种忧郁的氛围环绕着。《爷爷为什么不吃高粱米粥》中爷爷用绝食一天的方式纪念儿子，国难家仇成为千万家庭心底的烙印。《科尔沁旗草原》中作者对母亲身世和遭遇的深切同情与忧虑，丁宁对大家族走向衰落的拯救，都饱含着忧郁深重的情怀。萧军的《八月的乡村》、骆宾基的《边陲线上》等反映抗战的作品在慷慨激越的风格下都笼罩着一层对民族的未来、人民的苦难的深重忧患。骆宾基的《边陲线上》在表现前方的战士们艰苦战斗、舍身为国的同时，也描写了军队当中的腐败和阴暗问题，揭示了上层的腐朽生活，这一点是让作者十分痛心和忧虑的。

20世纪50年代后，接二连三的政治运动使得作家思想深处产生挥之不去的忧患意识。这种忧患意识在从现代跨越而来的老作家身上表现得更为明显。透过他们的传记、作品、回忆录，可以看出他们对民族生存、政治形势等问题的隐忧。后东北流亡作家的忧患意识一方面表现在对个体命运的忧患。比如，新中国成立后萧军在创作和生存问题上受到不断的打击，他的作品受到不公正的待遇。舒群、白朗、罗烽被打成反党小集团。端木蕻良被怀疑成胡风集团的成员。这些外在的事件都会造成作家创作中的一种不安定的情绪，对个体生命的未来走向会产生深深的忧虑。另一方面表现在对文学创作、现实社会和民族未来的忧虑。他们对文艺界歌功颂德、浮夸成风的现象，对文艺创作整体发展趋向表现出了忧虑。由政治运动引发的忧患意识超越了对个体生命的忧虑，而具有了更深广的对人性自由、人文精神的内涵指向，进而达到了一个更具哲理性的层次。

萧军的《五月的矿山》对工业建设过程中官僚主义的危害及酿成的事故给予了批判，作家在热情歌颂鲁东山等劳动模范的英雄事迹的同时，并没有忽视工业建设中隐藏的危机，这样的处理也体现了一个作家的忧患意识，作家的责任感和使命感油然而生。在萧军的长篇历史小说《吴越春秋史话》中同样渗透着忧患意识。伍子胥的父亲被昏庸的楚国君主满门抄斩，其中包含作家对国家兴衰历史命运的深切思考。舒群的小说《少年chen女》忧患意识更为明显。作家把这部小说称为"遗嘱"式的作品，体现了作家对青年一代健康成长的深切关注。"文革"的伤害和遗毒吞噬着孩子们幼小的心灵，怎样让青年一代健康成长为祖国的栋梁之材成为摆在新时期面前的一个重要的现实问题。舒群的《美女陈情》《醒》《思忆》等小说也都流露着忧患的意识。端木蕻良的长篇小说《曹雪芹》中忧患意识表现得十分明显。比如，小说中曹寅和李芸的一段对话：

> 曹寅撑着伞，把伞向李芸那边歪着，不慌不忙地漫步道："蚂蚁确实和世人一般，整日为钱财生方设法，忙得不亦乐乎。可到头来，一场暴风雨，也免不了被打得七零八落。"李芸道："要是蚂蚁知道风雨要来，早些把家搬了，岂不更好？""蚂蚁就是预知风雨要来，才搬家。可是，就这样，有时也难免白忙一场。"①

再如，李芸总有一种世事无常的预感。她很想让曹霑早些有安身

---

① 端木蕻良，钟耀群. 曹雪芹（中卷）[M]. 北京：北京出版社，1985：620.

立命的打算，在她的内心深处隐藏着一种深深的忧虑：

> 李芸极想要在事情到来之前，使霨儿能知道消息，早些
> 有个安身立命的打算。但又可惜他两个太小了，要是他们再
> 大一点该有多好呀？要待他们懂得时，就太晚了！遗憾终生
> 的事，本来已经发生过了，原以为接近结束了，谁知这才是
> 开头。看来，这都由不得自己，什么人，什么人能救他们
> 呢……①

随着个体身份和社会的转型，主体对同一问题的关注也会发生一定的变化。从抗日救亡的烽火硝烟年代到和平发展的新时期，忧患意识也在发生着内容的拓展，经历了国家之忧、民族之忧、个体之忧、政治之忧、道德之忧、文化之忧。萧军等人经历了残酷的精神炼狱，带着珍贵的思想资源和深刻的情感体验，走向了人生的晚年，也走向了文学和社会繁荣发展的新时期。与忧患意识伴随而来的，是作家强烈的爱国意识。忧患意识是爱国主义精神的重要体现，也是文学中恒久表现的主题。作家的忧患意识往往伴有强烈的使命感和责任感，这种忧患意识能转化为前进的动力，并产生积极的现实意义，这对于一个民族向心力的凝聚具有重要的价值。

总之，现实主义、流浪与寻根情结、平民意识、忧患意识等这些现代甚至古代就已经在作家的创作中表现出来的思想意识和精神特质被东北流亡作家继承下来，也在该群体衰落后经由个体作家的创作得以延续，并使得萧军、端木蕻良等人当代的创作呈现出相似的火花。文学传统具有世代相传和道德感召的凝聚力。文学传统的召唤力量持续发酵并在后东北流亡作家的创作中得到继承与回响。后东北流亡作家虽然隶属于当代文学话语之下，但是这些作家与现代文学传统有着

---

① 端木蕻良，钟耀群. 曹雪芹（中卷）[M]. 北京：北京出版社，1985：631.

千丝万缕的联系，也与现代时期的东北流亡作家这一准流派的精神向度和思想意识存在某些方面的重合。现实主义、忧患意识等一些文学传统当中的构成要素在这些后东北流亡作家中产生了共鸣，这种召唤的力量与作家的创作形成了某种视界融合，使得他们当代的创作表现出了某些方面的共性特征。但是，还应该看到，现实主义、忧患意识等思想并不是现代文学传统所独创的，而是从中国古代文学就已有之并在现代文学传统中继续演进。后东北流亡作家的文学继承性或者说创作上的共性之处，也在从现代到当代的作家身上发挥着效应。也正是从这一个角度上说，后东北流亡作家虽然创作上共同继承了现代文学的某些传统，但是这并不构成文学流派延续的必要条件。我们更应该看到，在当代主流文学话语的强大影响之下，后东北流亡作家的这些共性特征无法在文坛璀璨闪耀。

二、弱化：后东北流亡作家创作的无奈显现

一个作家或一个文学群体，在创作的前期和后期，会发生一些变化，变化中会有一些继承，也会有一些变异。后东北流亡作家的创作，在现实主义创作道路上继续前进。在个体作家的创作中继承了现代时期的流浪意识、乡土情怀、忧患意识、平民意识等鲜明的精神印记。这些精神印记在新的时代具有了新的表现形式，并赋予了新的时代内涵。但是，后东北流亡作家又不约而同地在作品中表现出某些思想意识的弱化，而这种弱化也正是与这些作家现代时期的创作相比较而言的。在新时代的疾风骤雨中，向新时代靠拢的同时他们削弱了现代时期某些创作上的群体共性的特征，这种削弱，是文学发展的必然规律，也是作家主观的有意选择。

（一）地域意识的弱化

在现代文学史上，20世纪30年代形成的文学流派或群体较之20年代最明显的不同就在于地域性这一特点上。京派、海派从命名上就

直接凸显出北京、上海这样的地域特点。由地域这一视角自然衍生出地域所包蕴的独特文化。东北流亡作家的作品中地域意识十分鲜明。正如李辉英在《山河集》后记中谈到的，因为是东北生养了他和其他东北流亡作家们，所以在创作中取材东北也是他们的一个相同的喜欢之处。正是因为熟悉和了解，"较之取材于生疏的乌托邦中来写作，自然可以收到驾轻就熟的效果"[①]。李辉英的表述恰当地说明了东北地域文化对东北流亡作家的重要意义，东北及东北文化是他们创作中必不可少的元素。

东北流亡作家对东北地域文化的展示是多方面的。这种地域性突出表现在东北文化和风俗的描写中。如萨满文化就是东北流亡作家创作中鲜明的特色表现。在萧红、端木蕻良等作家的笔下，都有对萨满活动的精彩描写。在端木蕻良的作品中有很多关于宗教活动的描写。草原上的人们对大自然充满恐惧，对自身的命运充满未知性。面对变幻莫测的世界，他们希望得到神的保佑，所以，他们相信鬼神和风水。宗教活动成为东北流亡作家笔下的乡村的一个主要的精神活动，而且场面十分盛大。比如，端木蕻良的大舅就是萨满教的巫师，他对跳大神就有一种由衷的神秘感与敬重感，在《科尔沁旗草原》里也有自然而生动的描写。例如，在小说的第二节端木蕻良就用大量的笔墨细致地描摹了李寡妇跳大神的场景。人们围在大神的周围，带着神秘、震恐、希冀的眼神感受着跳神的惊心动魄。响腰铃、当子鼓震山作响，大神跳上跳下，穿火鞋，缕红绦，怪叫哀号，连唱带跳，一举一动震慑着四周铁桶似的人们的情绪。萨满文化是在东北这片土地上生根发芽的，它深深地牵引着百姓敬畏而膜拜的神经。遗憾的是，萨满文化在后东北流亡作家的创作中已经很少表现了。骆宾基20世纪60年代创作的短篇小说《草原上》中有对萨满文化的描写，但它只是作为一种背景和历史进行着悠悠的诉说："六年的光景，萨满的威信

---

① 马蹄疾. 李辉英研究资料［G］. 沈阳：春风文艺出版社，1988：125.

自然全给我们的新式医生所代替了。"①不仅那种被东北人视作神圣、神秘、原始而又盛极一时的萨满文化只是几年的光景就被新式的医生所取代，那些东北流亡作家笔下乐此不疲的萨满文化描写也在几年的光景后被轻描淡写，一笔带过。对于这种弱化的选择，创作主体充满了无奈与留恋之情。

草原文化、胡子文化等带有浓厚东北地域特色的文化表现在后东北流亡作家的创作中也难见踪迹。20世纪30年代东北流亡作家的创作让读者看到了草原的辽阔、荒凉与深邃，感受到了为了生存而被迫沦为土匪的野蛮与情义，体会到了愚昧与抗争交织的人的生的挣扎与死的坚强。在一定意义上说，他们的创作是带有一种边塞风情的，从东北旷野走出来的作家，他们对土地有一种固执的热爱。比如，作为草原之子，端木蕻良的小说对草原给予了淋漓尽致的书写与赞颂。当土地、草原、胡子与萨满结合在一起的时候，东北流亡作家的创作所凸显出来的地域文化就增添了一种开放性、粗犷性与原始性，在风格上就与盛唐的边塞诗风有了遥相呼应的美感与神韵。这些东北地域文化的展现也给30年代的文坛带来了独特的美与冲击力，这也是从地域命名的东北流亡作家最为突出的美学特质。可惜的是，虽然萧军等人对东北风是那样熟悉、留恋与赞美，但难敌瞬息万变下的时代风云。客观的环境和主体的无奈选择迫使了他们创作中地域意识的削弱。正是因为这种地域文化的弱化，导致文化传承性的不足，从而加速了东北流亡作家的衰落，关于这一点可以从后东北流亡作家的作品中得到印证。萧军的《五月的矿山》、舒群的《这一代人》都表现工业建设，也和东北有关系，但是文化身份的转变带动了作家对东北文化时代风貌和具体特点的描摹。这种地域意识是置身于如火如荼的工业建设的时代背景之下，落脚点并不是"东北"二字了。工业题材尚且如此，历史题材和农村题材中的地域意识的弱化表现得就更为严重。如

---

① 骆宾基. 骆宾基短篇小说选 [M]. 北京：人民文学出版社，1980：416.

端木蕻良的《钟》《蜜》以及骆宾基的《王妈妈》《山区收购站》等都聚焦农村题材，反映新中国成立后农村和农民的精神面貌，特别是农业合作化运动下的农民形象。但是他们作品中涌现出的人物，包括工业题材中的人物形象，东北及东北人的属性，已然是新时代之下的东北，而没有凸显"东北"之下的东北。因此，地域文化的时代共性增强了，而地域文化的个性意识减弱了。前往香港的李辉英，多描写香港社会与文化，反映都市生活。在《牵狗的太太》《茜薇小姐》等作品中，李辉英着力表现的是香港的地域文化而非东北文化。可见，在后东北流亡作家的创作中，东北文化已经不再是重点描述的内容。

（二）反抗意识的弱化

东北流亡作家是一批具有强烈的爱国情感的作家。抗日是20世纪30年代作品的一个鲜明主题，也是他们成群的标签。李辉英1932年创作的《最后一课》、1933年创作的《万宝山》是东北流亡作家中较早涉及抗日题材的作品。接着，萧军的《八月的乡村》，萧红的《生死场》，端木蕻良的《科尔沁旗草原》《大地的海》《风陵渡》，舒群的《没有祖国的孩子》，骆宾基的《边陲线上》等作品，都充满着强烈的抗日情怀。他们以波澜壮阔的书写方式挥洒抗日救亡的激情。就像李辉英所说："我有嘴，我有笔，我喊出，写出我的反抗，以反抗日本对于中国东北的侵略！"[①]李辉英的这段话，不仅让读者感受到了他们的爱国意识，更看到了他们身上作为文人所发出的强烈的反抗意识。舒群的《流浪人的信息》，通过怀念萧军和萧红抒发了对故土沦陷的控诉和亡国的伤痛。在端木蕻良的《科尔沁旗草原》中，主人公丁宁说："小日本还在我们任何人的肩上，他超出丁家的罪恶十倍。"[②]可见，这种控诉和反抗的力量是非常决绝的。萧军的《八月的乡村》更是东北人民抗日斗争的代表作品。在作品中，洋溢着对祖国山河的热爱，对人民遭受苦难的同情，对日本侵略者罪行的控诉，对国土沦丧

① 马蹄疾. 李辉英研究资料［G］. 沈阳：春风文艺出版社，1988：141.
② 端木蕻良. 端木蕻良文集（第1卷）［M］. 北京：北京出版社，1998：204.

的悲愤。端木蕻良的《鸳鹭湖的忧郁》《浑河的急流》等作品都展现了东北人民的反抗与斗争。白朗的《生与死》也是反映东北人民抗日斗争的动人篇章。骆宾基的《边陲线上》表现的是中国、苏联、朝鲜边陲地带的抗日武装力量。罗烽的《第七个坑》控诉了日本帝国主义在东北的暴行。舒群的《黑人小诗集》《踉跄的步子》揭露日伪残暴黑暗的统治。东北流亡作家的成名作品无一例外地与抗日的主题密切相关。在东北流亡作家的笔下，英勇杀敌的战士，参与抗战的普通民众，摇旗呼喊的青年学生……在抗日的大背景下，伟大的人民展现了坚贞的气节。端木蕻良在他的《遥远的风沙》《螺蛳谷》等作品中，都有抗日和军营活动的描写，充分展现了强烈的爱国主义情绪。

而新中国成立以后，随着文学场域的变化，这些作家表现抗战主题的作品则明显减少。比较而言，在抗战题材方面继续耕耘的作家李辉英是主要的一个。他的抗战三部曲《雾都》《人间》和《前方》继续反映抗日的主题，其他留在内地的作家则发生了变化。1958年端木蕻良创作的短篇小说《钢铁战士》，写到了石景山钢铁厂历史上日本人穷凶极恶、无所不为。但这只是作为小说的一个历史背景。十七年时期，在小说创作领域独领风骚的两大题材是革命历史题材和现实题材。革命历史题材的小说在20世纪50年代出现了很多长篇小说。描写中国共产党领导的革命斗争的作品集中涌现。如杜鹏程的《保卫延安》、吴强的《红日》、曲波的《林海雪原》、梁斌的《红旗谱》等。在五六十年代以抗日战争为题材的作品也不少。如孙犁的《风云初记》、知侠的《铁道游击队》、李英儒的《野火春风斗古城》、冯志的《敌后武工队》等小说都是以抗日战争和30年代的革命斗争为题材的反映各个地区的抗日斗争和敌后武装的作品。而对于东北流亡作家来说，他们在当代反而没有再拿出反映抗日斗争的力作。他们的创作发生了转型，这一点是值得研究界重视的。他们亲历过战争，也有过创作的基础，取得过令人瞩目的文学成就，可是到了当代反而不写这方面的题材了，这是值得反思的。

那种在特殊历史时期所凝聚的反抗意识随着时代的变迁而发生了变化。新中国成立后，后东北流亡作家及作品中的反抗意识或者说抗争意识都在弱化，远没有现代时期那么鲜明。从作家的角度来看，进入当代后广大作家都在思想改造的大背景下，这使他们变得谨慎起来。从这个角度来说，那种在艺术王国中精神的自由、表现的个性对于艺术工作者来说是非常重要的。而这些特质在进入当代后的几十年中被放置在同一个磨具当中，艺术的棱角被不同程度地磨平。当艺术的问题与政治的问题画等号的时候，艺术的个性便无处安放，变得空洞而苍白。那么，身在其中的作家既不能达到思想上的"与众不同"，也不能到达艺术上的"离经叛道"，那种由内而外的"反抗"意识被最大限度地压抑了。在现代时期，东北流亡作家的作品具有鲜明的反抗意识，可是到了当代却悄然发生了变化。

在萧军长篇历史小说《吴越春秋史话》中，伍子胥虽然带着仇恨与屈辱一路逃亡，辗转各国，他的父兄被奸人陷害，复仇意识应该是他身上背负的最为沉重的重担。可是在伍子胥的身上，作者更突出他的家国意识、大局意识、忠贞意识。在逃亡的过程中，伍子胥深知无论是吴王阖闾还是夫差，虽然开始对他很是敬重，但是在治国、强国的方略上，伍子胥对他们也是以劝导、劝诫为主。可是当政权稍微稳固之后，他们对伍子胥的重视程度就会减弱，在奸臣的谗言下，对伍子胥的怀疑日益加深。面对吴王的傲慢无礼、怀疑怠慢，伍子胥敏锐地感觉到后却一直在隐忍。面对吴王的残暴统治与侵略政策，伍子胥虽然极力劝诫却无力阻止。压在他身上的所有的不公与屈辱，他都没有进行坚决的反抗，经历了怆然、悲伤、愤慨，最终都悲情而痛苦地咽了下去。也正是因为他的忠君思想浓厚，反抗意识薄弱，他才没有成为一个主宰自己命运的成功者，而是最终以悲剧告终。在萧军的《五月的矿山》中，这种反抗意识同样不明显。主人公鲁东山一心投入工作，可是对于家庭来说他却是在扮演一个不合格的父亲和丈夫的角色。他没有反抗生活的磨难，没有挽救孩子的生命，而只能在忘我的工作中暂时逃避。在端木蕻良当代的小说中反抗意识同样是非常不明显的。这与端木蕻良的性格不无关系。骆宾基的小说中有反抗意识，但是这种反抗意识不是以正面、直接的方式呈现出来，而是作家有意在进行淡化处理。比如，在短篇小说《父女俩》中，寡居的香姐儿在妇救会的影响下，对婚姻和未来的希望又复活了。可是香姐儿的父亲邢老汉封建思想意识浓厚。在父亲面前，香姐儿不敢追求自己的幸福，不敢与父亲公然反抗。邢老汉看到闺女头上插的黄色小野花很不高兴，让她把花拔下来，并发出了严厉的训斥："这像什么呀！呵！给谁看哪！呵？我真不愿意说什么！"作者接下来有一句"顿然像枯萎了似的"非常形象地描写出了香姐儿的反应和心理活动。香姐儿"手里捏着从发髻上拔下来的小黄花，垂着头，注视着，那花在她手指间旋转着"，邢老汉走到院门口又回来接着说："你怎么不跟好样儿的学，跟着那些青妇队会学好！在男人面前没羞没臊的，像什么呀！"香姐儿手里拿着的花在手指间转得更快了，而且"有一滴泪珠落在她手指上了"[①]，在这里，作者没有让香姐儿这一人物进行任何语言的回应和反抗，而是通过人物的细微的动作描写形象地感知到心理活动的变化。后来，香姐儿遇到了心仪的男子张达，她又萌发了对爱情的渴望。但她始终没有和父亲公然地顶撞和反抗，而是以行动支持着张达的工作，支持着沭河改道的工作，最终收获了自己的幸福。作者没有以激烈的方式处理先进思想与封建思想的矛盾冲突，对人物的反抗意识进行了淡化处理，这样的方式反而使得小说散发出一种温情的色彩。在舒群的小说《少年chen女》中，人物的反抗意识同样不是很坚决。年少的女孩李晨在如花的年纪没有充满欢声笑语，而是背负着沉重的生活重担和心理包袱。父亲在"文革"期间被迫害致死，李晨与母亲、妹妹相依为命。为了生活，她经常做着捡破烂、卖东西的粗活。在生活的窘迫和生命的困境面前，她开始的时候没有勇敢地向

---

① 骆宾基. 骆宾基短篇小说选［M］. 北京：人民文学出版社，1980：269.

命运进行反抗，而是选择了自杀。在"我"的帮助之下，又活了过来。最后，李晨才勇敢地面对生活，重新发现自我。在小说中，作者没有对人物缺少对逆境的反抗进行批判，而是将这种批判的锋芒抛向了社会，意在营造一种全社会的反思和警示。

（三）苦难意识的弱化

苦难意识的表达是与中国反帝反封建的历史进程如影随形的，也与现代文学从开始就表现出的社会教化功能紧密相连。苦难意识既是特定历史时期底层人民真实苦难生活的写照，也是中国革命和社会解放的现实需要。因此，我们看到现代时期，萧军等东北流亡作家都对日本帝国主义铁蹄入侵之下的农民的悲惨遭遇给予了血泪的描写。东北流亡作家在20世纪30年代的创作中，由于题材的特殊性和群体形成的社会性，使得他们的创作自然而本能地带有一种苦难意识。这种苦难的诉说是东北沦陷后生活的真实写照，作家饱含热泪表现人民遭受的失去土地、失去家园、失去亲人的痛苦。在空前的灾难面前，中国人民所表现出来的不屈不挠的抗争意识才分外感人。正是对人民的苦难的真实书写，作品才具有一种震撼人心、催人向上的力量。比如萧红，她短暂的一生可以说充满苦难。在她的作品中，苦难特别是女性的苦难贯穿其中。她对女性的生存困境和苦难命运有着独特的理解。《生死场》《小城三月》等作品都充满苦难意识。萧军《八月的乡村》从多角度表现了人民遭受的苦难。陈柱的妻子和孩子全被日本兵弄死了，李七嫂被日本兵强奸，不满周岁的孩子被日本兵摔死，人民遭受着日本侵略者疯狂的蹂躏。罗烽的《呼兰河边》中天真的孩子惨遭杀害，《第七个坑》中百姓光天化日惨遭活埋，活着的权利被无情地践踏。舒群的《肖苓》描写了无辜的女学生受到的侮辱。骆宾基的《边陲线上》写出了人民的悲惨生活，对闯关东的下层劳动人民的苦难命运给予深切的同情。骆宾基的《乡亲——康天刚》中的康天刚一生的经历都充满苦难意识和悲剧意识。端木蕻良由于对母亲不幸遭遇的同情而在他的很多小说中充满悲悯的情怀。

曾经受到压迫的农民在新中国成立后已经翻身解放了。在文学作品中出现的苦难生活的表露已经不再是叙事时重点展示的内容，而变成只是起到铺垫、衬托和对比的目的，用旧社会的黑暗来衬托新社会的光明。我们看到新中国成立初期的文坛上，革命历史题材和农村题材的作品占据着半壁江山。在革命历史题材的小说中，虽然不可避免地涉及战争与战争中的人民，但是，在大部分革命历史题材的小说中，苦难、悲惨的生活，在铺天盖地的胜利与喜悦面前显得微不足道。为了突出战争结果的重要意义，作家普遍将人在战争下的恐惧、苦难、生存的困境等问题在创作中有意地回避。萧军、端木蕻良等后东北流亡作家没有专门进行革命历史题材的创作，只是在作品中有对过去悲惨生活遭遇的片段描写。他们不约而同用政治性的话语代替了苦难的表达。他们笔下残存的关于苦难的书写仅起到背景和衬托的作用，而不再是主要描写的对象。端木蕻良的小说《刘介梅》开篇就有对刘介梅一家三代悲惨生活的描写，但是这种描写的主要用意是在控诉地主阶级高弼生等人对穷困百姓的剥削和压迫，也是为了和后来新时代的翻身做主人形成对比。也就是说，笔墨的重点不是在突出旧时代的"苦"，而是要歌颂新时代的"甜"。萧军的《五月的矿山》写主人公鲁东山的孩子在饥饿和疾病的折磨之下悲惨死去。可是就整部小说来讲，这更起到了一种歌颂的作用，歌颂鲁东山那种集体利益高于个人利益的英雄品质和无私忘我的模范精神。舒群当代的小说创作因主要以清新、温暖的风格而见长，那么他的作品中的苦难意识也就更加淡化了。白朗的《爱的召唤》《为了幸福的明天》等作品从题目上就显露出作家的用意。骆宾基、罗烽等其他作家的创作也有意识地淡化苦难。

　　这种弱化处理，不是说萧军、白朗等人的创作中没有或者否定苦难的记忆或描写，也不是说他们当代作品中的人物命运一帆风顺。恰恰相反，他们当代大多数的作品中摆在主人公面前的基本是困难重重，鲁东山、杨平山、李蕙良、寇金童、柴桂英、丁蓝等人物形象克服重重障碍，以坚忍不拔的毅力完成党和国家赋予的神圣使命。作家们强化由"困难"所产生的人的动力和热情,弱化由"苦难"所引发的觉醒和愤怒。这种强弱的变化和重点的转移就使作品的思想和风貌也随之变了风向。与苦难意识的表达相对应的是悲剧风格的体现,这两者是遥相呼应的。因此,苦难意识的弱化也就降低了作品的悲剧性内涵,削弱了由苦难所产生的振聋发聩的悲剧力量,这就使得他们创作中的一个重要元素丧失了宝贵的光芒。从苦难到歌颂,他们的创作多了与当时大部分作家创作上的共性,而少了这一群体曾经具有的突出个性。虽然强化了作品的时代效应,却缺少了跨越时代的精神共鸣与持久魅力,这也使得他们距离曾经的"群"越来越远。

(四)风格意识的弱化

从新中国成立初期的几次文代会,从《文艺报》《人民文学》等主流文学刊物的栏目设置上,看不到文学流派的讨论专题或专栏。新中国成立后相当长的一段时间内,个人风格已经被集体风格所代替。一些作家进入当代以后都没有在艺术个性上有新的突破。后东北流亡作家也存在着风格意识弱化的现象。他们急需在当代语境中寻求新的出路。

一个成熟的作家往往都会有属于自己的鲜明而又相对稳定的艺术风格。因此,我们说风格即人。风格也是维系群体与流派生存与发展的重要元素。因此我们看到文学研究会的"为人生"与创造社的"为艺术",京派的恬淡肃穆与海派的新奇现代,七月诗派的现实主义与九叶诗派的现代倾向,山药蛋派的通俗幽默与荷花淀派的淳朴清新,等等。那么对于东北流亡作家来说,他们的风格是什么?与抗日的主题、苦难意识的表达、东北文化的展示相一致的是悲愤、激越、粗犷的艺术风格。那种反抗、荒寒、隐忍、粗犷、野性、悲壮等都是最能代表东北流亡作家独特个性和鲜明风格的特质。如舒群的《没有祖国的孩子》《孤儿》《老兵》等在风格上都不乏悲壮的色彩。1938年,端木蕻良创作了《孤愤诗二首》:"已经一手遮天下,何妨万里赴日头。将军缩地有奇术,大王弃土见新谋。瓜蔓抄尽头为垒,文网罗成哑作喉。从今四海为家日，故国萧萧芦荻秋。""长空万里来敌鸟，窄路三匹跑穷黎。……昨夜瀚海连云黑，哭声已起满山骑。"1941年，端木蕻良创作了《悼武汉》："孤星耿耿夜何其，宵外磷青鬼唱诗。不焚伯牙琴焦碎，能飞汉阳鹤坠披。三山啼唤儿女血，二水呜咽父子骑。长河未许消沉去，江干重整岳家师。"①正是基于这样一种伟大的民族情感，东北流亡作家以悲愤深沉的感情奏响了时代的最强音。萧军的《八月的乡村》，骆宾基的《罪证》，舒群的《没有祖国的孩子》《松花江支流》，端木蕻良的《大地的海》等，悲愤与激励交织，苦难与反抗并行，呈现出独特的美学风格。

对于文学流派或群体来说，在其发展的黄金时期，也是群体风格凸显的时期。但是，群体终究是流动的，是要发展和变化的，而不是停滞不前的。我们在强调文学群体的整体创作风格的同时，也要正视群体中个体作家风格的差异性。在某种意义上说，文学流派或群体是一种个性群的汇合。正是这种群体性与个体性才使得文学流派或群体在一定时期的文学发展进程中产生明显的创作上的优势。虽然萧军、端木蕻良、舒群等人具有各自的创作特点，但是他们在现代时期是具有群体风格的，也正是这种群体风格才使他们成"群"，虽然这种风格从20世纪30年代到40年代也在经历着从抗日到怀乡的演化。然而，1949年后，随着群体意识的弱化和个性特征的增强，后东北流亡作家虽然具有一些表现上的共性特征，但是严格说来，并不再具有能够代表群体的风格特征，群体风格的维系、创新和发展都遭遇到了空前的危机。萧军、端木蕻良等人当代的创作风格远没有现代时期鲜明。也就是说，后东北流亡作家不仅群体风格不再维系和传承，而且个体风格的树立也在当代的特殊历史语境下遇到了挑战。他们每个人都在当代文学的发展中拼命地奔跑、追赶。他们追求的是创作的"当代"意识，而不是风格意识。特别是在五六十年代，他们创作中的时代追求已经远远

---

① 端木蕻良. 端木蕻良文集（第8卷）[M]. 北京：北京出版社，2009：404.

超过了文学艺术的个性追求。这种风格意识的弱化也不仅仅是后东北流亡作家独有，五六十年代很多作家的创作都是自觉削掉了个性的棱角，只不过对后东北流亡作家来说，这种弱化更为明显一些。

总的说来，风格意识、反抗意识、苦难意识、地域意识等这些曾经在东北流亡作家中的闪光点，在进入当代以后都黯淡下来。这种转变和黯淡，多是一种被动之举和无奈之下的选择。东北流亡作家在现代时期的创作，既有群体的属性，也有个体的特点。群体的共性特点和作家的个性风格交相辉映，并不矛盾。后东北流亡作家的创作，群体的属性丧失了，个体的特点凸显了，但个性中又包含了一些时代的创作共性。群体的命运与个体的创作，就后东北流亡作家来说，呈现出鲜明的动态性、交叉性的特点。文学创作本身就是一种复杂的精神创造活动，文学风格的变与不变，都体现了作家艰难而复杂的心路历程与艰难选择。

文学传统不仅在代际之间，而且在作家主体之间、文本之间、思想之间都会产生"互文性"的对话。所以，具体到后东北流亡作家，我们归纳了他们的创作中继承和阐释现代文学传统中延续下来的具有普遍性、稳定性的思想、意识、主题等特质。而现代传统中某些特质的继承，并不是表现在后东北流亡作家某一位具体作家身上，而是大部分作家身上，这就呈现出他们创作中的共性景观，这更应该值得我们关注。我们既在宏观方面考察了现代文学发展过程中积淀下来的文学传统在他们创作中的影响与表现，也在微观上从流派的角度分析了后东北流亡作家与自身流派传统的转化上表现出来的多方面弱化。如果说后东北流亡作家为融入当代主流文学话语而表现出的创作的共性是明显的直接的体现，那么后东北流亡作家受到文化传统的影响而表现出来的共性则是隐秘而间接的表现。他们的创作有文学传统统摄和召唤之下的"共性"，而不具有流派凝聚的"这一个"的"个性"纽带和审美倾向。后东北流亡作家创作中现实主义、忧患意识、流浪与寻根等创作方法、创作主题的共同继承很大程度上源自"传统"的基因影响与延传作用。后东北流亡作家与现代时期的东北流亡作家相比，在创作上的共性追求与整体风格上的选择，很大程度上受制于"传统"在特殊时代变迁下的变异、重塑与阐释。也就是说，无论是"继承"还是"弱化"，后东北流亡作家创作中的某些共性都与"传统"有着密切的关系。对这一问题研究的意义和价值，正如端木蕻良所认为的，继承、发展和创造，是文学不可缺少的要素。而其中的深意"不在熟悉过去，而在认识现实，并且能指出未来"①。

---

① 端木蕻良. 略谈继承和创新 [N]. 光明日报，1984-12-4.

第四章　后东北流亡作家创作的个性表现

后东北流亡作家在创作上继承了现代时期的某些优良传统，形成了一些共性特征。但是随着群体的流散，这种共性特征并不是越来越突出，而是越来越弱化，作家各自为政，个性表现增强了。本章将重点分析后东北流亡作家创作上的个性表现。因为萧军、端木蕻良、舒群、骆宾基这四位作家在新中国成立以后都选择留在内地继续创作，他们的文学创作历程贯穿十七年时期以及"文革"结束后的新时期，在文学体裁上涉猎广泛，在艺术追求和审美表现等方面都具有一定的代表性，故主要以这四位作家为关注点。纵观这几位的当代创作，可以发现相同的社会、相同的创作源泉，在不同作家笔下会诞生出格调、色彩、内涵完全不同的作品。

一、悲剧的体验者与抗争者——萧军

从20世纪30年代的东北流亡作家主力到《文化报》事件后受批判的对象，萧军在新中国成立后长期受到思想的煎熬和考验。萧军并不是一个学者型、天才型或文人型的作家，他更倾向是一个战斗型、情绪型、勤奋型的作家。不管在何种境遇下，写作都是他生命中的重要组成部分，在悲剧体验与抗争中留给后人沉甸甸的文学财富。

（一）文学领域的多重涉猎

进入当代以后萧军对小说、诗歌、戏剧、散文等多种体裁均有尝试，这既表明了萧军创作的宽度，也反映了萧军对文学的热爱。一般来说，作家往往以在某一种体裁或领域的突出表现而成名于世，比如鲁迅之于小说，周作人之于散文，徐志摩之于诗歌，曹禺之于戏剧。这种专一性成为一个作家身上最闪耀的标签。但是我们又不难发现，有的作家在成名之后又开始向更广阔的领域拓展，这在一定意义上又是作家创作成熟的反映。萧军认为一个作家要有多方面探索的精神，要具有创造精神，达到"多样的统一""由动而静"才能有所创作。①萧军在当代的创作就是带着极大的勇气、魄力、毅力在文坛坚守与突围，他的创作在宏大性和个人性方面都有着不懈的追求。

1. 长篇小说的新探索

萧军是以小说创作而成名的。进入当代以后他继续在小说特别是在长篇小说上努力耕耘，奉献出三部长篇。第一部是《第三代》，这部作品是萧军从1936年一直到1954年，前后用了十八年才完成的一部长篇巨著。这部作品的主体部分是在现代时期完成的，进入当代以后萧军对其进行修改、收尾和完善工作。应该说这部作品还延续着现代时期萧军的创作风格，较之《八月的乡村》，《第三代》在创作手法和艺术风格上更加成熟。第二部是工业题材长篇小说《五月的矿山》，第三部是历史题材的长篇小说《吴越春秋史话》。《第三代》以后萧军并没有在革命题材上留恋与徘徊，而是在小说的题材和内容上继续探索，转向了对现实人生的描绘，主要表现在两个向度上：一个是在国家层面上，在崭新时代下的火热现实生活，为国家而书写。一个是个体层面上作家的现实人生，为个人而书写。前者的代表是《五月的矿山》，后者的代表则是《吴越春秋史话》。从这两部长篇小说的内容上看，《五月的矿山》表现的是新中国成立后工业战线上劳动者的忘我奉献精神。《吴越春秋史话》表面上反映的是春秋战国吴楚之争、吴越之争。以伍子胥、越王勾践等主要人物带动对历史的勾勒，

---

① 萧军. 萧军全集（第20卷）[M]. 北京：华夏出版社，2008：751.

实质上借以达到对现实人生的反思，抒发朝代变迁之下的历史沧桑与人事变幻，正所谓借古讽今，这也是历史题材作品的普遍创作主旨。在创作的目的和对象上，萧军一直有一种家国情怀与人民情怀。

2. 诗歌创作的持续深入

在萧军的文学生涯中，他从未停止过诗歌创作，在"文革"中就写了近六百首。这些古体诗收录在《五十年故诗余存录》中，包括《黄花吟草》《松滨吟草》《故诗遗拾录》《囚庭吟草》《梦回吟草》《圣寺春秋吟草》《团河吟草》《新开吟草》《陶然吟草》《悸余吟草》等。1978年，萧军还和友人成立"野草诗社"，进行诗词创作交流。萧军的诗歌让读者领略到他的深厚功底、侠骨情怀以及孤独、苦闷的心境。这些诗歌多创作在被批斗和劳动之余，是萧军用以"自慰、自藉、自娱、自遣……之唯一法门也"①。如果说《野草》是理解鲁迅人生哲学的一把钥匙，那么萧军的诗歌就是其心路历程的多方折射。

萧军的诗歌内容广泛，是现实生活和人生经历的真实写照，是古典文化素养的生动展示，也是作家心路历程的理性抒发。《生命是什么呢?》《这人生的几十年》《人的生命只有一次》等篇章侧重表现对于人生和生命的思考。经过生活的锤炼，萧军对生命的意义有了更深的体会："经历了多少痛苦与悲伤! 一切幻灭了! 一切任着时间流逝吧!"(《这人生的几十年》)《我闷闷地坐在窗前》等诗歌表达了孤独苦闷的心境。《忆黛儿——一九七五年一月八日病死!》《深夜里》《悲哀之谷》《雪峰：我悼念你!》等表达了对亲人和友人的思念，作家的感情与思绪在诗歌中悄悄地流淌。上述几类诗歌的感情表达直接但基调都是比较沉重的。此外，还有的诗歌像《祖国啊，伟大的母亲》《"祖国之恋"放歌》等表达了对祖国的热爱之情。萧军的近体诗创作思想性强，情感外露，语言自然直白。有的诗歌开篇直抒胸臆，表达对祖国的热爱之情："在你这伟大的胸膛上，我们吃着你的骨血直到

---

① 萧军. 萧军全集（第14卷）[M]. 北京：华夏出版社，2008：182.

如今！怎能不爱呢？——我的亲人！"(《祖国啊，伟大的母亲》)"祖国啊！生长吧！我要永远和你共在。"(《"祖国之恋"放歌》)这一类诗歌彰显出萧军诗歌的深挚情感，对祖国母亲的热爱不禁让读者联想到郭沫若的《地球，我的母亲》《炉中煤》等诗歌，热情奔放，一泻千里。而萧军的古体诗艺术性更胜一筹，语言深沉，耐人咀嚼，更能折射出作者的心路历程。

3. 注释文章的珍贵力作

萧军的《鲁迅给萧军萧红信简注释录》《萧红书简辑存注释录》这两部作品为学术界研究鲁迅、萧红提供了重要的史料。《鲁迅给萧军萧红信简注释录》包括对1934年10月到1936年2月鲁迅写给萧军萧红的五十三封书信的注释，对这些信简的注释，共计十万多字。他用回忆的方式，勾画了鲁迅伟大的灵魂，虽是注释，更是发自肺腑的敬仰之文。《萧红书简辑存注释录》是萧军对萧红写给自己的四十二封书简所做的注释。萧红写给萧军的信简在时间上从1936年7月到1937年5月，这近一年的时间萧军和萧红暂时分别，所以这些信简大部分是萧红从日本东京发出的，少数几封从北平寄出。萧军用写实的方式，追忆着当年，讲述着过去。这两部著作都是萧军历经风霜之后的真实书写与真情流露。这些注释文章，不仅真实、真情、真挚，还展现了萧军磊落的襟怀。

4. 戏剧创作的成功实践

在戏剧领域，萧军也勇敢地进行探索。这种探索不仅体现在剧本的创作上，还体现在戏剧舞台的演出实践上，这两方面都是非常可贵的。

在戏剧演出方面，《武王伐纣》的成功演出是令人惊喜的。这一剧本是萧军1944年在延安党校三部学习时开始创作的。1949年4月初，萧军和妻子王德芬去抚顺市矿务局总工会工作。1949年10月，抚顺市委、矿务局、总工会让王德芬组织一个京剧团，萧军则担任剧团的顾问。1950年3月8日，《武王伐纣》正式公演，演出场地最多容纳三千人左右，平均每场达到两千人，上座率始终不衰，并取得了轰动的演出效果。"一鼓作气一共演出了三十六天四十四场，才停演整休，得到了观众空前的好评。"①这次尝试对于萧军来说是一个巨大的精神鼓励。

在戏剧创作方面，萧军根据长篇小说《吴越春秋史话》改编的历史剧《吴越春秋》无疑是他在戏剧领域的又一收获。这部作品反映出萧军对当代戏剧改革的积极贡献。一方面表现在对戏剧改革的努力探索。新中国成立初期的戏剧领域一直在提倡旧剧改造和推陈出新，萧军以行动响应着党的号召。另一方面表现在萧军对历史剧创作的深刻理解，形成了自己的戏剧风格。

相比曹禺、田汉、夏衍等戏剧名家，萧军在戏剧领域显得有些"业余"。就文艺创作而言，萧军和曹禺各自擅长的领域是不同的，这也就意味着戏剧在他们创作生涯中所占的比重和地位也是不同的。萧军的创作起点在小说领域，而曹禺的创作起点在戏剧领域。萧军在创作领域涉猎比较宽泛，除了小说，他在诗歌、散文、戏剧等体裁上都有尝试和探索。戏剧只是萧军众多创作兴奋点中的一个。而曹禺是一生专门从事戏剧创作的。从这个角度上看，萧军是戏剧创作的业余选手，曹禺是戏剧创作的职业选手。但在当代语境下，萧军的戏剧创作，达到了兴趣、努力、实践的有机统一，他在当代的戏剧创作及舞台实践上的贡献是不能被抹杀的。那么，萧军戏剧舞台实践的成功要素是什么？萧军当代的戏剧创作和曹禺这样的名家相比，又会给我们带来哪些思考和启示呢？

首先，新中国成立初期特定的创作背景导致戏剧受到时代规约的强大影响。戏剧创作在题材和主题方面都受到主流文学话语的潜在限制。在题材上主要以现实题材和历史题材为主。萧军从小就特别喜欢京剧，在年少时候就特别喜欢"扒戏台"，看"蹭戏"。20世纪40年

---

① 萧军. 萧军全集（第7卷）[M]. 北京：华夏出版社，2008：71.

代，萧军和妻子王德芬在延安时期还曾演出过《宝莲灯》，获得好评。萧军对历史兴趣浓厚，特别是如萧军本人所提到的，他对殷、周之交，春秋、战国之交，以至明、清之交这几段历史转折期"有着特殊的兴趣"①。

其次，萧军的创作思想反映了时代和戏剧改造的需要。在新中国成立初期戏曲改革的背景下，萧军也在思考着戏剧的改造问题。他认为根据鲁迅先生的"拿来主义"与毛泽东同志的"推陈出新"的方针，评剧以及所有旧剧，全应被"拿来"和"出新"一番。萧军认为京剧要想持久流传下去，必须进行创新，历史剧如果守旧吃老本更是不能有出路的。萧军对新的背景下戏剧创作的现实要求有着深刻的理解。他在对历史研究兴趣浓厚的基础上，对殷、周之交的历史进行深入的解读，下功夫认真研究历史，对时代诉求和剧作情况又有着充分的了解和正确的掌握。而且，在创作戏剧《吴越春秋》之前，他已经创作出长篇历史小说《吴越春秋史话》，这就意味着萧军是在人物关系、矛盾冲突、思想内涵等方面都非常纯熟的基础上进行的创作，改编成戏剧的阻力也相对小一些。

再次，萧军剧作的成功演出，不仅和自身的兴趣有关，还来自其自身辛勤的付出和各方面的支持。萧军本人坚持严谨的创作态度，认为任何剧本都要经过舞台的实践总结经验，不断删减、多次修改才能成功。《武王伐纣》就是如此，经过了多次锤炼才搬上舞台。萧军充分调动演员的积极性。抚矿京剧团成立之初，演员的组织性和纪律性都比较差，演出上座率不高，剧团的经营也不能自给自足。后来，萧军采取各种手段调动演员的积极性，如演员建立合同制，不管演员的身份和地位，"挣钱少的也可演主角，挣钱多的也可演配角"②。还得到了抚矿领导的高度重视，针对公用的行头都已经陈旧的问题，矿务局为演员买了新戏装。此外，演出的成功与满足了群众的欣赏口味密

---

① 萧军. 萧军全集（第12卷［M］. 北京: 华夏出版社，2008: 488.
② 萧军. 萧军全集（第7卷）［M］. 北京: 华夏出版社，2008: 296.

切相关。当时旧戏得不到群众的青睐，剧团成立初期演出的都是传统剧目，观众并不买账，而这次推陈出新，演出的轰动正是满足观众期待的有力说明。

最后，萧军和曹禺从事当代戏剧创作的心态也是不同的。文学创作时作家的心态、心理和心境都会对作品产生直接的影响。进入当代以后，曹禺和萧军都有创作上的苦闷。但是二者苦闷的来源却存在着一定的差异。曹禺是写不出来名剧而苦闷，萧军是受到批判，生存环境和创作环境都十分窘迫而产生苦闷。这一时期萧军和曹禺的社会地位也是有所不同的。曹禺身居高位，社会事务繁忙。他沉下心从事创作的时间不多。而身处逆境的萧军，创作反而成为他排遣苦闷和绝望情绪的精神寄托，创作压力相对较小。这与曹禺正好相反，曹禺在进入当代后继续从事戏剧创作是顶着巨大的心理压力的。因为曹禺二十几岁就已经一举成名。早在现代时期就凭借《雷雨》《日出》《原野》《北京人》等几大名剧为戏剧界赞叹不已，已经成为读者心目中的戏剧大师。进入当代后曹禺当然希望继续攀登，超越自我，观众、家人和朋友也都希望曹禺能再奉献出戏剧名作，外界对曹禺的期待实在是太高了。虽然曹禺在新中国成立后也曾创作出《明朗的天》（1954年）、《胆剑篇》（1961年，与梅阡、于是之合作，曹禺执笔）和《王昭君》（1978年）等几部作品，但都没有达到非常理想的程度。而萧军性格中不服输的战斗个性十分鲜明，敢作敢当。因此，在当时不同的心态下，曹禺的《胆剑篇》和萧军的《吴越春秋》不仅同为历史题材，而且有历史人物和内容的部分重叠，遗憾的是曹禺没有将自己的戏剧才华充分表现出来，谨慎的心理使他在一定程度上失去创作的自由度。萧军却可以放开去表现，写出了历史兴衰下人物的命运起伏，荡气回肠、沉郁悲怆。

（二）在作品与日记的对照中暴露"自我"

文字是作家与读者交流的重要媒介。透过文字，我们总会捕捉到作家真实或隐秘的情感。萧军的性格决定了他的创作是主观思想的全部呈现，因为萧军是一个在创作中不善于隐藏自己的作家。早在1937年6月23日的日记中，萧军就说过："一个艺术家需要暴露自己，一个政治家却需要隐瞒自己，他们需要狡诈和装假，就像一个艺术家需要真实一样。"[①]在这一点上，萧军与众不同，甚至和恩师鲁迅也不同。他始终在表达着自己的思想，甚至如他所说的，是在暴露着自己的思想。其实，作家都是通过文字向人们表达着自己对人生的理解和认识，但是像萧军这样直接暴露自己的喜怒哀乐的作家还是比较少的。萧军"暴露"自己的渠道一个是作品，另一个就是日记。文学作品是艺术再现，而日记是真情流露。

十七年时期的萧军处在人生的低谷，创作的心态是非常复杂的。他一方面想全身心地投入创作中去忘却个人现实的不幸遭遇，一方面他在创作的过程中又被现实的生存窘境和精神困境紧紧地纠缠着。他在痛苦与挣扎中经历着精神的炼狱。不管是哪种创作，都是作家思想的反映，萧军也不例外，而且在萧军的身上表现出正反两面的契合。新中国成立后，萧军主要创作了长篇小说《五月的矿山》和《吴越春秋史话》，他根据《吴越春秋史话》又创作了剧本《吴越春秋》。长篇小说《第三代》主要写作时间是在新中国成立以前，新中国成立以后只是修改、完善和出版。而《五月的矿山》《吴越春秋史话》等作品是萧军完完全全在当代创作的作品。从创作的时间上来说，《五月的矿山》1951年6月开始写作，到1952年4月完成初稿，而后进行修改和抄写，然后接洽出版和修改，前后历时三年有余。《吴越春秋史话》从1955年7月4日开始写作，到1957年4月完成。因此透过这两部作品能有效地探究萧军当代以后的心路历程和创作思想。其实，萧军的《五月的矿山》和《吴越春秋史话》是作家思想隐喻的体现。这两部作品属于完全不同的题材和风格，《吴越春秋史话》深沉、悲怆，《五月的矿山》热烈、激昂。这两部作品是萧军当时思想

---

① 萧军. 萧军全集（第18卷）[M]. 北京：华夏出版社，2008：23.

呈现的两个极端。《吴越春秋史话》所蕴含的思想，人物的经历与命运都和当时的萧军高度相似，可以说是萧军当时心境的真实、直接的体现。而在《五月的矿山》中热火朝天的劳动竞赛场面，英雄人物的无私奉献，那种欢快、向上的基调是与萧军当时的心态形成巨大反差的，这部作品是萧军思想的真实、间接的反映。

翻阅萧军20世纪50年代的日记，读者可以深切体会到萧军的心路历程。日记是能够真实再现一个人的思想感情的，是不掺假的。萧军的日记可以说是反映他思想的一部最真实的"作品"。从1951年到1952年这一年的时间，也就是《五月的矿山》的创作期间，他的日记披露了他的心境。1951年9月28日萧军在日记中写道："整日心情是悲怆和落寞的，一个字也没写。"①1951年9月29日的日记中，萧军说："心情很不好。"②1951年10月3日的日记中，萧军说："强制着纷乱的心情，又开始了写作。"③1951年10月7日的日记中，萧军写道："吃饭时心情很郁塞。"④可见，在十天的时间里，萧军在日记中就四次记录了自己郁闷的心情。一个月后，在1951年11月10日的日记中，萧军痛苦的心情更加明显："写作的思想和情绪实在糟得很，几乎要写不下去了，要改变写作的计划或者写短一点就结束了吧，我真想放弃这写作的苦役，毫无兴趣。但还要写完它，而后再说。"⑤到1951年年底，萧军的悲怆心境仍然笼罩着他的写作过程，在落寞中作者开始进行反思和抗争。1951年12月6日的日记中，萧军说："早晨写作的情绪就又被扰乱了！没能工作，心情恶劣。"⑥1951年12月21日，萧军在日记中写道："心情落寞而悲怆！"⑦1951年12月28日，萧军在日记

---

① 萧军. 萧军全集（第20卷）[M]. 北京：华夏出版社，2008：630.
② 萧军. 萧军全集（第20卷）[M]. 北京：华夏出版社，2008：630.
③ 萧军. 萧军全集（第20卷）[M]. 北京：华夏出版社，2008：631.
④ 萧军. 萧军全集（第20卷）[M]. 北京：华夏出版社，2008：633.
⑤ 萧军. 萧军全集（第20卷）[M]. 北京：华夏出版社，2008：643.
⑥ 萧军. 萧军全集（第20卷）[M]. 北京：华夏出版社，2008：649.
⑦ 萧军. 萧军全集（第20卷）[M]. 北京：华夏出版社，2008：658.

中说："以激愤的心情挤着写作，以战斗的心情迎接生活。"①在1951年这一年中，萧军主要在进行《五月的矿山》的创作，而我们又看到1951年萧军在日记中多次流露出郁闷、苦涩、痛苦的情绪，在日记中的萧军是一个苦闷的抒情主人公形象。而《五月的矿山》又是萧军当代作品中色彩相对比较明快的一部。这部小说中描写了工业战线火热的劳动竞赛，歌颂了鲁东山、杨平山火一样的劳动热情，作品的热烈风格与作家心灵的苦涩之间形成巨大的反差。这里，生活真实和艺术真实形成了一种对照，萧军的《五月的矿山》造成一种"装假"的真实，是作家心境真实而间接的反映。在萧军的思想深处总有一种不服输的精神，虽然身处困境，他依然想借作品来证明自己。《五月的矿山》的创作对于萧军来说是一次冒险的尝试，他不想被文坛遗忘和抛弃，而有意识地向主流文学靠近。1951年12月18日的日记中，萧军说："我写了鲁东山是一个感情质的人，张大胆是个理性质的人，基本上他们全是可爱的，具有高贵品质勇敢的人。"②那种具有高贵品质、可爱可敬的人正是时代所需要的人物形象。萧军没有从个人的喜好出发，而是从国家的、时代的需要出发来选材创作。孤独痛苦的心情并没有阻碍萧军理性思维的生发，他要借作品来证明自己是文学队伍中的一员，表达自己的衷肠。《五月的矿山》是作家当时心态的一种间接而又隐晦的呈现。他将自己的内心真实隐藏在小说背后，又在日记中暴露了自己。《五月的矿山》从表现当时的社会生活的角度来说是真实的，而从表现作家心灵的角度来说是"装假"的。萧军的小说和日记，既是互文，也是对照；既是隐瞒，也是暴露。

这一时期萧军创作的一些寓言诗委婉而隐晦地再现了心灵深处的矛盾与挣扎，一个带着伤痕的抒情形象展现出来。《鹰》《釜中鱼》《鸽子与山鹰》等都是这方面的例子。从这些寓言诗歌中，读者能清晰地看到萧军处境的艰难。"高岩的鹰隼，从各种战斗中赢得了遍体

---

① 萧军. 萧军全集（第20卷）[M]. 北京：华夏出版社，2008：664.
② 萧军. 萧军全集（第20卷）[M]. 北京：华夏出版社，2008：657.

伤痕，也脱落了那珍贵的毛翎！"这在战斗中羽毛脱落、遍体鳞伤的鹰隼，不正是萧军本人的真实写照吗？而受伤之后，萧军没有气馁，正像诗句中所写："所余下的，只有一颗'鹰的心'了——和一双栗金色的锋锐的眼睛。"①萧军以鹰来自喻，这首《鹰》创作于1951年12月，不难看出，这首诗是萧军当时心境的真实反映。《釜中鱼》也是在1951年创作的诗，同样是借物喻人，那条游在爱情釜中的鱼，也是萧军的象征："在那微温的汤水里游戏盘旋……在感觉里，犹如从严冬的寒潭里，游弋进了幸福的春天。"这几句本身就通过"微温""严冬""寒潭""春天"这种冷热体验的参差的对比来表现人物的复杂心情感受。可是，这温暖的幸福并不长久，当"釜下的烈火燃起了，它才懂得了这是死灭在开始"②。在巨大的落差之下，那条鱼在焦急地等待着最后的平安，这自然也是萧军对自己未来的期许。《鸽子与山鹰》中"一只孤独而疲惫的山鹰，蹲踞在那深山的岩顶，漠然地凭临着一切"，而这时，一只银色的乳鸽出现了，"她是那样天真地，勇敢地，挺起她那饱满的小胸膛，开始梳理着美丽的毛翎，而且还咕咕地哼起了温柔的小歌"……面对送到嘴边的猎物，在善与恶交织的一瞬间，山鹰忽然垂下了它那高傲的头，收起了利爪，闭起了锐眼，流露着丝丝柔情，"向那鸽儿伸展过来了——遮住了陡然吹来的岩顶上的寒风"③……其实，这几首诗都在以物自喻、借物抒情。如果说《五月的矿山》萧军将自我"隐藏"起来，而《鹰》《釜中鱼》《鸽子与山鹰》等诗歌则将自我隐晦地"暴露"出来。

再来看萧军在创作《吴越春秋史话》期间的心境。1955年7月28日，萧军在日记中写道："大辱不辱，大威无威，我如今对某些侮辱已经无动于心，我蔑视这东西。"④1956年7月19日，萧军在日记中表

---

① 萧军. 萧军全集（第14卷）[M]. 北京：华夏出版社，2008：127.
② 萧军. 萧军全集（第14卷）[M]. 北京：华夏出版社，2008：128.
③ 萧军. 萧军全集（第14卷）[M]. 北京：华夏出版社，2008：130.
④ 萧军. 萧军全集（第20卷）[M]. 北京：华夏出版社，2008：729.

达了自己的心声："我几乎是用一种受难的心情在工作，完全靠了意志的力量！"①此时的萧军正在修改《吴越春秋史话》。1957年1月9日，萧军在日记中表现出了备受打击的心情："写什么？为谁而写？怎样写？写完了又怎样？我几乎无兴趣于写作。"②没有兴趣写作，可是萧军却又一直在写，而且是长篇，不是兴趣使然，那么是为了什么？应该说是性格使然，通过写作排遣自己，也是在证明自己。1958年11月25日，萧军感到"一种大寂寞，大悲哀，大虚无的思想和感情，几年来苦苦地紧追着我"③。《吴越春秋史话》整体风格已经从《五月的矿山》的热烈转为此时的深沉。作者在伍子胥、越王勾践等人身上倾注了深深的感情。伍子胥被迫离开祖国，带着家仇一路流亡，孤独、痛苦伴随左右。他在吴王阖闾、吴王夫差等君主面前，虽然时常被怀疑，内心纠结痛苦但一直尽忠效力。越王勾践忍辱负重，尝尽世间冷暖。在小说中，他们都以顽强不屈的毅力在困境中挣扎着。这与萧军的遭遇有着惊人的相似之处。作家与作品中的人物感同身受，甚至不分你我，互为影响。

　　作家现实的人生处境不仅在小说中直接或间接地呈现，在诗歌中，萧军更是将自己的思想和心态暴露无遗。在1955年8月10日的日记中，萧军说："近来由于情绪不安，心情焦烦，竟借了写诗在排遣自己。"④他创作了《归田思》《媳妇难》《生活趣味》等诗歌抒发自己的心情。"文章价贱士言轻，一锸归田事耨耕""无扰无忧唯自勉，心如止水静如僧"（《归田思》）等诗句都是作家苦闷的象征。1957年8月23日萧军创作了诗歌《我闷闷地坐在窗前》："我闷闷地坐在窗前，听着初秋的蝉声，望着那无尽的远天。"这首诗开始就将一个孤独的"我"展现在读者面前，蝉和无尽的远天加深了这种苦闷的心境。接

---

① 萧军. 萧军全集（第20卷）[M]. 北京：华夏出版社，2008：773.
② 萧军. 萧军全集（第20卷）[M]. 北京：华夏出版社，2008：776.
③ 萧军. 萧军全集（第20卷）[M]. 北京：华夏出版社，2008：810.
④ 萧军. 萧军全集（第20卷）[M]. 北京：华夏出版社，2008：738.

下来"在一处灰色的屋脊上，正停着两只白色的鸽子，一刻，它们飞去了"，在寂寞中，连两只鸽子也飞走了，又留下孤独的自己。这时候，"我"的心情"是这般复杂而沉重，它正经历着大寂寞的哀痛"。整首诗歌虽然很简短，却将一个苦闷的形象跃然纸上。

在中国现代文学史上，不乏有绝望感、虚无感的作家。鲁迅就是非常具有绝望感的作家，在这一点上弟子萧军与恩师有着相同的精神气质，虽经历着苦闷、彷徨，甚至绝望，但是都反抗绝望、反抗虚无，在对绝望的反抗中充满着战斗性。为了反抗绝望，萧军不断地汲取面对现实的勇气和力量，在这一阶段的日记中，萧军已经从一个抒情者形象变为一个战斗者形象。他在日记中写道："我必须要用强力排除一些过度沉郁的情绪，应该健康，豁达起来，否则就是软弱!"①萧军经历了孤独、绝望之后，是以抗争的姿态面对痛苦。因此，用战斗者来形容萧军的一生并不为过。"用战斗获得一切，不应该向任何人乞讨怜悯和温情。"②萧军一生中最敬仰的人就是鲁迅，他也希望自己能像鲁迅那样去战斗。此外，英雄气概和侠义情怀等因素共同促使萧军成为文学史上一个独特的存在。在萧军的一些现代诗中战斗的勇气充溢其中，《挺直地! 竖起你的脖项》《我不会失掉战斗的勇气!》《意志，将成为化石》《既然上了战场》《必须胜利!》等诗歌从题目上就表现出了鲜明的战斗色彩，这些诗歌的内容均是反映丢掉幻想、直面现实的战斗精神。在"文革"期间，萧军的诗歌充满斗志："不存在任何幻想，也没有任何乞求，只有挺起胸膛迎接着'现实'的风浪，任凭它们击打吧!"（《在拘留羁押中》）萧军这种没有退路，没有幻想，只有前进的精神，仿佛让人看到了鲁迅的《过客》中的人生哲学。这些诗歌中所流露的情感和萧军在日记中所反复表明的心境是遥相呼应的。

在痛苦的挣扎与战斗中，萧军不曾失掉对自由的渴望和胜利的信

---

① 萧军. 萧军全集（第20卷）[M]. 北京：华夏出版社，2008：763.

② 萧军. 人与人间——萧军回忆录 [M]. 北京：中国文联出版社，2006：25.

念。萧军不断调整自己，在逆境中寻求希望。当他看到院中的树绿了，花开了，蜜蜂和蝴蝶在飞舞，自然的环境让萧军有了些许的释怀："有些花草树木总是愉快的。"①这在萧军的日记中是比较少见的愉悦。萧军的日记展现了一个忍耐、坚强、孤独的斗士。萧军在日记中多次表明自己的心态。他说："我不要做个悲剧性的牺牲者，我要做个喜剧性的战胜者。"②此外，萧军还通过小说，通过小说中的人物，来表达对自由的向往。联想20世纪50年代萧军的处境，不难看出作家对自由的渴望是多么强烈。《吴越春秋史话》中吴王的女儿公主滕玉不喜欢宫廷里的生活，她喜欢专诸的儿子子鱼，由于受封建思想的制约，公主对婚姻是没有自主权的，更是不可能和普通百姓结婚的。但滕玉听那小宫女说乡村里打鱼、采菱、种田，比宫里的生活有意思多了。小说这样描写："她们采着菱的时候，坐在船里或者大木桶里，净在荷叶、荷花里转来转去，要怎样笑就怎样笑，要怎样歌唱就怎样歌唱，高兴的时候就跳进水里像一条鱼那样自自由由去凫水——这多么有意思呀！"③当萧军创作这部小说的时候，生活困窘，情绪低落，煎熬和挣扎伴随着他。试想一下萧军写到此情此景之时，是多么盼望自己也像小说中所写的那样有自由的一天哪！萧军在日记中袒露给读者的是一个孤独、痛苦而坚强的灵魂。

（三）男性为主的人物形象塑造

在艺术上，萧军不是以精细和细腻见长的。这一点萧军自己有深刻的认识："我想我在艺术上绝不能做到像果戈理那样精细！"④读者可以在萧军的创作中感受到粗犷、真挚，却很难看到"精细"二字。在艺术表现上，他是以粗放见长的。

与此相应，萧军在小说中将笔墨主要放在了男性形象的塑造上，

---

① 萧军. 萧军全集（第20卷）[M]. 北京：华夏出版社，2008：432.
② 萧军. 萧军全集（第20卷）[M]. 北京：华夏出版社，2008：363.
③ 萧军. 萧军全集（第5卷）[M]. 北京：华夏出版社，2008：147.
④ 萧军. 萧军全集（第18卷）[M]. 北京：华夏出版社，2008：23.

这是有别于后东北流亡作家中的其他作家的。舒群、端木蕻良、骆宾基、白朗等人在当代的创作中都有女性形象的集中刻画。一般来说文学作品中的男性形象较之女性形象，自是粗放多于细腻。这种人物塑造方面的选择也反映出萧军的性格与英雄主义倾向。作者用对比的方式彰显了人性的善恶与美丑。对人性的恶，作者进行了毫不留情地控诉与抨击。这在反面男性人物形象上表现得明显。如《吴越春秋史话》揭示了吴王僚、吴王阖闾等君主残暴的一面。为了巩固自己的政权，他们不惜代价，不择手段，疏远忠臣，轻信奸臣。萧军对历史上奸臣小人的丑恶嘴脸进行了揭露与控诉。如作者对奸臣挑拨吴王夫差和伍子胥的关系给予揭露。再比如那造钩的人为了造最好的钩献给吴王来讨取那最高的百金奖赏，竟然杀掉自己的将到五岁的双生儿子。当吴王的女儿滕玉死后，吴王暴露出疯狂和残忍的一面。吴王听说用越多的活人殉葬，女儿死后就可以为神，吴王让很多很多活人为公主陪葬。作者在字里行间透露着蔑视权贵的思想。

对于正面男性形象的处理，作者则在善与美的赞美与歌颂中突出其崇高的精神品质。在《吴越春秋史话》中，萧军主要是按照自己的理解，对历史故事进行重新的解说。历史经由人的记录、书写得以记载和流传。在撰写的过程中，作者对历史兴衰的看法，对历史人物的评价往往带有一定的主观色彩。在《吴越春秋史话》中，萧军塑造了众多历史人物，既有帝王将相，也有普通百姓。作家明显站在民间和百姓的立场上，歌颂信义、无私、忠义等崇高精神。在渔丈人、干将、专诸、要离等这些平凡的人物身上都散发着人性的伟大光辉，明辨是非，深明大义，重礼重义，体现着中华民族的传统美德。比如，渔丈人挺身相救伍子胥而谢绝其赠予的祖传的宝剑，浣纱女给伍子胥饭食而拒绝伍子胥给她的珠宝。渔丈人和浣纱女冒着生命危险对伍子胥予以救援，是因为他们知道伍子胥是楚国的忠臣，对伍子胥的不幸遭遇深表同情。要离担负刺杀庆忌的使命却因舍不得妻子和孩子竟要流出泪来。为了国家和人民，越王勾践忍辱负重，面对奇耻大辱，他表现出常人难以匹敌的坚韧毅力。再如，《五月的矿山》中的鲁东山、杨平山都是铁血阳刚的男性模范形象，萧军也对他们的善良与无私给予了多方的描写。

在萧军的创作中，女性形象笔墨用得较少。在女性形象的塑造方面，萧军与骆宾基、舒群、端木蕻良、白朗等完全不同。端木蕻良的《曹雪芹》《握手》等小说不乏对女性形象的精彩刻画。舒群的《少年chen女》《美女陈情》等小说都是以年轻的女性形象作为重点描写的对象。骆宾基的小说《王妈妈》《山区收购站》《北京近郊的月夜》等塑造了各具特点的女性形象。白朗的《为了幸福的明天》《爱的召唤》更是延续了以往在女性刻画上的造诣。相比之下，萧军显得很不同，男性形象占据了他作品的主要篇幅。《五月的矿山》中的艾春秀，是为数不多的女性形象。而艾春秀的形象是服务于刻画杨平山这样一个人物的。《吴越春秋史话》和《吴越春秋》中的浣纱女、镆铘、西施、越国的王后、吴国的公主滕玉等女性人物形象，虽然也具有鲜明的性格，但是无一例外都是起着陪衬作用的形象。浣纱女对于伍子胥的落难的相救，是为了衬托伍子胥的忠义。西施、越国王后为了祖国的利益肩负起伟大的使命，忍辱负重，在关键的时刻牺牲个人的爱情，忘却个人的得失，这是为了烘托越王勾践复国的伟大毅力。

（四）悲怆与豪放并存的美学风格

萧军当代的创作呈现出悲怆与豪放并存的美学风格。1951年12月24日，萧军在日记中说："如果规定我必须要在这历史过程中演一个悲剧的角色，那么就演吧。"[①]坎坷经历使萧军清醒地意识到自己身上的悲剧色彩，于是，创作自然总会流露出悲怆的调子。

在《五月的矿山》中，作者在描述主人公鲁东山忘我投入劳动竞赛之时，充满热烈激昂的感情基调。而在工作之余描写鲁东山的家庭和亲情之时，那种悲伤的调子自然地吹起并拂动读者的心弦。鲁东山的家里一贫如洗，生活十分困窘，他对劳动事业充满干劲和斗志，可

---

① 萧军. 萧军全集（第20卷）[M]. 北京：华夏出版社，2008：661.

是在家庭面前，却显得是那么惭愧和无力。他没有尽到一个父亲的责任，他没有时间去照顾生病的孩子，也没有钱去医治孩子。鲁东山的妻子深陷痛苦，终于难以隐忍，放声痛哭，随着抽咽声，她开始愤怒："早一天……早一天……死了吧！……死了吧！……别让孩子活受罪了。"①鲁东山的妻子，眼睁睁地看着孩子被疾病和饥饿折磨，她发出了痛苦而无能为力的哀号，只能希望孩子早一天死去而不再活受罪。可是即使死了，家里连让孩子体面入殓的钱都没有，双重痛苦死死地折磨着家人。与妻子的痛苦相比，鲁东山没有直接表现出悲伤，他的表现甚至有些冷漠。小说以悲剧的方式呈现在读者面前，体现出一种艺术的真实。而实际生活中，萧军个人及家庭亲人的生活何尝不是艺术的真实底本！个人的困境、女儿的死去，萧军以一个现实的悲剧体验者的姿态走进文学艺术的虚拟世界中。在火热的劳动竞赛中，作者插入了一段撕心裂肺的哀曲，悲剧的力量是那样震撼人心。小说中艾春秀和杨平山的爱情也是以悲剧而告终，善良、纯朴的艾春秀深深地爱着杨平山，虽然杨平山为了事业而一直拒绝和回避爱情，可是艾春秀一直在等，苦苦地等，可是等来的是什么呢？等来的是心爱的人牺牲离去，从此天人永隔，同样以悲剧而收场。

《吴越春秋史话》中的人物始终都被一种莫名的忧郁、无奈、矛盾的氛围笼罩着。作品多次描写人物的流泪，特别是伍子胥流泪的细节，作者进行了反复描写。在伍子胥逃亡的途中，当得到渔丈人的相救，并得到吃的东西时，伍子胥感动流泪。当伍子胥告诉浣纱女自己就是伍子胥时，一股热泪冲出了眼睛。此外，伍子胥一路逃亡，忍辱负重，当他得知楚平王死了的消息后，大哭一场，因为他恨自己没能亲手杀了这个残害自己父兄的仇人。在这部作品中，悲怆的情绪萦绕在字里行间。这何尝不是萧军内心的写照？从1936年到"文革"结束，萧军咬紧牙关度过了人生的四十多个春秋。国家和社会经历了灾

---

① 萧军. 萧军全集（第4卷）[M]. 北京：华夏出版社，2008：88.

难、革命、动荡，而萧军个人几经患难、辗转漂泊，"当时一身尚难自保，更何能顾及身外诸物？……兴念及此，不能不抚然以悲，怆然而涕"①。

在诗歌中，萧军往往通过与"秋"有关的诗句或意象表达出悲凉的气氛。如"却立长空一惘然，乍凉秋夜故衣单"（《舞剑毕夜立口占》）、"飒飒西风秋乍深，萧疏岸柳苦迎人"（《游陶然亭》）、"聪明千古误，霜践九秋寒"（《秋宵闲咏》）、"等闲又是秋凉暮，卧对银河看女牛"（《午睡起偶吟》）、"燕子归来秋一点，黄花老去夜初寒"（《夜间偶成》）、"深夜阑干独倚楼，银河迢递半天秋"（《初秋漫咏九首》其四）、"夜凉初解秋来意，迢递银河淡欲浮"（《迓秋吟》）、"秋冷天高一雁飞，黄花紫塞马初肥"（《偶和十二韵》）。四季轮回，秋一直是伤感的象征。自古以来，往往文人最易悲秋。这在文艺创作中有着生动而普遍的反映。比如，杜甫、李璟、李煜、刘禹锡等人也都在诗歌中对"秋"有细致的描摹。在杜甫的诗中，"秋"是"信宿渔人还泛泛，清秋燕子故飞飞"，是"鱼龙寂寞秋江冷，故国平居有所思"（《秋兴八首》），也是"万里悲秋常作客，百年多病独登台"（《登高》）。在刘禹锡的笔下，"秋"是"自古逢秋悲寂寥，我言秋日胜春朝"（《秋词》）。萧军笔下的秋意与创作主体的心灵世界恰好对接。在苦闷伤秋的同时，作者并没有因失意而放逐，隐约之中不失一种豁达。此外，"孤独""酒"也是萧军情绪的外露。"识得千千界，怒海试孤舟"（《无题》）、"老骥盐车哀古道，孤舟逆水过前川"（《解环吟》）、"孤影青灯伴苦吟，愁来无计写丹心"（《春宵偶成》）、"小醉初惊酒量隘，年来久已谢衔杯"（《小醉》）、"苦酒自斟还自饮，昙花旋落亦旋生"（《春宵偶成》其二）。在中国古典诗词当中，酒和剑都曾得到了很多文人的偏爱。陶渊明、嵇康、曹操、李白、辛弃疾等人都曾有过脍炙人口的诗句。萧军和他们相比，虽然创作的年代相距甚

_____

① 萧军. 萧军全集（第9卷）[M]. 北京：华夏出版社，2008：197.

远，但是他们都有驱动他们创作的某些共性的因素，都是一种主观情感的客观自然的物化表达。比如，辛弃疾也曾经历故土沦陷的屈辱和离开故乡的漂泊，也曾在中年遇到宦海的坎坷，更曾经壮志难酬，经历了如萧军那样的苦闷和压抑。"剑"和"酒"成为他抒发忧愤的窗口，如"说剑论诗余事，醉舞狂歌欲倒"（《水调歌头》）、"醉里挑灯看剑，梦回吹角连营"（《破阵子》）。理想与现实的差距在英雄的心灵世界产生巨大的孤独感和失落感。自然景物、客观事物本身是客观存在的，各自有它们的形象，但是这种客观性常常由于诗人情感的介入而变换着色调。

当悲怆之情流淌在萧军当代的创作之时，字里行间又不时吹来一股豪放之风。这种豪情体现在新时代的歌颂上，体现在人物形象的塑造上，也体现在语言的运用等方面。《五月的矿山》应该说是萧军作品中色调相对明亮的一个。"五月"是一年当中繁花似锦的时节，温暖、热烈而又奔放。在这样的红五月，有献工大竞赛的热烈，有日夜赶工的繁忙，有劳模大会的激励。这些使整部小说有一种热烈、沸腾的豪放与动感。在《吴越春秋史话》中，人物身上不仅带有悲壮的色彩，而且还富有侠气的品格。作品中塑造的专诸、要离等刺客的形象，虽然都很悲怆，但他们都是以视死如归、蔑视权贵的勇士姿态出现的。萧军是最能代表北方性格的作家，他的作品总能给人以干脆的感觉，有北方人豪爽的一面。《五月的矿山》中的语言显示出东北人民奔放的性格。"是不是你在学那些学生子，假装闹恋爱情绪呀？痛痛快快一说就结了，行就行，不行就完球。"[1]这样粗犷的语言还有很多，如："你配做模范？下他妈三万六千点模范雨，哪一点能淋到你小狗崽子脑袋上……"[2]"爱他娘规定几千就几千，不怕他规定一吨呢。"[3]

---

① 萧军. 萧军全集（第4卷）[M]. 北京：华夏出版社，2008：25.

② 萧军. 萧军全集（第4卷）[M]. 北京：华夏出版社，2008：117.

③ 萧军. 萧军全集（第4卷）[M]. 北京：华夏出版社，2008：83.

可见，人物语言的直爽与粗犷是萧军作品豪放之风的重要表现手段。

萧军从小尚武爱剑，如果说"秋"是他抒发悲情的窗口，那么"剑"就是他抒发豪情的重要利器，"剑"也是陪伴萧军度过艰难岁月的亲密伙伴。孤独寂寞时，孤剑陪伴着他度过一个个难挨的日子："孤剑凌风欣自舞，黄花浥露偃阑干"（《舞剑毕夜立口占》）、"行将拳剑寄余生，泰岱鸿毛两未轻"（《听歌》）、"床头尽有如霜剑，难杀春蚕未竟丝"（《无题》）、"看剑引杯髀壮在，推窗邀月影横斜"（《春夜闻笛》）。回想年少时的梦想，作者内心充满喜悦与憧憬："谈兵说剑少年时，纵酒酣歌狂赋诗"（《于晨车上偶然得句》）、"笔扫千军阵，长剑倚天开"（《陋巷穷畸士》）、"少小爱纵横，击剑亦读书"（《偶感书怀一章》）。将"剑"这一意象运用到诗歌创作中，表露出作者的侠客情怀。这仿佛与年少的辛弃疾"少年握槊，气凭陵，酒圣诗豪余事"（《念奴娇》）有异曲同工之妙。在读书创作劳累之余，练剑成为萧军放松自己的方式："倦读诗书抛伏枕，兴来一剑舞空庭。"（《独立郊原》）萧军从小爱动喜武，崇尚英豪，一生却和文字结下了不解之缘。一书一剑，一动一静，成为萧军一生必不可少的精神伴侣："何当炼石补残天，击剑读书三十年"（《无题》）、"越剑吴刀床壁头，斑斑碧血痕恩仇"（《所藏文物杂咏》）、"读书复击剑，束发事从军"（《文章已无用》）。在作者遭遇人生的寒冬之时，人生和文学之路的窘境长期困扰着萧军，这时"剑"成为抒发自己感慨之情的重要途径："文章有价终何用，书剑堪娱劫后心"（《秋初漫咏九首》）、"击剑读书四十年，生涯此日几颠连"（《一九五九年六月十二日与董至游万寿山偶占》）。自古以来，习武之人，仗剑走天涯，实现人生的理想与抱负。"剑"被作者反复运用，使这一意象的阐释与表现更加自然、丰富，与作家的人生经历与创作心态真实而巧妙地杂糅在一起，别有一种豪放与孤独兼具的风格，既散发古典情怀，又让读者产生一种身世共鸣之感，无形中增加了文学作品的悠远绵长之意。

在中国现当代文学史上，萧军是一个非常富于战斗性格的作家。1980年7月9日在致杜庆宽的信中，他曾阐述自己的人生观，将人生比喻成大海，海水不断在翻腾，人生亦是如此。为了生存必须掌握一两项游泳的技巧。萧军自诩在人生的"海"里游了几十年，遭受到各种各样的创伤，但是还要游下去。这就是当代的萧军，也是萧军一生的写照。

二、艺术的追求者与独立者——端木蕻良

在东北流亡作家中，端木蕻良一直处于萧军、萧红等作家的光芒之下。21世纪以来，端木蕻良的文学成就才逐渐被发现。在六十多年的创作生涯里，端木蕻良共写了一千多万字作品，为我们留下了丰富而宝贵的文学财富。但是，学术界对他的研究还远远不够。正如王富仁所提出的，端木蕻良应该是值得我们认真研究、发现其价值的作家。端木蕻良算不上伟大的作家，但却是独一无二的。探讨端木蕻良当代的文学创作，笔者试图围绕端木蕻良在新中国成立初期的小说创作、晚年的《曹雪芹》以及被学术界很少研究的端木蕻良的当代诗词创作这几个向度来考察他作品的独立意识、古典诗文传统和红楼情结。

（一）独立意识

文学史上大凡被称道的作家，都能创作出颇具深度的作品。无论是生前，还是死后，端木蕻良都没有被热烈追捧。但是，我们却不能否认他作品的价值和深度。端木蕻良创作上的独立意识也正是其可贵之处。他说："文学艺术更要求有作家的个性，要求有民族的个性，要求有时代的个性……"[①]端木蕻良就是一个有着鲜明艺术个性的作家。

---

① 端木蕻良. 文学·个性·时代感 [N]. 文艺报，1986-6-7.

端木蕻良的创作，先天就带有一种与众不同的特质，"叛逆性"一直如影随形。二十世纪三四十年代，当别人在为革命而创作，他似乎在为过去而忏悔。他在追随革命的时候又强烈地追求自我。他不是在人生之外旁观、评判人生，而是在人生之中表现、感受人生。这种独立意识，也是我们在研究作家作品时所强调的创作个性问题。忧郁、孤独、执着、低调、内敛是端木蕻良特有的标签，也因此加深了他与周遭的格格不入。他的作品毫无浮躁夸张之气，却深深地扎在中国传统文化的根基之上，开出属于他个人的绚丽花朵，优雅而又耐人寻味。在文艺思想上，端木蕻良是属于为人生而艺术的，只是在表现方式上，是很自我的。写自我，写个人的感受，这与萧红相似。端木蕻良的当代创作，不是简单的"遵命文学"，也不是时代的传声筒，而是加入了理性的思考，暗藏着一股生活的潜流。

　　十七年时期，端木蕻良主要的小说有《蔡庄子》《握手》《钟》《白老虎连》《刘介梅》《钢铁战士》《独臂英雄》《蜜》《红河涨满了春潮》《粉碎》《护秋》《钢铁的凯歌》等，其中以短篇居多。描写农业合作化题材的小说《钟》《蜜》等表现出了作家对深度和强度的挖掘，但是却没有得到应有的重视和关注。追溯到新中国成立初期，1951年《文艺报》第2期刊发了一系列文章，提倡短篇小说创作。可见端木蕻良在短篇小说创作潮中没有缺席。在合作化叙事的大军里，端木蕻良参与其中。在工业题材的试练中，也有端木蕻良的身影。时代和艺术环境的骤变，使得端木蕻良的创作毫无疑问改变了二十世纪三四十年代原有的状貌，在艺术个性的衔接上甚至有一种很突兀的感觉。端木蕻良认为单凭热情是写不出好作品的，他直面自己当时的小说《蔡庄子》："后来怎么看都觉得结构板结，语言涩滞，最主要是没有向前看的迹象，自己很不满意。"①新中国成立后，广大知识分子都在进行着思想的改造。我们要关注的是，在新的时代氛围之下，抛开

---

① 端木蕻良. 端木蕻良文集（第6卷）[M]. 北京：北京出版社，2009：560.

时代的外衣，还剩下多少精神的内核？端木蕻良是否还在人生之中表现人生？对于人的描写是否还有超越时代因素外的艺术保留和突破？应该说他在新中国成立后的创作既有为"他人"而作，也有为艺术而作。

端木蕻良的《钟》表现出了短篇小说的"深"，它的主题仍然是以歌颂为主，在当时合作化叙事范畴之内。但是，怎么写？写得怎么样？这就回到端木蕻良的艺术个性问题上来。简单地说，作品的题材是流行的，而如何表现则是属于端木蕻良自己的。《钟》这篇小说内容并不曲折，农民入社后不再是传统中的日出而作日落而息的劳作方式，而是都有统一规定的上工时间，可是主人公胡大叔不是来得早就是来得晚，总是赶不上正点。看到朱长林买的表，胡大叔也买个钟。可是两个人的思想觉悟是不同的，朱长林说买表是为卡准时间，不早一分钟也不迟一分钟，胡大叔听了真想过去揍他一顿。主人公胡大叔对"钟"爱不释手，他把钟买到家后，不让家人碰，家人对钟小心翼翼。他一心为公，把心爱的钟送到队里，大家一起用，也就都不会误点了，胡大叔的思想觉悟瞬间得到升华。端木蕻良突破了当时合作化叙事的先进与落后、入社与出社、现代与保守等二元对立的冲突模式。作者没有设置激烈的情节，也没有刻意塑造人物的光辉形象。赵树理、柳青等人的合作化小说中的主人公，也就是正面人物往往是带有先进思想的青年形象，而思想落后的人物多用封建思想浓厚的老年人担当。而端木蕻良的《钟》在主人公的选择上就表现出与众不同。作者没有按照人物从落后到先进的流行模式来结构全篇，而是通过胡大叔这样一个善良、质朴的农民，刻画他从追求上进到表现更好的提升过程。小说开篇就交代了胡大叔深夜还在认字、写字的细节，胡大叔虽然很用心，但是偏偏记不牢，但他仍然坚持写。这样的开头也就给胡大叔的思想觉悟定了调子。接下来整夜他没有睡安稳，因为他害怕误点。作为第一批领头建庄的人，胡大叔本想做出个榜样来，可是统一工时后自己迟到几次了，为此胡大叔很着急。艺术处理上，端木蕻良拿出自己擅长的意象运用本领，以"钟"这样具有时间意义的意象来展开人物的思想意识和心理活动，非常巧妙。胡大叔没有钟之前的"忧"和买到钟之后的"喜"形成鲜明对比，胡大叔和家人都视这个新买的钟为宝贝。可是他却将这个宝贝贡献给了集体。作者把乡土中国的一个善良、纯朴、无私、上进的农民形象细腻地刻画出来，在《钟》里，作者延续了以往的审美追求，那西北风似乎从遥远的科尔沁旗草原吹来，给人一种似曾相识的感觉："西北风吹来，立刻把他的衣服吹透。满天风沙，眼前一片混沌。"①胡大叔蹲在才播种的地头上，担心风把土一层一层地揭走，那种对土地的爱早已视如生命，他恨不得把自己的身子铺在地上，把种子盖住，不许风给揭走。风沙、寒冷丝毫挡不住人们对土地的挚爱，大地和生命早已融为一体。作者站在胡大叔的立场上，感受着一个纯朴农民的喜怒哀乐。主题的凝练、忧郁的格调、隐喻的笔法、意象的处理，这里面都凝聚着作者的艺术匠心。除了《钟》，端木蕻良的《蜜》也是合作化题材，也是刻画农民形象。同样是"大跃进"时代的作品，当时这类歌颂的作品是比较多的，很多都成为红极一时的典范。端木蕻良也想跟上时代，他按捺不住，写了短篇《蜜》。端木蕻良冷静的理性思维战胜了之前的《钟》，考虑到国家的历史和现实的情况，考虑到水对于国家和人民生活的重要性，"'水'才是天地间真正的'蜜'，生活里有'蜜'才有甜头"②，虽然主题并不特别，但是在叙事的手法上端木蕻良还是用了心的。作者将寻找水和蜜两条线索紧密地交织在一起，使用隐喻的手法，凸显新时代下人们对甜蜜生活的追求。

文艺贵在独创。端木蕻良的文学创作技法在东北流亡作家同人中是比较纯熟的。艺术上的圆熟醇厚、耐人寻味是很多作家望尘莫及的。端木蕻良的作品深邃而极富包容性，是一生文化修养的沉淀与集纳的生动诠释。如果说十七年时期他在追赶着时代的脚步，那么新时

---

① 端木蕻良. 端木蕻良文集（第4卷）[M]. 北京：北京出版社，1999：188.

② 端木蕻良. 端木蕻良文集（第6卷）[M]. 北京：北京出版社，2009：561.

期以后端木蕻良放松下来，回归到了他创作的原点。《曹雪芹》的创作及成就是很好的说明。

　　端木蕻良一直喜欢小说，善于运用小说的形式表现现实和历史，因为他认为小说没有定法，没有框框，可以使埋藏很深的意识流很好地流露出来。不管何种题材，表现何种思想，他所钟爱的传统文化总会以新的方式呈现出来。他笔下的文字和文本的呈现，仿佛都在古典文化的熔炉里冶炼过。端木蕻良当代的小说，经常以诗歌或楔子的方式来开篇。比如，1950年端木蕻良创作的小说《蔡庄子》的开头就是如此："冰消河北岸，花开向阳枝。今年春先到，不到蔡庄子。"①有的小说还采用章回体的手法。如《刘介梅》第一回："酒残灯灭朱门酒肉臭，岁尾年头路有冻死骨。冰消河北岸，花开向阳枝。打开今古传，先说上场诗。"②用这样的手法，既概括出了每一回的主要内容，又能引起读者的阅读兴趣。刘介梅从旧社会的苦到新社会的甜，生活翻了身，思想也逐渐发生变化，甚至变坏，最终又重新回到劳动人民的队伍中来了。小说《独臂英雄》同样以这样的方式开始："工地红旗近风飘，英雄事迹真不少。女的好比穆桂英，男的赛过二武松。"③以诗歌或章回体的手法来开篇，一方面可以增加小说的趣味性，让读者感到耳目一新；一方面又能简明扼要地交代正文所要描写的内容，达到点题的效果。因此，我们看到即使在时代的规约之下，端木蕻良总是不忘记艺术的初心。他认为文学作品必须有它非凡的深度，而且这种深度必须从思想中来。我们对作家作品的评价，很重要的一点就是回归到作品本身。而且还要将作品放回到所处的时代中去，在比较中发现和探寻其作品的深度。其实，1939年问世的《科尔沁旗草原》就显示了作品的深度和不凡的实力，也得到了批评家的赞誉。只是命运多舛，如果这部作品能在完成创作的1933年出版，那么文坛可能会

①　端木蕻良. 端木蕻良文集（第4卷）[M]. 北京：北京出版社，1999：158.
②　端木蕻良. 端木蕻良文集（第4卷）[M]. 北京：北京出版社，1999：210.
③　端木蕻良. 端木蕻良文集（第4卷）[M]. 北京：北京出版社，1999：304.

诞生一个茅盾式的大家，端木蕻良的文学地位也可能发生巨大的变化。为什么作者能把《科尔沁旗草原》写得那么形象、感人而又深邃？很重要的原因在于作家对所描写对象的热爱与熟悉。所谓艺术来源于生活，端木蕻良从小就熟悉了这里的每一个故事。《科尔沁旗草原》写的是端木蕻良父亲一族的故事，《大地的海》是记叙端木蕻良母亲一族的故事。正是创作主体对客体的热爱与熟悉，才得以在文本中真实而生动地再现。为什么他能把《钟》里的胡大叔刻画得入木三分，那是来自对人物真实生活和心理的深切体察。端木蕻良晚年的代表作《曹雪芹》也是如此。在端木蕻良的创作中，始终孕育着善，伴随着美，证明着真。也因此，情真意切，让人感动。

由于时代、环境等因素的影响，也由于文学与政治关系的特殊性，作家的艺术之路走起来并不平坦，而这种不平坦在新中国成立以后的很长一段时间内表现得尤为明显。新中国成立伊始时端木蕻良表现得十分谨慎，他对文坛与现实是有过短暂观望的。他在思想上为新中国的诞生而欢呼，但是他并不是一个在艺术上轻易随波逐流的作家。他虽然也到农村、工厂等地深入生活，但是他总想创作出属于自己的东西来。所以，在他的思想意识中，既看不到萧军那样的痛苦与孤独，也看不到骆宾基那样的兴奋与迷茫，思想的涌动只在他的内心中悄悄滋生。从小说《钟》开始他就表现出很高的艺术水准，可是发表之后却受到了一些批评。之后端木蕻良在同样题材的小说《蜜》中就将艺术个性明显地收敛了起来。到20世纪60年代端木蕻良创作的多篇草原系列散文又回到艺术的个性上来。

所以，端木蕻良一生一直处在一种边缘的位置。他在贵族气和平民化之间找到了一条精神的纽带。不管在时代的洪流中如何被裹挟着前进，他始终不曾放弃自己心中挚爱和追求的东西，虽然这种精神气质让端木蕻良在文学史上一度被贴上负面的标签，但是现在看来，这种审美上的独立意识对于一个作家来说是多么重要。艺术的追求并不是一帆风顺的，也正是磕磕绊绊，才让端木蕻良身上的忧郁气质不是在单一的性格途径迸发出来，而是在人生、世界的多维向度当中得以丰富地展现。端木蕻良从登上文坛到整个创作生涯，基本上他的每部作品中都能让读者既感受到时代的脉搏，又能发现端木蕻良自己的个性影子。

（二）古典诗文传统

端木蕻良的文学视域非常宽阔。他在多种文学体裁的驾驭上充分显示了他文学创作的宽度。他因长篇小说《科尔沁旗草原》而成名，学术界普遍认为他是小说创作的能手。其实，不只是小说，诗词、散文、戏剧他都有所涉猎。在诗文创作上，端木蕻良和苏轼有着渊源关系。为了更好地理解端木蕻良当代的诗文创作，也因为端木蕻良非常推崇苏轼的艺术主张，所以，在这里引入中国历史上大文豪苏轼，将苏轼作为一个参照点，探析端木蕻良的诗文创作的思想与艺术成就。

作为一代文豪，苏轼在文、诗、词、论等领域都取得了巨大的成就，他代表了宋代文学的一个高峰。苏轼早年受到了良好的传统文化熏陶，学识渊博的苏轼深受儒家经世济民思想的影响。苏轼生活的时代党争思想严重，他曾经受到政治迫害而几次被贬。苏轼也经历了失去爱人的裂肺之痛。这些人生的坎坷反而造就了苏轼旷达的思想意识。苏轼受到儒、释、道三家的影响，他能够坦然面对人生忧患，在任何逆境中都能不悲观、不颓唐。虽然生活的时代相距遥远，但是不难发现端木蕻良的思想意识与人生经历与苏轼有着很多方面的契合。端木蕻良在东北流亡作家中乃至现当代作家中学识素养都是比较高的。他也经历了政治运动的迫害、失去爱人萧红的痛苦、感情经历的流言与争议，但是端木蕻良都没有为自己过多争辩过。

在文学思想上，苏轼主张文、道并重。在创作方法上苏轼反对千篇一律。苏轼认为文章不仅承载着载道的使命，还应该有独立的艺术价值，是所谓"精金美玉，市有定价"。苏轼的散文类型广泛，议论文、政论文、叙事记游散文，凡此种种，变化万千，行云流水，为历代文人所称道。那么，端木蕻良除了小说创作，在诗歌、散文、文论、戏剧等领域都有涉猎，这其中以诗词和散文创作的数量为最多。他创作的散文既有随感，也有游记。作品中饱含着对生活的热爱、对历史的省思、对人生的领悟，充满历史的沉淀和人生的哲理。

端木蕻良与古典诗文传统有着密切的渊源。八岁的时候他就开始跟从堂姑的家庭教师学写旧体诗，还跟从画匠学画画，阅读父亲的藏书，《红楼梦》《唐诗三百首》等他都十分喜欢。十二岁的时候，他专门学过国画、版画和剪纸艺术。十六岁的时候改名为曹京平，因为他非常喜欢屈原，而屈原的本名为"平"。二十岁的端木蕻良被燕京大学物理系和清华大学历史系同时录取，他选择了清华大学历史系。20世纪50年代初期，端木蕻良在工作之余，很喜欢逛书店，买旧书，也喜欢去琉璃厂、书摊、庙会这样的地方。一直到晚年，端木蕻良都对传统文化推崇备至。他曾为《旧京风土画集》题诗百余首，包括书春、年画、糖葫芦、迎亲、嫁妆等。他对传统文化的喜爱，在《曹雪芹》一书中俯拾即是。如对崇文门外的"小市"的描写，对小市地摊上珍珠、玛瑙、犀角、古钱、书画各种物件的描绘十分细致。再如对元宵灯节的描写，璀璨的烟花、热闹的人潮，上至王公贵族，下到平民百姓，对各种风俗礼仪描写十分到位。可见他对传统文化十分熟谙。丰富的阅历培养了端木蕻良深邃的历史观和文化观。

基于对传统文化浓浓的喜爱，端木蕻良汲取了丰厚的文化营养。在诗歌创作上，端木蕻良表现出与萧军相似的关注和选择。他们长期坚持诗歌创作，古体诗和现代诗的创作运用自如，又都以古体诗居多。早在二十世纪三四十年代，端木蕻良就尝试进行诗词创作，有怀人之作，如《哀鲁迅先生一年》《悼范筑先》《中秋忆母》。有即景之作，如《题桂林》《黄昏》等。到了当代，端木蕻良在诗词创作上热情更加高涨，数量之多，质量之高，是值得称道的。他并不局限于某一类型或题材的创作，表现出了与苏轼相似的艺术趣味。其实大凡优秀的诗人都具有驾驭多种题材的能力。端木蕻良诗歌的类型富于变化，《玉楼春·赠许杰同志》《赠克家》等表现真挚的友情和朋友间的知心。《百字令·赠雪垠》等对身处逆境的友人寄予深切的希望,《闻克家病中有感》等表现对病中友人的鼓励。进入"文革"及新时期以后,一些文坛朋友或战友相继离去,面对风雨人生,端木蕻良很是感慨,创作了很多悼念友人的诗词。同时,他还创作了一些纪念诗词,这些作品抒发了怀念之情,也融入了作者对人生和生命的思考,充满浓浓的怀旧色彩。如《郭老逝世敬制小诗以志哀思》《醉江月·吊刘澍德同志》《诉衷情·怀念黄谷柳兄》《念奴娇·挽田汉》。此外,端木蕻良还有很多歌颂新时代的作品。如《十三陵水库诗》《总路线·太阳》《七月廿一日锣鼓喧天鞭炮齐鸣即景口占》《桂枝香·还看今朝》《满江红·英雄时代咏》《桂枝香·国庆放歌》,歌颂神州大地,华夏儿女。还有描写风景的佳作,如《内蒙即景》。在他的笔下,既有内蒙古广阔的草原,也有北方大兴安岭的松涛。在对景物的描写中,端木蕻良展现了对历史的思考,有一种沧桑感。在他的诗歌中,不乏人生豪言壮志的抒写。"踏遍青山行遍水,豪言八十青春始"(《渔家傲·曹靖华八十大寿》),"至今犹觉松风劲,一百零八气凛然"(《景阳冈》)。这仿佛是苏轼的"老夫聊发少年狂。左牵黄,右擎苍"的当代回响。在表现老当益壮的情怀时,端木蕻良多次用"松"来表现,"劲自松来声有韵,园涉趣处趣常从"(《和夏征农同志八十抒怀》)。端木蕻良的诗词,特别是晚年的作品,豪情壮志不减当年,为国图强的精神与时俱进,虽然半生戎马,但仍然觉得"九十青春,七十年少"(《寿星明》)。端木蕻良的诗歌感情真挚,意象丰富,诗风兼具细腻与酣畅,文学气息与文人气质都非常浓厚,散发着浓郁的古典情怀。值得一提的是苏轼和端木蕻良的悼念亡妻的诗词,发自肺腑,尤为感人。苏轼为妻子写下了被誉为千古第一悼词的《江城子·乙卯正月二十日夜记梦》,"十年生死两茫茫。不思量,自难忘",可谓感人至深,流传千古。端木蕻良为亡妻萧红也写了很多悼诗以寄托思念之情,如"生死相隔不相忘,落月满屋梁"(《风入松·为萧红扫墓》)、"海枯石烂青云片,捧上松华供紫云"(《丁卯清明祭萧红》),

可见端木蕻良和苏轼创作中的真挚情感。

端木蕻良的诗词同样散发着浓郁的古典气息，足见其受传统文化影响之深。端木蕻良受苏轼的《江城子》等影响，在诗词中经常用典，以此增加作品的表现力、历史感。如"愿趁东风驻华年，玉人不唱五十弦"（《浣溪沙·迓冬五十初度》）、"春蚕到死丝无尽，蜡炬成灰泪未干"（《萧红逝世四十周年祭》）、"生烟日暖石蕴玉，有泪月明恨含珠"（《壬戌夏夜读〈石头记〉灯下作两首》）、"碎叶河边生紫烟"（《郭老九十诞辰抒怀》）、"天若有情天亦老，窄门应是吾曹门"（《赠唐弢》），这样的诗句带给读者一种时空穿梭之感。"蓬莱渺渺不可穷，碣石篆刻坠龙宫"（《沧海歌》），这是对曹操的《观沧海》的致敬，显示出作者浓厚的历史情怀和深厚学养。他的诗歌句式上多以七言为主，注重格律押韵，工整，每一首诗词都能透过字面，通过简短的语句，表现历史古今丰富的内容，如《念奴娇·重返清华园》这首词，"月色荷塘，十年赋。雨僧青灯读楚。诗记红烛，风翻死水"这几句就非常巧妙地将朱自清的散文、闻一多的诗集、吴宓读书等清华名人故事融入作品中，用简短的语句传递丰富的信息。

在意象的选择与运用上，端木蕻良在继承传统的基础之上不断探索，表现出个性与新意。端木蕻良的诗词中有大量的植物意象出现，青林、红莲、杨花、兰花、芳草、芙蓉、藤花、桃花、桐花、榴花，不胜枚举。端木蕻良自幼非常喜欢动植物，离开故乡漂泊在外多年，虽然执笔于桌椅之间，但是心却常在山川湖海，正如作者所说："它凭着感觉走，它已回到我出生地千百遍，始终给我带来灵感……"①如"兰花"的意象作者多次使用。"小屋东壁一盆兰，妙手丹青摄影难"（《题夏川为吾病中摄影》）、"不画兰叶长，不书兰亭短"（《以诗代柬酬芦荻兄赠端溪砚》）、"秋菊春兰同时丽，情更挚"（《渔家傲·曹靖华八十大寿》）、"兰有王者香，幽谷自芬芳"（《辛酉

---

① 端木蕻良. 答客问——谈我的笔名和出生地［N］. 济南日报，1992-7-18.

大暑夜雨初凉灯下写意》）、"自古幽兰佳人赋"（《赠饶鸿竞何美清伉俪》）。又如"草"的意象，他的笔下既有诸如科尔沁旗草原那样雄浑的草的意象，也有芊芊芳草，如"天涯芳草意芊芊"（《赠饶鸿竞何美清伉俪》）、"重重地，都是金英紫树，交织成，芳草路"（《摸鱼儿·迎一九八二年新春》）、"桐花来紫凤，草色出绿洲"（《赠萧滋先生》）、"应信芳草满天涯，他乡处处是新华"（《扬子号旅游船上赠宗璞同学》），这些意象无不象征着作者的高洁追求、文人气质与质朴情怀。此外，自古文人墨客都对酒情有独钟。如李白就是典型的代表，苏轼更是有脍炙人口的佳句："明月几时有，把酒问青天。"（《水调歌头》）"酒"的意象在萧军的诗歌中频繁出现，在端木蕻良的笔下则别有一番韵味，"此日情怀仍似酒，不息，酿汁作蜜笔作蜂"（《定风波·赠陈学昭同志》）、"酒醉人，人还醒"（《贺新郎·咏水仙》）、"山泉边，把水当酒酤"（《拜星月慢·迩冬六九初度，作〈木兰花慢〉索和，因制此曲报之》）、"持螯应记潇湘咏，绿醒红酣酒中筹"（《重九画家刘旦宅招饮》）。在气朗天清，橙黄橘绿的氛围下，"荷杯裁得，注酒传香"（《寿星明》）。国庆时分，面对大地神州，好景无边，朗朗丹秋，"斟满香醪以待，齐唱大康讴"（《望海潮·国庆三十五周年作》）。烟花三月，与友人登上黄鹤楼头，面对万里长江奔流，"极目楚天抒怀，临风云霄把酒"（《和荻帆自度曲黄鹤楼》），天地悠悠，回想古今，深得陈子昂的《登幽州台歌》的精髓。端木蕻良笔下的"酒"不再是萧军诗歌当中苦闷的排遣、壮志的难酬，而是注入了一丝欢快与希望的色调。这与苏轼的"酒酣胸胆尚开张。鬓微霜，又何妨"（《江城子·密州出猎》）有异曲同工之妙，豁达之情溢于言表。

苏轼的诗词不乏清新秀美的一面。端木蕻良是自然描写的专家，草原是端木蕻良笔下经典的景物，草原也随着时代气象的变化显现出明丽的一面。端木蕻良20世纪60年代的草原系列散文体现着他对草原、对自然发自心底的爱。这个时期的草原不是30年代忧郁、辽阔、苍凉的草原，而是充满生机、希望、明丽的草原，而这些都幻化成端木蕻良艺术王国中的闪光点。端木蕻良善于运用多种表现手法与技巧，为作品的思想穿上了精致的外衣，在艺术表现的强度上收到了意想不到的效果。端木蕻良早年学过绘画，这对他的文学创作产生积极的影响。他将绘画方面的技巧与文学表现有机结合，达到了栩栩如生的艺术效果。他将美术中色彩的搭配运用到诗词当中，对比鲜明的色彩造成生气勃勃的气势，给读者带来强烈的视觉冲击力。端木蕻良将色彩的搭配与对比运用得浑然天成，"嘉树春城晓，红日万家春"（《水调歌头·元旦献词》）、"一握青萍三千里，窗前池影对桥红"（《访徐霞客故居晴山堂》）、"闹红丛碧平生事"（《挽张伯驹先生二首》），色彩的点染让诗句顿生活力和生机。同时，他的诗歌不局限于单一色彩的运用，经常多种色彩交叉烘托和对比，如"绿星绿色绿如滋，万绿丛中花如织"（《祝"世界语之友会"成立》）、"红透绛霞重"（《题关山月赠墨牡丹二首》）、"红叶黄栌尚可攀"（《偶题三首》）。作者不仅运用色彩的点缀，还有轻重的对比，使他的诗读起来充满张力，如"桃花匝地艳，柳絮浸更轻"（《题关山月赠墨牡丹二首》）、"丹东满山杜鹃红，鸭绿江水绿于蓝"（《延耀市长过访得句》），娓娓自然，毫无做作之感。

语言是思想的外衣，端木蕻良的文学语言充满柔性、灵性，晶莹而通透。他描写的功力与现代时期相比丝毫没有减弱，特别是一些细节的描写，表现出作家敏锐的观察力与丰富的表现力。语言的魅力来自作家对自然现象的细心观察，来自作家扎实的文学修养。如《在草原上》，"变重了的云气在下移，变轻的云气在上扬"。因此，"天空上湖光的倒影，彩虹的反光，还在瞬息变幻不定"[①]，自然、真挚、生动而又朴素。作品的形式需要真挚的情感支撑，他的语言总有触动人心之处，端木蕻良创作的悼念性诗歌，特别是他为萧红写的诗词，莫不

---

① 端木蕻良. 端木蕻良文集（第7卷）[M]. 北京：北京出版社，2009：533.

如此，"天上人间魂梦牵，西风空恨绿波先"（《萧红逝世四十周年祭》），难掩怀念之情，引起强烈的共鸣。端木蕻良重返清华母校，此情此景，回想当年，触景生情，"少年如荠，青春似火，当年水木清华……情切归心，馨香满袖遍天涯"（《望海潮·清华母校建校七十周年抒情》），正是有了起伏在字里行间的思想，才使一切变化都有了认识和感动。

可是，作家的个人喜好有时并不代表时代的审美风尚。萧军和端木蕻良的诗歌都面临着这样一个问题，他们都创作了大量的古体诗，他们的诗歌与当代主流诗坛的审美风尚始终有一定的"隔膜"。同样是寄情于诗歌创作，同样是出自东北流亡作家，同样是有着相似的文化背景，但是端木蕻良和萧军的诗风明显不同。这与他们的性格、诗歌创作的初衷等因素是密不可分的。萧军的诗歌多创作在他生活和文学道路处于逆境之时，自然带有一种壮志难平的忧愤，感情基调沉郁。萧军的诗歌偏向于唐诗的"主情"，而端木蕻良的诗歌倾向于宋诗的"主理"。萧军的诗歌更能从李白、辛弃疾的诗歌中找到风格上的渊源，而端木蕻良的诗歌则更多来自苏轼的诗文影响。在人生道路上，李白也经历过怀才不遇，辛弃疾也曾深感压抑，壮志难酬，萧军的诗歌深受他们的影响，他的诗歌在豪放的基础上平添了杜甫式的沉郁。端木蕻良的诗词隐含着苏轼一样的豁达与不卑不亢，难以让读者感受到作者情感的大起大落。萧军和端木蕻良的性格有着很大的差异，文如其人，这也直接影响到他们的诗风。萧军的性格粗犷、豪放，端木蕻良的性格忧郁、内敛。同样是深受传统文化影响，但是二人在传统文化的海洋中所汲取的是不同的养分，而这两种养分也是中国古典诗歌发展的两种非常重要的路向和类型。

苏轼主张诗歌风格兼收并蓄，他模仿过陶渊明、李白等诗人的创作，取前辈诗人之所长，是诗词风格的集大成者。在艺术见解上，端木蕻良推崇孔夫子说的"绘事后素"，更推崇苏轼的"绚烂之极，造于平淡"①。通俗地说，也就是写文章绘声绘色，极尽能事，但都要创造于平淡之中，最终也要以朴素的面目示人。端木蕻良在艺术上深得其意。端木蕻良的诗文视域宽阔、变化多端、多姿多彩，读来朴实无华，毫无做作，回味无穷。步入晚年的端木蕻良念念不忘苏轼的艺术见解："我认为苏东坡的艺术见解，是值得我身体力行的。我希望我没有错会他的原意。"②是的，端木蕻良确实身体力行，他将古典文学传统积极地传承下来，融入了个人的体验，进行了当代的阐释。遗憾的是，在"五四"以来"反传统"的新诗传统的发展中，端木蕻良的诗歌有生不逢时之感，他在"反传统"的"传统"道路上孤独地前行。这在某种程度上造成了端木蕻良诗歌成就还没有得到学术界的广泛关注。

（三）红楼情结

长篇小说《曹雪芹》是端木蕻良晚年的代表作品。提到这部作品，绕不过去的是端木蕻良的红楼情结。

作为中国文学经典名著，《红楼梦》带给一代代读者特别是历代的作家取之不尽的精神滋养和审美想象。在创作手法、艺术表现、人物刻画等方面都给创作者以深远的影响。端木蕻良就是这样一位深深喜爱《红楼梦》并一生受其影响的作家。他和张爱玲看似是两个不搭界的作家，但却在红楼情结这一点上有着相似的审美交集。端木蕻良和张爱玲都有着大家族的成长背景与童年记忆，都亲历了父亲和母亲的不幸婚姻，都同情着童年时代母亲的身世遭遇，都感受着封建家长式父亲的威严，都经历过感情世界的复杂纠葛。此外，二人都是从小就阅读《红楼梦》并对这部小说产生长达一生的兴趣与挚爱，这样的身世背景都对端木蕻良和张爱玲的文学创作产生了长久的影响。更巧合的是，端木蕻良和张爱玲都在晚年致力于《红楼梦》研究，并将其转化为独特而有价值的研究成果。端木蕻良的《曹雪芹》《端木蕻良

---

① 端木蕻良. 端木蕻良文集（第5卷）[M]. 北京：北京出版社，2009：658.
② 端木蕻良. 端木蕻良文集（第5卷）[M]. 北京：北京出版社，2009：659.

细说红楼梦》和张爱玲的《红楼梦魇》都是二人晚年文学创作与研究的心血结晶。因此，端木蕻良和张爱玲都堪称作家中的"红学"专家。很多作家都毫不掩饰对《红楼梦》的喜欢和推崇，但是像端木蕻良和张爱玲这样痴迷一生的却非常少见。端木蕻良说自己对《红楼梦》是年复一年地看，反复地看，"百读不厌"，他对《红楼梦》的喜欢是"一往情深""可有人曾听见过和书发生过爱情的吗？我就是这样的"①。端木蕻良被曹雪芹的真情主义所深深打动。张爱玲对《红楼梦》及研究的情形竟然是"一种疯狂"②，张爱玲认为《红楼梦》是其创作的最重要源泉。《红楼梦》遗稿有五六稿被借阅者遗失，张爱玲竟"一直恨不得坐时间机器飞了去，到那家人家找出来抢回来"③。可见《红楼梦》对张爱玲的重要意义。张爱玲是一个特立独行的作家，观其一生，真如她自己所说的："只要是真喜欢什么，确实什么都不管。"④这种沉醉其中，什么都不管，颇有一种义无反顾的意味，张爱玲对《红楼梦》的喜欢就达到这样一种境界。端木蕻良喜欢《红楼梦》也是如此："既不想与人同，更不想人同我。"⑤所以，端木蕻良和张爱玲在晚年"去日苦多"的时候，创作出《曹雪芹》和《红楼梦魇》，不能不说是壮举。

端木蕻良曾表示自己长久以来有一个阅读习惯，每读完一部小说总想去追问和探寻"是什么支使作者写这部书"⑥，受其启发，我们不禁也要追问，端木蕻良为什么要写《曹雪芹》呢？无论是端木蕻良的

---

① 端木蕻良. 端木蕻良文集（第6卷）[M]. 北京：北京出版社，2009：8.

② 张爱玲. 张爱玲典藏全集（第10卷）[M]. 哈尔滨：哈尔滨出版社，2003：1.

③ 张爱玲. 张爱玲典藏全集（第10卷）[M]. 哈尔滨：哈尔滨出版社，2003：4.

④ 张爱玲. 张爱玲典藏全集（第10卷）[M]. 哈尔滨：哈尔滨出版社，2003：4.

⑤ 端木蕻良. 端木蕻良细说红楼梦 [M]. 北京：作家出版社，2006：2.

⑥ 端木蕻良. 端木蕻良细说红楼梦 [M]. 北京：作家出版社，2006：3.

《曹雪芹》，还是张爱玲的《红楼梦魇》，创作的强大动力均来自深爱与痴迷。同样，1949 年以后，如果说端木蕻良在艺术追求中走了一段坎坷之路，那么张爱玲远走美国也经历了文化意识上的冲突和创作上的困境。张爱玲创作后期再也无法复制 20 世纪 40 年代的巅峰状态，离开了 40 年代上海的文化土壤，失去了催生创作高产的个人情感经历，张爱玲创作中的文化传统和精神向度都随之产生了断裂。面对不同的文化背景，身在美国的张爱玲再难写出《传奇》那样的作品。而她晚年的《红楼梦魇》，则是回到了她阅读兴趣的起点。经过多年的积淀，她又回到了熟悉、喜欢和擅长的创作源泉上来。端木蕻良也遇到了这样的问题。《曹雪芹》虽然是端木蕻良在健康状况极差的条件下创作的，但也是在心灵极其放松的条件下创作的。从早期的《科尔沁旗草原》对父亲一族的书写到《大地的海》为母亲一族的书写，再到《曹雪芹》，端木蕻良彻底放下了所有的包袱，真正在为自己的喜好而书写。

端木蕻良和张爱玲喜欢《红楼梦》喜欢到灵魂深处，并将《红楼梦》的技法学到骨子里，为一生的创作所用，这一点更是让人惊叹。

端木蕻良读《红楼梦》，总是琢磨曹雪芹的艺术处理技巧。他认为《红楼梦》是以意象来制造出浓郁的气氛，进而征服了读者的心。所以，端木蕻良将《红楼梦》意象营造的手法运用到他的创作中去。曹雪芹的《红楼梦》和端木蕻良的《钟》这两部小说，虽然一个是长篇，一个是短制，但两者都有关于"钟"这个意象的描写。《红楼梦》第六回曹雪芹这样描写初到大观园刘姥姥见到的稀奇物件："刘姥姥只听见咯当咯当的响声，大有似乎打箩柜筛面的一般，不免东瞧西望的。忽见堂屋中柱子上挂着一个匣子，底下又坠着一个秤砣的般一物，却不住地乱晃。刘姥姥心中想着：'这是什么爱物儿，有甚用处呢？'正发呆时，只听得当的一声，又若金钟铜磬一般，不防倒唬得一展眼。接着又是一连八九下，方欲问时，只见小丫头子们齐乱跑，说：'奶奶下来了'."①曹雪芹以一位从未见过挂钟的农村老妪刘姥姥的陌生眼光来写王熙凤堂屋里的挂钟，收到了陌生化的效果。端木蕻良受其影响，在小说中也将日常的东西在不平常的状态下呈现在读者面前。《钟》里的胡大叔家人对新买的钟十分新奇，视作宝贝，把它放在桌子上，胡大婶要从桌子的抽屉里取出火柴，害怕惊动这个新物件，只好轻手轻脚地靠近桌子，"像从孵卵的母鸡窝里取走了个大蛋似的，全家人的眼睛都看住她"。等到她把火柴拿到手里了，大家才放心地出口长气。胡大叔的孩子小燕和小强搬了小板凳，睁圆眼睛盯着那钟，"看那钟一抹的红漆，活像一轮早起初升的太阳。他俩说话声音也小了，生怕惊动那钟"②。端木蕻良深得《红楼梦》的精髓，将陌生化的手法运用得出神入化，并在陌生化的基础上增加了一些戏拟的元素，使读者读起来有一种喜剧的效果和感受。《曹雪芹》中作者再次描写到了"钟"这样一个物件，而且再次使用了陌生化的手法。小说中李煦家的金钟被抚台大人高堂老太君相中，张师爷前来讨借。对这座宝贝金钟，作者借张师爷的所听所见一步步描写，先是传来一阵"哆咪来哆"乐声，张师爷循着乐声，快步走到隔扇旁，探头向外间看去："只见堂屋上一座豪华富丽的落地大金钟，随着乐声过后，便有喷泉四射，还有水晶柱轻轻移动。泉水四周，鲜花开放，翠鸟齐鸣。鸟声刚过，一个金发碧眼的女郎，身着纱裙，从花架中转出行礼，牌上出现四个字'祝君早安'。便见金钟上的时针，正指着辰正时刻，花架上的悬鼓随即打出清脆的鼓声九响。"③面对这样一个稀世宝贝，张师爷看得目瞪口呆，眼珠子都要收不回来了。张师爷是见过世面的人，可是在这座金钟面前，他竟然如此失态，足可衬托出这不同寻常的钟。端木蕻良将陌生化的手法运用得淋漓尽致，"钟"这样一个意象在端木蕻良的笔下完成了完美的穿越，并且越加自如。

① 曹雪芹，高鹗. 红楼梦［M］. 长沙：岳麓书社，1987：45.
② 端木蕻良. 端木蕻良文集（第4卷）［M］. 北京：北京出版社，1999：194.
③ 端木蕻良，钟耀群. 曹雪芹（中卷）［M］. 北京：北京出版社，1985：397.

如果说《红楼梦》中的"钟"的陌生化写法是借刘姥姥这样一个穷人来揭示贾府的奢华，那么到了《曹雪芹》中的"钟"则是通过张师爷这样一个富人来揭示李府的奢华，从而达到了意想不到的效果。同样是深得《红楼梦》的精髓，张爱玲在小说中也将意象的运用发挥得恰到好处。张爱玲的笔下也有关于"钟"的描绘。如《倾城之恋》，作者是这样开篇的："上海为了'节省天光'，将所有的时钟都拨快了一小时，然而白公馆里说：'我们用的是老钟。'他们的十点钟是人家的十一点。"[①]这里的"钟"，张爱玲用极具现代的手法衬托出白公馆里人们生活的传统与思想的陈旧，作者通过"钟"反映出的是人跟不上生命的"节奏"的深刻寓意。在《金锁记》等小说中，作者将月亮、镜子的意象淋漓尽致地穿插到作品中，衬托出主人公难以逃脱的悲剧命运，营造出古典而又苍凉的氛围和气息。

端木蕻良出生在一个封建贵族家庭，从小就深深喜欢《红楼梦》，最后以《曹雪芹》为创作生涯画上句号。从阅读《红楼梦》到创作《曹雪芹》，端木蕻良从起点到终点，又回到了原点。这些外在艺术的影响与熏陶，不是喜剧的，而是悲剧的。这中间，沧海桑田，人世变幻，无形中加深了作者的忧郁气质。这种忧郁的气质，既来自性格本身，也来自主体与外在关系的亲疏上。与鲁迅的痛苦、郭沫若的活跃、冰心的平和、徐志摩的潇洒、张爱玲的绝望不同，端木蕻良是忧郁的，而不是绝望的。说到忧郁，戴望舒、艾青等作家都不乏这种气息的流露。戴望舒和艾青都是诗人，而端木蕻良的创作具有诗性的气质。端木蕻良、戴望舒、艾青三人在创作的过程中都带有某种自叙的特征。但是，端木蕻良与他们是不同的。戴望舒的忧郁来自诗人对革命形势的忧虑彷徨，来自个人的人生经历与自卑心理，特别是源于戴望舒本人的曲折和痛苦的感情经历。因此在创作中，戴望舒将不幸的感情经历通过诗歌的形式发泄出来，这种个人性的表达也就使诗

---

① 张爱玲. 张爱玲典藏全集（第7卷）[M]. 哈尔滨：哈尔滨出版社，2003：46.

人的艺术世界的格局显得狭窄了一些。艾青的作品中也有一种忧郁，从艾青的成名作《大堰河——我的保姆》就以带有自叙的方式用沉郁的笔调写出了乳娘大堰河的生活痛苦。艾青在创作中最擅长使用"土地"这个意象来表达对大地和祖国的爱、对劳动者命运的关注。这一点艾青和端木蕻良是有相似的一面的，但是艾青的忧郁是一种带有对中华大地普遍关注而具有普泛性，而端木蕻良的忧郁是区域性、时代性和个人性的混合。《曹雪芹》中李芸感叹世界上本来没有悲欢离合，阴晴圆缺，"只是有时候，时辰出了参差，或者说，时辰对不上"……马夫人道："一个人在事事如意的时候，也要常常想到会有不如意在等着呢。"①在端木蕻良这里，忧郁与无奈带给读者的是哲理和思辨。

三、青春的表现者与温暖的呼唤者——舒群

新中国成立初期舒群以小说创作为主，他创作了长篇小说《这一代人》和短篇小说《歌谣和口供》《一夜》《崔毅》《在厂史以外》等作品。此外，舒群还创作了《阿·米·马尔钦柯专家》《维·瓦·库恰也夫同志》等报告文学作品和《怎样搞好冬学》这类大众常识性的读本。新时期以后舒群创作了《题未定的故事》《思忆》《别》《少年chen女》《美女陈情》《金缕传》《无神者的祈祷》等作品。舒群的当代作品在思想内容和艺术表现上都体现了作家独特的艺术造诣。在后东北流亡作家中，舒群是一位青春的表现者与温暖的呼唤者。

（一）别样的"青春型"写作

说到"青春型"写作，不免让我们想起中国现代文学史上著名作家巴金的创作。巴金的早期创作基本上属于"青春型"写作。他的小说主题单纯明快，感情热烈丰富，语言酣畅淋漓。巴金带着全部的热

---

① 端木蕻良，钟耀群. 曹雪芹（中卷）［M］. 北京：北京出版社，1985：652、923.

情与激情投入创作中。他和他的创作在某种意义上是属于有理想、有热情、有敏锐生命意识的青年的。巴金的《激流三部曲》充满着反封建的意识和对"五四"自由民主的热烈向往，他的大多数小说虽然描写了黑暗，但他透视生活的角度和艺术的基点却是理想的、美好的，让人禁不住热血沸腾，青春的激情油然而生。正是从这一角度透视生活，也就使他的小说虽写的多是悲剧，却总弥漫着对人生美好的向往和青春的激流。这一点与鲁迅、茅盾、老舍等现代名家是不同的。巴金在小说中写得最多、最有思想和艺术韵味的形象是青年形象。而且，在中国现代文学史上，像巴金这样塑造了如此众多而又有特点的青年形象的作家是很少的，所以巴金是属于青年的。

在笔者看来，舒群的创作也属于一种别有风味的"青春型"创作。舒群从20世纪30年代《没有祖国的孩子》就踏上了"青春"的征途，到50年代的《这一代人》，再到80年代的《醒》《美女陈情》《少年chen女》等小说，不管创作的背景、主题和思想如何，始终没有离开"青春"二字。

1. "孩子"视角

舒群的"青春型"写作，首先表现在视角的切入和落点上。舒群选择表现生活的角度总是有别于其他作家的。中国革命的历史进程特点使左翼革命文艺下儿童文学一直承载着现实教育的功能与价值。张天翼道出了儿童文学所承担的时代使命，他认为这一类型的文学应该让读者了解那个黑暗的旧社会，激发他们的反抗、斗争精神。[①] 在特殊的战时背景下，儿童文学呈现出鲜明的政治倾向性、现实教育性和宣传鼓动性等特点。儿童视角或孩子视角的选取在中国现当代文学中并不是某一位作家的独特喜好。当然，这一类型的创作在整个现当代文学中所占的比重并不是很大。但是从"五四"到今天，这样的创作却总是时有出现，绵延不断。冰心的《小橘灯》《寄小读者》，鲁迅的

---

① 沈承宽，黄侯兴，吴福辉. 张天翼研究资料 [G]. 北京：中国社会科学出版社，1982：217.

《故乡》《从百草园到三味书屋》，叶圣陶的《稻草人》等作品都有过不同的表现。就是在东北流亡作家中，萧红的《呼兰河传》，端木蕻良的《初吻》《早春》，骆宾基的《幼年》也都曾运用这样的叙述与切入方式。进入当代以后，莫言的《透明的红萝卜》、余华的《十八岁出门远行》、王安忆的《上种红菱下种藕》等也都是采用孩子视角进行小说创作的。

舒群通过"孩子"视角来表现社会问题，这在他的创作中比重是很大的。他最早创作的小说《没有祖国的孩子》就是以孩子的视角切入主题。小说写出了日本入侵东北以后来自三个不同国家的孩子果里、果里沙、果瓦列夫的亲身经历，展现了残酷的战争给孩子带来的苦难。虽然舒群的小说也表现的是抗日的主题，也在表现人民的抗争与苦难，但有别于其他东北流亡作家，他选择了很少被关注的孩子的视角来结构全篇。这种健康、朴实的风格和新鲜的效果使得作品发表之后就得到了周扬的肯定和高度评价。在《没有祖国的孩子》问世的时代，体现抗日元素的作品并不是很多，那么舒群小说的问世，无疑在叙事上突破了旧有的套路，对当时普遍流行的小说创作模式是一种冲击，也为读者带来了阅读的新鲜感。进入当代以后，舒群在创作中仍然以青少年作为叙述的视角，以此为切入点来反映亟待解决的现实问题。他将自己的少年经历融进作品，以自己童年的视角来切入作品，《我的女教师》就是生动的代表。作品中的"我"回忆了女教师的美丽善良以及给予"我"的无私帮助。另一短篇《藕藕》通过一个不满十一岁的小女孩藕藕的视角和她的经历，刻画了一个执着质朴、聪明可爱的小女孩形象。《美女陈情》《少年chen女》《醒》等都是从"孩子"这一视角来唤起读者及全社会的注意。

选取"孩子"这一视角的目的是通过青少年的成长经历来反映社会问题，也引起社会对青少年问题的关心和重视。舒群当代的创作十分关注青少年的成长，对年轻一代人寄予殷切希望。其实，早在鲁迅的《狂人日记》就发出了救救孩子的呼声。冰心的《寄小读者》等作品赞美童真，同时对青少年的未来寄予美好的憧憬。20世纪80年代伤痕文学潮流中，刘心武的《班主任》控诉了"文革"带给广大人民，特别是给青少年一代造成的伤害，小说较早地发出了关注孩子成长的呼声。舒群的《美女陈情》《少年chen女》《醒》等在某种意义上是这一主题的另一种表达。相比之下，舒群的小说持续关注了青少年的成长，他的多篇小说都在表现这样一个主题，并进行了持之以恒的追求和探索。在小说《醒》中，作者选取了一个从监狱刚被释放出来的青年人物，作者对劳改释放的罗长德的未来人生寄予殷切的希望，对他的神态的描摹也是充满阳光。罗长德的眼睛像清泉一样清澈明亮，这样一个回头的浪子，作者写道："通身全部水晶体，光明，坚实，贵重。"①作者认为，年轻人犯了错误，付出代价，接受审判，改过自新，人生依然还可以重新回到正确的轨道上来。这里，新的时代感召下的浪子回头的崭新形象跃然纸上。在小说《美女陈情》中，作者希望年轻的凤妹和莲莲等孩子好好读书，用知识改变命运，鼓励她们好好学习，动之以情、晓之以理。《少年chen女》中"我"帮助捡破烂的女孩修车。《合欢篇》中"我"与流浪的小丫头萍水相逢，却给她买扁担，并想办法帮她摆脱困难处境，小说中油漆工师傅收留她并让她做小工。这些都体现了作者对青年一代成长的高度重视和深切关怀。舒群的小说，不仅提出了新时期关注青少年成长的社会问题，而且提出了解决的办法，这一点是难能可贵的。

2."青春"形象

在孩子视角的切入下，舒群以极大的热情塑造了众多"青春"形象。舒群20世纪30年代的小说不仅表现了强烈的爱国主义精神，而且还向读者展示出了很多新人的形象。战士、姑娘、知识分子、年轻的母亲等，这些新人形象个性鲜明，有血有肉。当代以后这种新人形象依然得到舒群的喜欢，作者为之进行乐此不疲的描摹与塑

---

① 舒群. 舒群小说选 [M]. 北京：人民文学出版社，1985：239.

造。就像作者在《少年chen女》中所要表达的，天上有晨星，地上有晨鹊，一年之计在于春，一日之计在于晨，作者想要塑造的正是朝气勃勃、冉冉升起的"晨"人形象。例如，《这一代人》描写了一个刚走出大学校门的女青年参加新中国工业建设的经历。在新中国成立初期以女性形象为主的小说本就很少，舒群的创作就显得尤为新颖和珍贵。《少年chen女》中的李晨、《思忆》中的邹好之、《醒》中的罗长德等人都是真实可感的新人形象。这些人物有一个共同的特点，那就是他们都是早晨的人，朝阳朝晖的人，披挂满身新春的晨光的人。

舒群和骆宾基都热衷于刻画年轻女性形象。骆宾基笔下的女性形象多为健壮朴实，舒群笔下的女性形象多为勤快伶俐。如果说骆宾基小说中的青年人物形象充满时代的力量，积极向上、热情似火，那么舒群笔下的青年人物形象则充满灵气，给人一种清新质朴、天真朴素之美。如《美女陈情》中的金凤妹脸庞白净姣好，一双俊俏的眼睛"闪着一股灵光、激情，隐伏着一股泼辣的劲儿，莫名地引爆的燃烧力"[1]，她的小鼻子好像玉兰花苞似的初初绽放，而她噘起着的小嘴儿仿佛樱桃似的绽开一条缝。凤妹脑筋聪慧，口齿伶俐，长于口才，娴于辞令，干起活来，喊里咔嚓，有条不紊。《美女陈情》中的莲莲虽然外表腼腆，而她的心却"跳得血活，震得心口窝那块儿衣服一起一伏，一伏一起"[2]……莲莲的眼睫毛好似两朵开放的小墨菊瓣瓣，在微红发粉的双颊下凹入深深的一双酒窝，好似成对的小莲花心儿。而那紧闭着双唇的小嘴儿仿佛霜后的一片小枫叶。舒群擅长人物的描摹，特别是描摹女性，不仅形象逼真，而且含蓄隽永、耐人寻味，毫无重复之感。

舒群笔下的人物，特别是女性，都有一颗善良纯朴的心灵。《我的女教师》中的苏联女教师有着伟大的共产主义情操，她用休息时间

---

① 舒群. 舒群文集（第3卷）[M]. 沈阳：春风文艺出版社，1984：51.

② 舒群. 舒群文集（第3卷）[M]. 沈阳：春风文艺出版社，1984：63.

教"我"知识。《合欢篇》中来"我"家讨水喝的丫头，没有名字，为了逃避封建婚姻和不幸命运，走投无路，逃到北京流浪。这个无名的小丫头，虽然来自穷乡僻壤，无知无识，稚气未脱，却善良坚强，腼腆质朴。《美女陈情》中，卢妈让女儿莲莲来"我"家，帮助干家务，顺便教育教育，可是当莲莲来了之后，发现家里已经有一个帮干家务的凤妹了，莲莲和凤妹都为对方着想，莲莲主动提出帮干活但不要工资了，凤妹要求工资减半。莲莲初来城里，没坐过软软的沙发，看到沙发吓了一跳，怕坐下去把沙发压破，赶快拿脚撑起自己的臀尖。这样，一个懂事、腼腆的女孩形象就刻画出来。《金缕传》中的汽车司机菊秋红虽然穿着一身满是油污的劳动服，但她的头发却乌黑发亮，她的脸上却洋溢着灿烂的笑容，分外让人感到少女青春的朝气与魅力。

同是女性形象，舒群在塑造的时候并没有把她们做相同的处理，而是同中求异，展现她们内在不同的特点。如《美女陈情》，凤妹和莲莲这两个女孩都来自农村，都是勤劳能干，聪明伶俐。但作者在刻画的时候突出凤妹的泼辣和莲莲的腼腆，一个是辣丝丝的小辣椒，一个是面糊糊的小土豆，生动、形象、亲切，这样使得人物的性格更具对比性和层次性。20世纪50年代到80年代初期，着力描写女性形象的文学作品并不多。除了像杨沫《青春之歌》主要以林道静为主要描写对象外，在大部分作品中，如《林海雪原》《创业史》《红旗谱》等小说中，女性多为男性的陪衬，女性形象的特质并不突出，而舒群的小说《美女陈情》《少年chen女》《藕藕》《金缕传》等，都将女性作为重点描写的对象，这也为文坛带来新的风貌。

虽然创作的背景不同，但舒群与巴金的"青春型"创作是有相似之处的，他们都是带着极大的热情和激情去描写那些青春形象的，作者为此投入了巨大的心血。因此，这种"青春型"创作是给读者耳目一新的感受的。但是巴金笔下的鸣凤、觉民、觉慧等青春形象的塑造是指向反封建的，他早期的"青春型"创作是以悲剧为主色调的，由悲剧所产生的震撼力也是强烈的，所以呈现为热中带冷的风格。而舒群的"青春型"写作并不是以悲剧为结局的，悲剧只是作为人物身上所承载的历史背景存在。他的"青春型"创作对青春的歌颂与期待更浓，所以批判的力量就弱下来，风格上自然呈现出暖的色调。

（二）温暖的主题

春天是播种的季节，是嫩芽吐绿、孕育希望的时节。舒群的小说总是让人有一种春风拂面、温暖如春的感觉。其实，不管是哪种体裁的作品，也不管是何种主题的作品，温暖总是文学作品中的一种常见的色调。不管文学作品的主题如何沉重，思想如何深刻，那些优秀的作品总是散发出某种温暖的情思。而这种温暖，会让人感到执着向上的力量，催人奋进。阅读舒群的小说，总是能让读者感受到温暖的东西。即使是抗日的题材，如《没有祖国的孩子》，当遇到日本人追捕，为了不牵累小伙伴，作者用果里的一句话作为小说的结尾："我是朝鲜人，他不是的。"① 从一个孩子的嘴里说出的简单的一句话，真挚的友谊令人温暖，让人感动。虽然整部小说是在借孩子的视角来展示亡国之痛，但是小说内蕴的那种温暖的东西一下子就能触到人的心底。

舒群当代的小说总是能给人一种温暖清新的情怀。比如，《我的女教师》《童话》《一夜》《美女陈情》《少年 chen 女》都具有这样的格调。一位历经磨难的老作家晚年创作出这样的作品，可见舒群的小说的立意和同时代的其他作家是不同的。我们知道，20 世纪 80 年代初期，文坛刚刚复苏，思想也刚刚解放，伤痕文学成为创作的主潮，很多作家都以文学的形式揭露"文革"带给人们的伤害，主题和基调往往都是非常沉重的。虽然这样的主题在舒群的小说中也有所反映，但是，这样沉重的、悲剧的内涵在舒群的笔下得到了新的处理，即使有哀伤，给读者的感觉也是淡淡的。这一点，很容易让读者想起沈从文作品中那淡淡的哀愁。沈从文在他的《边城》《萧

---

① 舒群. 舒群小说选［M］. 北京：人民文学出版社，1985：20.

萧》《神巫之爱》等小说中，有对湘西边地落后习俗的批判，但更多的是沈从文对人性美好的讴歌和重塑精神家园的渴望。舒群新时期的小说也有对"文革"和历史伤痛的记忆描写，但是更多传递的是一种积极的正能量。在作者看来，年轻人身上肩负着新的时代赋予的新的使命，他们是祖国的未来，作者希望读者通过文本的阅读，反思历史，进而获得一种精神的振奋和前进的鼓舞，让清新之风成为人们向上的精神动力。

舒群当代作品中温暖的审美理想也表现在他对真、善、美的追求和挖掘上。从古至今，优秀的作品总是在表现人性的丰富内涵上有突出的理解和挖掘。人性也是文学作品经久不衰的主题。真、善、美是文学创造活动一贯的追求。作家总是在人性这一问题上进行孜孜不倦的表现和探求。在舒群的小说中，人性的善良与美好总是在众多内涵中凸显。他的小说并没有刻意展示人与人之间激烈的矛盾冲突，也没有错综复杂的感情纠葛，舒群力图在向读者展示人性中美好、善良、纯真的一面，作家在努力传达一种正面的、积极的、向上的能量。《崔毅》中的卸弹英雄崔毅、《题未定的故事》中的司机小马、《在厂史以外》中的舍己救人的模范人物寇金童、《藕藕》中的藕藕、《美女陈情》中的莲莲和凤妹、《少年chen女》中的李晨、《醒》中的罗长德等，这些人物形象，虽然他们身后都有大的家国背景，但都闪耀着一种生命的律动，散发着青春的激情，内蕴着人性的美好。舒群延续了他在现代时期的创作风格，注重展示在不同历史时期人的精神风貌，特别是挖掘人性中美好的部分，让读者在阅读当中身心得到净化。

《崔毅》这篇小说描写了在抗美援朝战场上，英勇无畏、舍己为人的拆弹能手崔毅同志的光辉形象。他在战斗中负伤，右腿拄着拐子，一瘸一颠地走路，但他好像和健全的人赛跑一样，献出自己全部的时间和精力。作者刻画了非常符合时代需要的形象。《在厂史以外》作者形象再现了模范人物寇金童的无私奉献、舍己救人的模范英雄事迹。"我"家里的灯泡坏了，寇金童拿出准备结婚新房里用的灯泡给我家安上；下雨河水暴涨，寇金童帮助人们把重要的东西都抢救出来，而自己新房里的全部东西都损失了，在职工损失登记表上，他却什么也没填；在最危险的时刻，为了挽救中毒的工人，他奉献出自己宝贵的生命。这样一篇小说，这样一个人物形象，在十七年时期的小说中并不缺乏，在后东北流亡作家中的其他作家的笔下也可能见到。寇金童的形象刻画，反映了十七年时期小说人物形象塑造的典型方法，描写了主要的、正面的、英雄的人物形象。《题未定的故事》表现了经历风雨之后人们再次焕发的生命激情与劳动热情。小说中的司机马海龙从当年的小马变成现在的老马，他的头发变卷了，眉毛变浓了，胡须爬满了大半张脸，特别是他那"一双明亮有神的眼睛真像洋娃娃脸上嵌着的光溜溜的玻璃珠似的"[①]。当年的青年炉长刘文钊，现在头发灰白，面孔瘦削，脸上也爬满皱纹，但目光和神采却丝毫不减当年。从这些人物身上，我们看到了粉碎"四人帮"以后新时期人们再次投入生产和生活的十足干劲。其实，这些人物，也是作家自身经历的真实写照。《这一代人》对新的时代下新的一代人的精神风貌给予全面展示。作家以热情的笔触，诗意再现了新中国成立初期国家经济建设的黄金时代的样貌。以大学毕业走向工作岗位的李蕙良这一主人公的经历为主线，塑造了一批性格、心理不同的人物形象，舒群对新中国第一批工业领域的建设者进行了全方位的刻画，再现了20世纪50年代火热的真实的社会生活。

舒群的作品在人与人之间关系的处理上总是充满着令人感动的细节，温暖之意油然而生。《美女陈情》中莲莲知道"我"的家里已经有了凤妹来帮忙干杂务，就不好意思再留下来。面对"我"的挽留，莲莲说可以不要工资留下来干活，为他人着想，人与人之间充满了温暖。《这一代人》中女主人公李蕙良在成长之路上也受到很多前辈的帮助，这让她找到了以厂为家的温暖。其实，沈从文的小说也给读者

---

① 舒群. 舒群小说选 [M]. 北京：人民文学出版社，1985：230.

以一种温暖之意。沈从文的大部分作品都在挖掘和表现人性美好的一面，这种温暖是在淡化悲剧意识的条件下而产生的一种温暖。而舒群的小说主题并不是悲剧的，他的小说中的温暖是通过人物自然而然散发出来的。《童话》记录了"我"和哥里沙的纯真友谊和感动瞬间。两个小伙伴一起种下了一棵榆树，用铅笔刀刻下了两个人的名字还有四行字：吾未成人，树未成材，我须助你，你须助我。战争爆发后哥里沙回国了。一别十几年，那棵小树见证着两个人的友谊。长大后当"我"再次回到院子里看到这刻了字的树，不禁涌起思念之情。树上刻的字已经变为：吾已成人，树已成材，我须助你，你须助我。附近火车站卖烟卷的小姑娘说昨天在苏军回国的火车上下来一个士官，火车要开的时候他才走，原来是伙伴哥里沙回来过。这种温暖的情谊瞬间敲开了"我"的心扉，引起读者深深的共鸣和感动。《一夜》中，"我"被特务追捕，一对素未谋面的俄国母女机智地出手相救，让"我"感到了萍水相逢的温暖。

文学创作蕴含着作家的情感和评价。在善与美的价值追求下，舒群作品的温暖主题，体现着作家的人文关怀。作家的经历对审美取向是有潜在的影响的。舒群善于选取青春的形象来表达温暖的主题，这与舒群早年的人生经历有一定关系。舒群出生在贫苦家庭，父亲四处奔波以养家糊口。他年少时就经常干各种重活，八岁时因没有钱做制服而被学校以妨碍校容为名逐出。十五岁的时候他曾因交不起伙食费而被迫退学，这对喜欢读书的舒群来说是不幸的。可是与这些心酸的经历相比，他的人生又得到了温暖的眷顾。小学时的语文老师罗德章曾慷慨相助了他二十元钱，这份温暖足以让他在心里珍藏一生。晚年的舒群曾专门到辽宁寻访这位恩人和老师。在上学期间，舒群认识了朝鲜孩子果里，这也成为《没有祖国的孩子》中的原型。经过果里的介绍，舒群认识了苏联女教师周云谢克列娃，她是舒群小说《我的女教师》中人物的原型。这位女教师给了舒群热情而无私的帮助，指引他走上了文学的道路。这些经历直接影响了作品的价值选择。舒群不仅珍藏感激别人给他的温暖，而且他也将温暖传递给需要的人。在萧军和萧红无钱出版《跋涉》的时候，正是舒群资助的四十元钱解决了他们的燃眉之急。因此这些人生经历，成为打开舒群青春形象与温暖表达的钥匙。

（三）反思历史与自我批判

"文革"给中国政治、经济、文化各方面都带来重创，更给中国作家带来身心的伤痛。作家的心理本较常人敏锐细腻，中国历史上每一个动荡的时期，都会体现文人对人生和历史的忧患与反思。20世纪80年代初期的文学创作，伤痕文学、反思文学都聚焦于历史，很多老作家在文章中都表达了对历史的反思。舒群的小说也不乏反思的色彩。《题未定的故事》中作者回想自己被"四人帮"遣送下乡的经历，一家四口吃水都成了最困难的事情。"我"左腿残废，老婆患心脏病，大儿子出民工，小女儿只有七岁。冬天，小女儿抬水跌倒，水洒在身上，冻坏了她的手脚，指甲全部脱落。作者以自己和亲人的亲身遭遇控诉了"四人帮"的罪行。小说《醒》中的少年罗长德游手好闲，抽烟喝酒，打架斗殴，"四人帮"垮台，他被捕劳改。作品控诉了"四人帮"对青少年的心灵摧残。《少年chen女》中的李晨本是一个聪明可爱、如花似玉的姑娘，但是她的家庭和身世背景却带有浓厚的悲剧色彩。父亲在"文革"中被打得遍体鳞伤，左腿骨折，最后喝了敌敌畏和安眠药致死。哥哥打架斗殴、走私贩卖、游手好闲、无法无天，进了劳改队。作者对历史进行了深刻的反思，一个本应和睦美满的家庭就这样在"文革"中家破人亡。李晨的母亲带着三个女儿含辛茹苦地生活，虽然李晨的母亲在粉碎"四人帮"以后已经落实政策恢复了教师的工作，但是抚养几个孩子仍是很艰苦，懂事的李晨硬着头皮常做着捡破烂、拾废纸、卖瓜子的活，但是却怕见到熟人。人性的丑恶和美好，现实生活的窘境和内心的无奈坚持在文本中体现得淋漓尽致。这样一个善良的孩子却吃了安眠药，喝了敌敌畏，这是对"我"、对历史、对现实的当头一棒。"我"陷入深深的自责和长久的祈祷，"天可无情，地可无情，而人能无心吗？尽管日月有蚀，地有陷缺，唯心不得少亏"①。《少年chen女》故事情节并不复杂，作家用"我"和李晨两个主要人物，一老一小，道出了一个时代老少两代人的精神创伤。

舒群创作的可贵之处在于他的作品中不仅有对历史的反思，而且有对自己的剖析和批判，提升了作品的思想文化品格。自我批判与敢说真话，这是十分可贵的。巴金在《随想录》中就表现出了十分鲜明的自我批判精神。巴金认为讲出了真话才可以心安理得地离开人世。舒群也认为说话不真、写文章不真，就是欺世盗名。《少年chen女》中当女孩李晨得知被"我"认出来捡破烂、卖瓜子后，服毒自杀，"我"陷入了深深的自责。《题未定的故事》中的"我"回忆在处理青年炉长刘文钊的"破坏运动"的罪名处理决定上竟然签了字，使人蒙受冤屈，使党受到损失，"我"无比悔恨。"这么多年，我签了多少字呵！……我对同志对党负有责任，应该实事求是地补上一份我的检讨，并为他请求更正。"②肺腑之言，袒露了作者真实的心声，表达了自己深深的忏悔意识。

《美女陈情》中面对十年九旱和十年九涝的灾难历史，作者认为人只有学习知识和文化，才能改变农村多年的不幸现状。作者主张发挥人的主观能动性，人定胜天，创造人与自然的和谐，体现了中华传统文化中的深刻哲学思想。虽然是一个短篇小说，但内涵极其丰富。晚年的舒群，站在国家、历史、人类的层面上进行深入思考，这种人格魅力和博大胸襟是难能可贵的。舒群在《美女陈情》的附记中这样说："病中，因有前车之鉴，避免遗留种种纠纷，故予子女写了一份遗嘱；乘兴之所至，又予后代人写了一篇遗嘱式小说。"③这里，我们看到了舒群真实、真诚、真挚的心理。既是一篇遗

① 舒群. 舒群文集（第3卷）[M]. 沈阳：春风文艺出版社，1984：306.
② 舒群. 舒群小说选 [M]. 北京：人民文学出版社，1985：236.
③ 舒群. 舒群文集（第3卷）[M]. 沈阳：春风文艺出版社，1984：89.

嘱式的小说，作者将自己的内心真实情感袒露无遗，对后代寄予了无限的希望，体现了一个历经风霜的老作家深沉的忧患意识和历史使命感。这和巴金的《随想录》有相似之处，巴金也将《随想录》作为一代作家留给后人的遗嘱。因此，真实、真诚永远是文学作品重要的生命力所在。

（四）别出心裁的艺术表现

春天开始，万象更新。舒群的小说创作手法也是如此，不断地追求新意。小说《少年chen女》的题目就别有新意。作者在小说的题目中用了拼音，而不是具体的某一个人名，这样的手法独具创新意义。为什么要用这样一个拼音来代替？有何用意呢？用作者的话说"是'仆仆风尘'和'一尘不染'的'尘'；或是'新陈代谢'和'推陈出新'的'陈'；或是'沉冤昭雪'和'英华浮沉'的'沉'……都行"①。"风尘仆仆""推陈出新""沉冤昭雪""浮沉""陈""晨"和"chen"的谐音使得作品的思想内涵更丰富，可以是风尘仆仆、历经苦难磨炼、沉冤昭雪的人们，可以是推陈出新、年轻一代的人们，可以是新的时代的开始，多种理解更容易带给读者无尽的想象和阐释的可能。每一种阐释的可能都直指20世纪80年代初期整个社会关注的问题，可见作者的深入思考和用心良苦。

舒群小说的结构也体现了作者独特的匠心。有的小说开篇借用古题，从古典文化中汲取有益养分，如《美女陈情》，作者用古代话本《丑女报恩》《李焕生五阵雨记》做引子，过渡到自己今作小说《美女陈情》，或曰《人与雨的故事》。既然古已有之，那么现在当然合宜，接下来作者引用历史典籍中关于人与雨的关系的论述来衔接全文。《美女陈情》中两条线索交相辉映。一条线索围绕人的线索展开，通过来"我"家里帮助干家务的小姑娘凤妹和莲莲，展现她们的性格特点和生活、学习的故事。一条线索是以"雨"为中心展开情节，自古

---

① 舒群. 舒群文集（第3卷）[M]. 沈阳：春风文艺出版社，1984：252.

以来，雨对农村、对农业生产、对人的生活至关重要。小说中"我"在与凤妹的对话中得知她的老家十年九涝，常常闹水患。相反，莲莲的家乡十年九旱，就盼着下雨。一个地方是涝，一个地方是旱，形成对比，但都是与雨有着密切的关系。"我"让她们学知识学文化，为的是"人定胜天"，人要天下雨天就下雨，人要天不下雨就不下雨。整篇小说从历朝历代雨的记载，凤妹、莲莲家乡涝旱雨水多少的灾难对比，到盼望风调雨顺，人定胜天，始终围绕着人与雨的故事。原本普通平常的雨，在舒群的笔下充满了新意，被赋予了丰富的内涵。"人"和"雨"两条线索互相联系，错综缠绕，合二为一。小说《金缕传》开篇在引话部分，从古代已有的《金缕曲》《金缕衣》引入，《金缕曲》本是词牌名，《金缕衣》是乐府近代曲辞，杜秋娘的《金缕词》中的"劝君莫惜金缕衣，劝君须惜少年时"因劝诫莫贪念荣华富贵，珍惜少年美好时光的寓意而广为人知。而宋叶梦得词"送孤鸿，目断千山阻，谁为我，唱金缕"和金董解元的《弦索西厢》中"十里芳菲尽东风，丝丝柳搓金缕"（《哨遍》）与"云雁征袍金缕，狼皮战靴抹绿"（《风吹荷叶》）充满哀伤和想念之意。作者历数古代的《金缕曲》《金缕衣》而作《金缕传》，意在表达怀念和珍惜之意，追古溯今，回首往事，作文献给当年抗联烈士。一方面表达对抗联烈士的深深的敬意和思念，一方面寄情当下，珍惜时光，努力进取。作者以这样的方式开篇和结构全文，从古及今，自然而然，立意鲜明，主题突出，文化蕴含深刻，体现了作者独特的构思。此外，小说《合欢篇》也采用了这样的方法，以"合欢"一词开篇，中国古代"合欢"一词应用甚广，作者列举了《周礼》有合欢、汉宫有合欢殿、《乐府》有合欢歌、古诗有合欢被、班婕妤诗有合欢扇、宋之问诗有合欢杯、《植物名实图考》有合欢树……指出"合欢"一词，括有彼此相聚而同乐之旨。舒群的《合欢篇》借古意而赋予新的内涵，"我"与刷油漆的师傅萍水相逢，"我"与逃难北京的小女孩萍水相逢，张师傅与小女孩也萍水相逢，但是，这样一种人与人的相遇、相聚，充满了温暖的人情味。这与"合欢"古题彼此相聚而同乐之旨正好吻合。

在小说的形式上舒群还有很多别出心裁的考虑。如《少年chen女》采用日记体的方式，以第一人称"我"的口吻叙述全篇，真实感非常强。以日记体的方式来结构小说的例子，在中国现当代文学史上并不是特例。鲁迅的《狂人日记》《伤逝》都是采用日记体的方式，其好处在于增强了小说的真实感，有利于人物情感的表达和心理活动的刻画。这里凝聚了舒群对现代性的深刻思考。此外，新中国成立后他的纪实小说《毛泽东故事》也尝试了新的创作形式。以往对历史人物的书写主要通过传记的方式，而舒群则意在以文学的方式来加以呈现。《毛泽东故事》以小说的方式来写伟大人物毛泽东，这一创作初衷本身就很有创新性，打破了以往人物传记的书写模式。《毛泽东故事》由十一篇构成，不是完全按照时间顺序来纵向梳理的传记写法，而是将人物的盛年、晚年等人生经历相交融，而这十一篇每一篇又能够独立成篇。这样的方式拉近了人物与读者之间的距离，也使得人物形象更加自然生动。

优秀的作家无不在语言的使用方面有突出的造诣。中国语言博大精深，语言的张力、表现力更是变化多端。后东北流亡作家中，舒群和端木蕻良都属于语言运用的高手。端木蕻良的语言深沉、细腻，舒群的文学语言清新质朴，春意盎然。如果说萧军的文学语言是粗犷豪放，那么舒群、端木蕻良的语言则是精细的。舒群的文学语言显示出清新明朗、简洁朴素的一面。如《少年chen女》中："她走了，她从我的家屋走了，走了一位春的使者。"作者由实际的人物从家里离开，也就是从实写转到虚写："不，她从我的心窝飞走了，飞了一只画眉，绣眼儿，蓝靛颏儿。"然后又回到现实："她从我的眼前走了，走了一位春的女神。"接下来又回到虚写："不，不，她从我的心田失掉了，失掉了一棵兰花，茉莉，金桂。"①这样的虚实结合，回环往

---

① 舒群. 舒群文集（第3卷）[M]. 沈阳：春风文艺出版社，1984：291.

复，无形中增加了思念之感。作者对心中之月的描写，更是形象逼真，好像圆圆的橙，椭圆的柠檬、半圆的橘瓣瓣。那月亮一钩钩，一弯弯，幽明朦胧之间，是那样娇艳妩媚，醉心迷人。

舒群小说的语言，达到了清新活泼、自然逼真、形象生动的描写效果。如对立春自然气象的描写："她的天——青，她的土——香，她的水——甜，她的冰——软，她的雪——暖，她的风——骚，她的情——深。"立春时节的天气、水土、风雪，每个景物虽然只用了一个字来形容，却形象而又妥帖。春天的笑："愈笑春意愈浓，浓到发热发酵，去糟存精，酿成碧波琼浆——'醇液'。"作者没有停下笔，继续向人们展示春天的消息。在春风的笑意中，一切都换上了新装，柳絮漫天飞扬，榆钱撒满大地，气温逐渐升高，桃花也争相开放，映成一片花海，染尽街面市容。接下来，作者运用了一系列比喻，俨如猴头丢面，鹤顶落丹，琥珀开颜，珊瑚施色，赤胆投影，朱唇飞吻，艳艳的痕儿印儿，斑斑嫣然；酷似红旗招展，红领巾拂拂，红绸舞打旋儿。这些比喻充分显示出了作家的语言运用上的深厚功力。在这样一个全方位的春天的图画中，难怪"我"由衷地感慨："销、销了我的魂，净化、纯化、美化了我的魂。"[1]这一段关于自然景物的描写，作者调动视觉、味觉、触觉等感官，写出了春天的青、香、甜、软、暖等特点，把一个温暖的春天写得鲜明可爱，有声有色。同时，作者用拟人的手法，形象地写出春天的特点，把春天的笑、春天的风写得千姿百媚，让人销魂，可亲可爱。

同样是关于春天的描写，在《崔毅》中经过作者的点染，却给人一种完全不同的感受。一阵阵的春风，"轻飘地裹着你，触动着你——真的，使你想把它抱住"。作者运用了"裹""触""抱"几个字，仿佛有一种爱不释手之感，就将人和春天的亲切、亲密的关系呈现出来。作者从色彩上入手描绘春天的树林，突出一个"绿"字，

---

① 舒群. 舒群文集（第3卷）[M]. 沈阳：春风文艺出版社，1984：260.

"绿得能染绿露水，露珠儿一掉下来"。而且，作者的观察细致入微，整片的绿树林将别的草木全染绿了，"好像你一眨眼才绿了似的，绿得新鲜；好像为了你的愿望才绿了似的，绿得那么惹人爱"①。每一句里都有"绿"字，但是毫无累赘之感，衬托出春天的绿意和暖意。语言艺术在舒群的笔下发挥得淋漓尽致。语言一经舒群的点染，虽然没有刺骨的深，但却别有一种抚慰的暖。

四、 赤诚的追随者与表达者——骆宾基

在中国现当代作家中，骆宾基虽不是一个天才型的作家，但他却是一位执着而又倔强的作家。他对待文学事业如同对待革命事业一样炽热，他写作的精神层面的意义早已超越了创作本身的意义。他始终积极深入生活，积累素材，写作几乎未曾中断过。

（一）追求文学与时代的伴生性

追求文学创作与时代的伴生性，适用于绝大多数作家的创作，可以说是毫不出奇的，甚至是理所应当的。但就本书主要涉及的几位作家来说，骆宾基这方面表现得更为积极主动。因为从实际创作来看，萧军的创作在为自己的名誉正名，端木蕻良的创作在为自己的艺术而正名，而骆宾基没有更多"个人"因素，他意在寻求创作与时代的高度契合点。如果说端木蕻良的创作意在突出自己的个性，那么骆宾基的创作则旨在表现时代的个性。尤其是二十世纪五六十年代，学术界对骆宾基创作的评价也多是正面和肯定的。这与萧军、舒群等人的作品受到批判形成巨大反差，所以，骆宾基创作中的这一问题就值得重新审视。

早在抗战期间，骆宾基就长期奔波于斗争的第一线，曾两次被捕入狱，在狱中受刑而坚贞不屈。崇高信念和斗争精神一直成为骆宾基

---

① 舒群. 舒群小说选 [M]. 北京：人民文学出版社，1985：187.

最有力的精神支柱。这样的经历对他的创作有着重要影响。新中国成立以后，骆宾基积极深入生活，深入基层，紧跟时代。"文革"中的骆宾基，始终刚正不阿，对于那些已经被打倒的同人，骆宾基从不揭发他们，而是以实事求是的态度，客观地、肯定地评价。骆宾基始终有一颗火热的心，如盛夏一般炽热。这颗火热的心，既表现在对革命事业的赤诚，也表现在对同人朋友的重情，还表现在对文学事业和晚辈新人的殷切希望。

新中国成立后，骆宾基写了很多歌颂各条战线上涌现出来的感人事迹和模范人物的作品。如《白衣指挥者和十六条生命——关于哈尔滨医科大学附属医院门诊部的报告》，一方面歌颂了十六名气体中毒的男女工人，他们不是一般的患者，他们是在生死关键时刻舍己救人的战士。另一方面，歌颂了以医院党支部书记王维良为核心的医务工作者们在危急时刻处事果断、无私奉献的伟大精神。作者常以代言人的身份直接发出议论式的评价。例如："只有我们的这个伟大的社会主义时代，祖国的轻工业才有这样的新奇而瑰丽无比的变化。"① "这是春天来临的标志，第一批燕子已在北京地区出现了，它们有一伙儿，集中到北小营公社了，而上辇村只是其中妩媚的一只。"②作者用报春的燕子四处飞舞，传递时代的春天到来的喜悦之情。再如，《白桦树荫下》中的陈富才从医疗所回来之后，感到身心从未有过的舒畅，因为老矿工见到了在年轻的医务人员身上反射出来的党的光辉。骆宾基在一些作品中直接发出了对党的热爱之情，也表达出了对党的方针政策高度拥护的坚定立场，这类作品的思想意义、时代意义已经超越了文学本身的意义。歌颂新时代，作者不再是以文学的方式含蓄地表现，而变成最直接、最肯定的表达，这样的创作思路很显然是带有鲜明的意识形态属性的。

骆宾基笔下的人物大多具有赤诚之心。《左臂受伤的伤兵》中，

---

① 骆宾基. 初春集 [M]. 南昌：江西人民出版社，1982：101.
② 骆宾基. 初春集 [M]. 南昌：江西人民出版社，1982：126.

中年汉子虽然左臂受伤了，但他完全忘记了自己的疼痛，毅然决然地说只要留着右胳膊就行，还要到前线拿枪打敌人。《一星期零一天》中那些战士们充满了火一样的激情，虽然外衣湿透了，但内心的血液却沸腾着。骆宾基着意表现在新时代感召下充满希望的人们。《交易》中的农社主任魏丙、《王妈妈》中的互助组托儿所主任王妈妈等，都是这样的形象。例如，魏丙是个健壮如牛的铁汉子，虽然面相粗犷，但是眼睛透着淳朴、热情而明亮的光芒。《轻工业中一枝花——访松花江胶合板厂人民工程师刘秀丽》中的刘秀丽不畏严寒和路途遥远，带着对未来的希望，她和爱人一起来到了东北，为祖国的建设贡献力量。《当轧钢厂在香坊诞生的时候》刻画了从哈尔滨电技学校毕业的年轻人刘长义这一人物形象，他是怀着参加祖国社会主义工业建设的向往和满腔的热情来投入工作的。《草原上》中的老组长张万峰两只精力健旺的大眼睛充满生命的活力。《白桦树荫下》中的伐木工小杨的两只活泼的大眼睛则流露着一种少年得志的神态。《初冬》中的卧虎岭管理区马程远组长体格健壮，四肢有力，虽然身材矮小，但是浑身肌肉结实，说起话来声音洪亮。在满脸络腮胡当中，两只眼睛仿佛是乱草丛中两座暖水泉似的，春气洋溢。这几篇作品中对人物的眼睛的描写足以让人感受到精神振奋而又充满活力的时代风貌。新时代下人们的精神风貌斗志昂扬，满怀希望，无怨无悔，个人的人生价值的实现是与祖国的建设、与未来同步的。骆宾基对特定时代下的精神风貌，用文学的方式给予了积极的图解。

配合全国上下热火朝天的建设与生产，文学作品中自然少不了对劳动场景的描写。骆宾基小说中如火如荼的劳动场面散发着时代的壮志豪情。《北京近郊的月夜》中沸腾的人声和劳动作业的响声混在一起，仿佛翻滚着的热浪。在南头两座打井棚之间的大块空地上的露天铁匠炉，呼嗒呼嗒作响的风箱和时大时小的火光，伴着作为凿井眼用的大钻头的叮当声，夹杂着劳动的人们，在作者的笔下这简直是一个热闹的夜市。这像夏天一样火热的劳动场景，点燃了人们献身祖国的劳动激情。《北京近郊的月夜》中，柴桂英的脸庞黑里透着火红，她的腰身随着凿井工具的起落而有韵律地上下活动着。何小兰、彭武媳妇儿等劳动者脸上也都洋溢着红扑扑的兴奋光彩，都在劳动工作的节奏中热血沸腾，沉醉其中。

新中国成立初期，随着新婚姻法的颁布，文坛出现了一些与婚姻有关的作品。如赵树理的《登记》等作品旨在反对封建的婚姻，提倡社会主义家庭婚姻制度。骆宾基的小说中关于爱情的处理是朦胧含蓄的。如《父女俩》中的香姐儿和张达的爱情描写，表现了人物矜持、含蓄、渴望、心动等复杂心理，而这样的爱情也符合特定时代规约下的爱情的特点。香姐儿结婚不到三年就寡居了，她本是出色的人物，细细的眉毛，端正的鼻子，长得非常精致。然而她的打扮上却有寡居女子明显的印记，时常穿着黑布裤褂，封建思想掩盖了她柔软的天性。1949年以后，她背着父亲参加过妇救会，男女平等和婚姻自主思想的宣传使香姐儿复活了做闺女时候的自己，发髻上插了一朵黄色的小野花，父亲知道后将她批评哭了。后来她在赶集的路上遇见了张达，两个人互有好感，一边说话一边走路一边想着各自的心事，不知不觉两个人走过了家门。香姐儿心里高兴，嘴上却故意地埋怨、追问张达是怎么领的路，是否叫什么给迷住了？实际上倒是张达随着她的脚步走的，但张达也不分辩，一路上和香姐儿同样纵声笑着，对她的埋怨倒有几分得意。两个人就像喝醉了酒的人似的，可是一回到大路上发现路人，两个人立刻清醒了，仿佛醒了酒一样。作者这样描写二人的朦胧爱情，非常符合人物的特定身份和人物所处的社会环境。香姐儿和张达在路上的聊天是人的本性的对爱情的渴望使然，而回到大路上，封建思想使得二人又将感情隐藏起来。香姐儿最终还是战胜了封建思想，战胜了父亲的阻挠，和张达结婚了。《北京近郊的月夜》中关于柴桂英的爱情描写，同样也十分含蓄。柴桂英注意到汪三宝趁众人说笑时向她投来那么有力而透彻的目光，她迅速地捕捉到那份敏感的眼光，读懂了所含的意思："面前的这个姑娘，是怎么样的人呢？对我怎么样呢?"①十七年时期文学作品中关于爱情的描写,往往简单化、革命化、道德化,本应最复杂最难以形容的爱情在当时的文学中被普遍政治化和模式化了。与萧军相比,骆宾基小说中的爱情描写,既有政治性的时代话语,也有个人性的真实表达,更富有人情味,这一点难能可贵。

总之,虽然歌颂是新中国成立后很长时期创作的主旋律,但是骆宾基较之萧军、端木蕻良等人表现得更为突出,也正是因为与时代贴得最近,骆宾基当时获得的肯定也是在这几位作家中最多的。

(二)日常叙事中散发乡土生活气息

乡村风物入景,可以增加文学作品的生活气息。历代文人的笔下不乏这样生动的例子。比如,陶渊明在诗中多次描写农村、农夫和农耕生活。"暖暖远人村,依依墟里烟。狗吠深巷中,鸡鸣桑树颠。"(《归园田居》)在陶渊明的笔下,村庄、炊烟、鸡鸣、狗吠这些农村日常的景物经过艺术的点染,充满灵动盎然之气。孟浩然的《过故人庄》以亲切而简洁的诗句开头"故人具鸡黍,邀我至田家",接下来作者将愉快的心情和乡村的风物自然融合"绿树村边合,青山郭外斜",不加雕饰,真实自然。苏轼的笔下也曾描写过乡村景色和普通百姓的生活情态。比如,"惭愧今年二麦丰,千畦细浪舞晴空"(《浣溪沙·徐州藏春阁园中》)、"雪晴江上麦千车,但令人饱我愁无"(《浣溪沙》)等,表现出作者对丰收的喜悦和农民生活的深切关怀。辛弃疾的"稻花香里说丰年,听取蛙声一片"(《西江月·夜行黄沙道中》)也不乏农村生活的剪影。

进入当代后,骆宾基努力在普通的生活场景中发现事物的美,字里行间荡漾着浓厚的生活气息和乐趣,到处充满了日常的生活图景。文学创作来自生活,也反映着广阔的生活,他的作品体现着农村日常叙事的鲜明特点。《王妈妈》写的是王妈妈去探望闺女的平常事件,

---

① 骆宾基. 骆宾基短篇小说选 [M]. 北京:人民文学出版社,1980:346.

《交易》写的是护山村农业社，刻画了魏老三和儿子魏丙的人物形象。骆宾基作品的细节描写是非常贴近生活的，特别对农村生活的描写更是入木三分。

院子是农村家家户户房前必不可少的场所。骆宾基的作品中多次对农村的庭院进行描写。院子里的草垛、养猪的栅栏，家家窗口下面的鸡窝、窗底下堆着脱掉粒的苞米棒子，门口栽着的杨树等，都真实还原了农村场院的惯常布置。而且作者观察细致入微，屋檐底下挂着一串儿一串儿红辣椒的是朝鲜族住户，烟囱不是在屋顶上，而是像个房尾巴一样立在窗口外头。简单朴实的文字描画出农村千家万户真实的生活场景，这场景自然、生动，成为新时代农村风貌的真实布景。在那个年代，农户的庄稼院子里都有猪圈，养猪也自然成为普遍现象。为什么养猪呢？作者也进行了分析，给出了其中的原因。一个是农民有病有灾，上庙许愿需要猪，再一个是农村逢年逢节需要猪。此外，农村红白丧喜事更需要猪。在这里，骆宾基不仅道出了猪对于农村和农民生活的普遍性，更道出了猪对于农村生活的重要性，也折射出了当时农村的日常生活风俗和当时的生产力水平。

到了秋收的季节，农村家家户户在门外都会晒着各种谷物。有的晒豆子，有的晒苞米，有的摊着一些豆秸，有的农户甚至将屋顶也利用起来晒黄烟。《一九六二年秋天在苇河》中那种丰收的景象，作者不是通过庄稼的产量数字来证明的，而是通过普通的场所和细节来展示：还没脱粒的苞米就堆在走道两旁，走道上是苞米粒，菜窖上是萝卜，到处都被粮食占据着。人们走路的时候脚底下如果不踩苞米粒，就得从萝卜上踏过去，进而从另一个侧面烘托出丰收的景象。

赶集也是农村非常重要的一个活动。骆宾基也对农村集市进行了描写。每当到了三、六、九的集日，不管是通往油庄的南北大道上，还是穿过麦地的东西小路上，到处都是来赶集的农民。他们有的是推独轮小车来的，有的是骑自行车来的，有的是挑担子来的。为了赶集，他们都起来得很早，鸡叫头遍就离家在路上走了。有的赶猪，有的挑鱼。有的鱼贩子在路上打个宿头一直走到天亮。那些布匹贩子车尾上垛的包袱有一人来高，作者由衷赞叹那些骑车人的熟练技巧，同时也从另一个侧面折射出农民赶集的旺盛热情和农村赶集物资的丰富和种类的繁多。

牲口在农村也是非常常见的，因为牲口是农民种地的好帮手。《老魏俊与芳芳》中饲养员老魏俊对那些牲口给予了无微不至的照顾。他耐心地给那些下地出勤回来的牲口搅拌草料。牛边吃草边喘着粗气，有时候还不安地挪着蹄子，用尾巴甩赶着周围的蚊虫。6月的闷热气、牲口粪味道与沾过雨水的湿气混合在一起所散发的就是实实在在的生活的气息。骆宾基的日常叙事中，飘荡着农村火热的生活气息。

农村的景物也在骆宾基的作品中多次出现。《在庙宇里》开篇就描述着空间飘荡的春的气息。杨柳垂下纤细而嫩秀的枝叶，太阳高照，公鸡打鸣，柔风吹拂。同样是描写春天，舒群笔下的春天是风情万种、温柔妩媚、可亲可爱的，是一幅让人浮想联翩的画卷。骆宾基笔下的春天则是实实在在的生活画卷。正是因为春天的到来，所以是春播的繁忙时节，人们都去田地里干活，因此剩下垂下的杨柳和打鸣的公鸡才显得安逸又宁静。从眼前的陌野到四周的茶园、桑林，日常的景与物一切都在作家的笔下尽收眼底。

这种日常生活景物的经常出现，自然给作品增添了不少生活气息。玉米、辣椒、豆子、萝卜、鸡、猪、鸭等这些日常生活不可缺少的事物，顿时让读者产生一种亲切感、熟悉感，特别容易拉近与读者的距离。这种实实在在的农村生活，增加了作品的乡土气息，也展现了农村欣欣向荣的精神风貌。关于日常叙事，骆宾基并没有对此进行陌生化的处理，反而以一种最原生态的方式直接呈现在读者面前，从而表现出了生活的原汁原味。骆宾基的作品巧妙设计矛盾冲突，努力还原农村生活的本真色彩和淳朴气息，在平淡的日常叙事中注入了生活的盎然和生机，叙事的生活化和原生态代替了跌宕曲折的戏剧化。

骆宾基小说中的农村日常叙事拉近了作品反映的生活与实际生活之间的距离，虽然是以艺术的方式呈现，但真实而又生动，这种描写不是高高在上的，而是非常接地气的。

（三）女性形象的时代气与阳刚美

随着世情和时代的变化，骆宾基笔下的人物形象及赋予的思想内容也悄然发生了变化。他小说中的人物形象不仅符合人物背后大的时代氛围，而且还与人物的身份、心理相一致，具有鲜明的时代属性。骆宾基20世纪40年代的小说就注重人物内心世界的描写。《老女仆》《乡亲——康天刚》《北望园的春天》等作品，主人公在命运的挣扎中，充满了悲剧的色彩。《乡亲——康天刚》中的康天刚无法摆脱宿命以悲剧结局。《北望园的春天》中的赵人杰在吃酒的时候的细节充分显示出人物的性格特点和精神状态。作为一个知识分子，赵人杰当时的生活却是十分困窘的。别人请他吃饭，他是很尴尬的，知识分子的自尊表现得非常突出，他一个米粒一个米粒地向嘴里送米饭，吃饭的速度非常慢，每次夹的菜非常少。明明是非常饥饿的，可是他却不好意思大口吃饭吃菜，硬是陪着其他人吃酒，他的命运就似乎注定是为了别人而生活的。可见，骆宾基对落魄的知识分子的心理刻画得十分形象。《一九四四年的事件》中的袁书记，因为生活所迫，抢了别人一千二百块钱，出于善良和一片好心，却退给人家四百块。这样一个卑微的小人物，强烈地震撼着"我"，他那种温和的声音、善良的天性以及坦然的眼光，折磨着"我"的灵魂。

之所以重提骆宾基20世纪40年代作品中的人物形象与风格表现，是因为他笔下的人物形象后来发生了巨大的变化，人物形象的塑造方式和艺术处理与以往不同。以《王妈妈》为例，它和40年代创作的《红玻璃的故事》形成鲜明对比。两篇小说的主人公都是王妈妈，都失去了丈夫，《红玻璃的故事》中的王大妈对生活由充满希望到瞬间绝望，充满逃不出宿命的悲剧感。主人公王大妈是榆树屯子最愉快的老婆子，爱说爱笑。她的丈夫远走他乡到黑河挖金子，不知何年何月会回来，王大妈早些年没早没晚地想念丈夫，特别是到了逢年过节的时候更是让王大妈牵肠挂肚。不知不觉，王大妈过了十五年寡居的日子，时间久了，儿子王立也长大成人了，王大妈也就习惯这孤苦伶仃的日子。虽然王大妈多年寡居，但是她有着一双充满生命力的眼睛和健壮的身体，对生活充满希望。她的女儿和她一样，女婿也去黑河挖金子去了，五年没有消息，带着孩子过着母亲一样寡居的生活。可是当王大妈看到外孙女玩的红玻璃万花筒的一瞬间，所有的过往一下子都浮现在她的脑海。她回想起自己的童年、女儿的童年、现在眼前这个外孙女的童年，都曾玩过那样的万花筒。但是自己、女儿、外孙女的命运呢？自己的丈夫杳无音信，女儿的丈夫也不知道何时回来，外孙女以后的命运也一样吗？她一下子被几代人的命运当头一棒而彻底惊醒，因为在她看来似乎每一个人都逃不出命运的安排，所以王大妈瞬间绝望。当王大妈看透了无法逃脱的命运，支撑她生活的精气神消失了，她变得和以前不同了，感觉到孤独和生活的可怕，很快王大妈的生命就走到了尽头，她临死前表现出对亲情的深深不舍，对儿子的万般惦念，她放心不下自己死后儿子如何生活下去。可是，故事到这里还没有结束。王大妈死后，她的儿子也到远方淘金去了，也不知何年何月会回来。这样，整个故事充满了无边的宿命感与悲剧感。

20世纪50年代骆宾基创作的小说《王妈妈》的主人公王妈妈是互助组农忙时托儿所的主任。以前的王妈妈形象是非常落寞的，自打王妈妈的丈夫去世以后，王妈妈就像秋后给霜打过的一株草似的，整个人都是枯萎的。而且，她害怕见人，见了人就抬不起头来。她的两只眼睛漆黑漆黑的，又阴暗，又无神。这个形象好像让读者看到了鲁迅笔下的祥林嫂，也和《红玻璃的故事》中的看透自己命运的王大妈是那么相似。世道变了，现在的"王妈妈"转眼快六十岁了。她的形象却来了一个一百八十度的大转弯。她虽然年纪大了，头发全白了，满脸的皱纹，牙齿却是非常齐整，笑声好似青年妇女一样爽朗。不仅如此，她还老来俏，耳朵上戴着两只大耳环，两只眼睛从以前的漆黑变成现在的像池水一样清澈明亮。时代的变迁让王大妈如今充满了旺盛的生命光辉。她的生命仿佛是一朵正开的花，也好似夏天茂盛的树。显然，骆宾基笔下的"王妈妈"是从旧社会走向新社会的王妈妈，从绝望又看到了希望，充满了新生的力量，人物形象已经具有了时代的属性和意义。在新的时代下，王妈妈腰杆直了，生活好了。如果和40年代的《红玻璃的故事》相比，这似乎是王大妈在新时代命运的翻转。

　　骆宾基笔下的女性形象充满着一种原始的野性之美，她们既不是大家闺秀，也不是小家碧玉，而是一些普通的劳动者，一扫女性形象的清新柔美之风，反而散发着一种阳刚之气。因此他笔下的女性往往有一种力的象征。这种力量之美在劳动中体现得最为浓厚。骆宾基和舒群都曾对女性形象有过细致的刻画，但是二人的风格却完全不同。如果说舒群笔下的女性有一种清新之美，那么骆宾基笔下的女性则是健壮之美。《北京近郊的月夜》中的柴桂英和何小兰都是巾帼不让须眉的飒爽形象，作为一个女子，柴桂英却有能挑二百来斤的大力气，并且走个一里半里的不用换肩。何小兰像男子汉一样是摆弄牲口的能手，耕地上遇到不好调弄的马，赶车时遇到难走的泥洼道，她都能从容解决。《父女俩》中的邢妈妈身体健壮，丝毫没有一般老妇人年老的迟缓，红红的脸色正是经年累月的劳动的表征。骆宾基笔下的女性形象，一改女性柔弱的性格特点，外貌形象上也有鲜明的反差，一扫女性的婉约之气。那《北京近郊的月夜》中的柴桂英是一个臂壮腿粗，像松树一样壮健的姑娘，她的两只眼睛闪烁着男人般的豪气，充满健康、向上、旺盛的生命力。《山区收购站》中的小屯收购站兼公社供销部女主任曹英个子高高的，两条长腿特别矫健，除了天蓝色头巾，看不出和男人不同的标志，但是她挎着蓝布包，风风火火干事业，却是特别招人喜欢的。《白桦树荫下》中的年轻女护士同样如此，粗眉大眼，黑脸膛，身材却漂亮而雄健。因此，骆宾基当代作品中的女性形象，从男性形象的附属地位中凸显和独立出来，也是对以往女性柔美形象的一种突破。

（四）艺术处理方法的多样化

在小说结构的处理上，骆宾基有时会采用双线并进的方式来结构全文。《年假》中刻画了通讯员小张这一人物形象，小张放弃年假的休息机会，一是为了照顾也没有休假的区委书记，另一个目的是他想去看区供销合作社女售货员孙香琴晚上结婚盛况。小说围绕两条线索展开叙事，一条线索是小张想尽办法留下来，迫不及待地等待着天黑，想看闹洞房的热闹场面。另一条线索是和农村资本主义势力做斗争，进行侦查工作。半夜里截获了来自豹子窝刘老七的拉谷草的大车，发现谷草底下装的是三百块以社员名义从村供销社套购的豆饼，通讯员小张放弃了个人的兴趣而保卫了集体的果实，那种高大的感觉是他从来也没有的感觉。

作者采用烘托对比的方式，打破人物单一的叙述方式，使得人物形象的刻画更细腻和富于变化，凝聚了作者独特的艺术匠心。如《交易》中的魏老三，他对儿子魏丙前后态度的变化的描写非常细腻，人物的言行真实地衬托出人物的心理活动。魏老三开始的时候对儿子表示不满，看到别人向社里支钱，他对儿子说，自己也要支五十万，甚至说要支出钱来置寿器。最后，他理解了儿子的良苦用心，爷儿俩的眼光一接触，不知为什么又都笑了！当魏老三又碰到街面上的熟人的时候，他和人打招呼，并指着魏丙说"这是我大小子"，一句话道出了儿子在父亲心中的形象的变化，魏老三现在因为他的儿子而感到无比骄傲，一种新的珍贵的感情把爷儿俩的两颗心联结在了一起。

作者善于对新时代和旧社会进行对比描写。《北京近郊的月夜》中作者将新中国成立前后的农村生活进行对比。新中国成立以前"家里来客，若是想打二两酒，得走到五里外的南街镇去"。而现如今，一个耕作区有一个供销社，"不要说酒，连松花、牛奶糖都有，还不是变了"①。《马小贵和牛连长——国民党军人监狱故事》中，作者通过对人物外貌和神态的描写来生动再现人物的心灵世界。例如，对马小贵的描写，当他感到自己不能出狱了，他的希望破灭了。他的眼睛变得冰冷、阴森而可怕，这时马小贵的绝望神态就和盼望出狱的满腔希望形成了对比。

在艺术表现上，骆宾基使用多种手法，使作品达到生动、形象的阅读效果。在描写景物的时候，作者能抓住景物的特点，赋予色彩感。如月亮不仅是圆圆的，而且"红红的，喝醉酒似的，远近景色显得迷离，涂着色似的"②。作者也善于使用拟人的手法，将那刚出土的蘑菇茎形容为"又白又胖"，让人顿生亲切之感。比喻的手法更是随处可见。例如，描写从暮霭中闪出顶部的松树"仿佛裹着细纱一般"。骆宾基的文学语言清澈、干净、自然。例如，描写春天到来冰面裂开后的河水，作者形容为赤裸裸的流水，"童年似的流水"，河水流动的声音是那么悦耳。作者能抓住所描写的人或者物的关键点给予传神的描绘。又如，对"笑"的描摹，作者说每个人的笑都不同，有的人是用眼睛笑，而肌肤是不动的，"只是有片光辉，像一朵雨后性质高雅的花儿"；有的人是用嘴唇笑的，只要她嘴角有笑窝，就会让人感到沉醉；有的人嘴唇和眼睛都是镇定的，"只是发出一种声音来，那是他的快活的笑了"③。

在创作手法上，骆宾基也尝试了多种方法。例如，在《当轧钢厂在香坊诞生的时候》中作者就运用了意识流的手法，描述了刘长义在列车上回想了在厂里的点滴。此外，动静结合也是骆宾基创作中常用的手法。在《山区收购站》中，当全屯男女社员分组割庄稼、种地忙碌的时候，屯子里是非常安静的，"静得可以听见村外头的母鸡咕嗒——咕嗒叫着，给什么吓得飞起来的声音"。只简单的语句，通过

　① 骆宾基. 骆宾基短篇小说选［M］. 北京：人民文学出版社，1980：315.
　② 骆宾基. 骆宾基短篇小说选［M］. 北京：人民文学出版社，1980：326.
　③ 骆宾基. 初春集［M］. 南昌：江西人民出版社，1982：133.

家禽的咕咕叫声，就形象地描写出了乡村农忙的时候，屯里的人们都出去干活，村屯静悄悄的样子。与静态的描写相对应，动态的描写也极具感染力。庄稼院中的狗从林间的山道上跑出来，"连蹿带跳，吓得一些猪往两旁直窜，在地里找食儿吃的母鸡，就溜溜地顺着垄沟跑，有的竟飞到道旁的羊草垛上去了"①。同样，骆宾基都是通过农村随处可见的狗、鸡的描写，不仅衬托出乡村浓厚的生活气息，更给作品跳跃的灵动感。

总体来看，文学从本质意义上讲是非常推崇富于独特个性的艺术创造的。不论是完整的文学流派还是松散的文学群体，在强调整体性的基础上充分肯定作家个性的彰显是非常重要的。因袭的、模仿的、没有创造性的文学不是真正意义上的文学。文学流派或群体以整体的方式推进个性的发展。后东北流亡作家虽然不具有群体的整体性，但却在具有某些共性的同时，以个性特征的彰显存在于当代文坛。这几位作家，在他们的创作中都显示出自己独特的艺术个性。在梳理和分析了萧军、端木蕻良、舒群、骆宾基这几位后东北流亡作家的个性特征后，我们对这几位作家的艺术风格有了进一步的认识。在一定意义上说，萧军是悲剧的体验者与抗争者，端木蕻良是艺术的追求者与独立者，舒群是温暖的表现者与呼唤者，骆宾基是赤诚的追随者与表现者。在文学领域的涉猎上，萧军和端木蕻良的文学视域相对宽阔一些，二人在小说、诗歌、散文、戏剧等方面都有试练，而舒群和骆宾基则在小说方面表现尚佳。在整体的阅读感受上，如果说萧军是"寒"的，那么，舒群则是"暖"的；如果说端木蕻良是"深"的，那么，骆宾基则是"热"的。在人物形象的刻画上，如果说萧军和端木蕻良以男性形象为主，那么舒群和骆宾基则是以女性形象为主。即使都以女性形象为主也存在表现的差异，舒群笔下的女性散发清新之风，而骆宾基笔下的女性则彰显健壮之美。即使均进行小说创作也存

---

① 骆宾基. 骆宾基短篇小说选 [M]. 北京：人民文学出版社，1980：375.

在差别，萧军主攻长篇，骆宾基主攻短篇，端木蕻良和舒群则长、短篇兼具。除了上文中重点分析的几位作家，白朗、罗烽、李辉英等其他作家也在当代的创作中具有个性表现，只是囿于进入当代后文学生涯的长短、文学场域的不同等因素而稍显逊色。应该说，这一章笔者重点分析的四位作家，他们既是现代东北流亡作家的代表作家，也是群体衰落后进入后东北流亡作家时期个体创作的佼佼者。萧军、端木蕻良等几位颇具典型性的作家，在审美表现、思想倾向、艺术手法等方面都表现出了当代整体文学一体化格局之下的个性特征。透过这几位作家当代创作的个性表现，由点到面地折射出风云变幻下作家复杂的心路历程和艺术轨迹。

第五章　后东北流亡作家创作的
　　　　　　价值与缺憾

随着萧军、端木蕻良、舒群、骆宾基等人去世，他们的当代文学创作宣告结束。但学术界对他们的研究以及读者对他们的阅读与接受并没有停止，也不应该停止。因为文学研究是一个动态发展的活动，文学作品经过一代代读者的阅读与接受，将会产生新的阐释及多种可能。但是这些作家当代创作的贡献与价值等问题，学术界没有给予充分的研究。他们没有在当代文坛"叱咤风云"，除了意识形态等原因，从文学创作本身来看，存在哪些问题和缺憾？应该如何客观地评价？正视后东北流亡作家创作的价值，同时也直面创作中的问题，这是十分必要的。

一、后东北流亡作家创作的价值

那些富有艺术才华，肩负使命感、责任感的作家及其作品总会给人类、文学和社会的发展做出积极贡献。但是因为受众对文学作品阐释的立场与倾向不同，导致对文学作品价值与意义的理解也会带有一定的主观性和片面性。对于文艺作品，要想面面俱到是很困难的。正如萧军所说："知识分子要求的是思想性；专门家们要求艺术性；一般读众要求直觉的刺激性，形式要通俗性；政治家们要宣传他们的政策……"①萧军

---

① 萧军. 萧军全集（第20卷）[M]. 北京：华夏出版社，2008：476.

的这番话既真实道出了一位作家或者一部作品要想做到十全十美并获得各方一致认可是非常困难的，也形象地说明了对文艺作品价值和意义的理解与认定又是多元的。对于本书所选取的后东北流亡作家中的几位主要作家，他们作品的价值与意义也是可以从多个角度进行认识和理解的。

（一）点燃东北文化延传的星星之火

地域性是20世纪30年代文学流派形成的突出特点。东北流亡作家之所以为历史铭记，很大程度上源于他们吹起的"抗日风"和"东北风"。当这两股风一并刮起，特殊历史背景下的东北地域文化便以强劲之势振奋了文坛。如果没有"东北"，也就失去了他们创作中最独特的一部分。关于"东北"的书写，萧军等作家在新中国成立以前的创作中已经表现得淋漓尽致，这是众所周知的。东北流亡作家的创作让人们看到了东北独特的文化和历史，也看到了东北人在这片土地上的苦难与挣扎。东北意识成就了东北流亡作家最鲜明的文学性和审美性。流浪意识、平民意识、爱国意识等思想在现代很多作家的作品中都能找到不同的表现形式，而只有这种东北意识才是东北流亡作家身上最能凸显他们"这一个"的闪光点。这些作家来自东北，他们在外漂泊多年，自身的文化属性已经基本消失，东北意识受到意识形态的影响也发生了变化。但当代创作中这种东北意识还是有些许的残留，并没有因群体的分化衰落而消失殆尽。东北是他们最熟悉、最重要的创作资源，这种创作资源也以最直接的方式呈现在文本中和作家的思想中，无须特别强化就已经和民族意识恰当融合而表现得十分鲜明。虽然时过境迁，当代这些作家在创作中没有继续直接弘扬东北意识，但东北是他们生命的组成部分，也必然流淌在思想的血液中，化为一种隐性的基因。因此，他们作品中流露出来的最原始的东北味虽然稀少，但显得分外亲切而可贵。后东北流亡作家在东北文化发展与延传的链条上点燃了星星之火。在书写"东北"的历史篇章中，如果说东北流亡作家的创作起到了奠基和先锋的作用，那么，后东北流亡作家的创作则是这种先锋的余风。

历史是记忆的丰碑。后东北流亡作家用文学的方式追忆和再现了历史上的东北及东北文化。首先映入读者眼帘的就是追忆往昔东北抗日的岁月。昔日的"抗日风"在当代的创作中回声嘹亮,东北这片土地上曾经的战斗岁月在后东北流亡作家的创作中时有闪现。例如,舒群的小说《金缕传》的副标题"献给抗联烈士·往事堪回首"就充分表明了作者对往昔生活的回忆。虽然已不再是东北流亡作家早期抗日救国的激越表达,也不是东北地域风情的深情展现,但是这一时期关于东北的记忆是革命岁月的记忆,是一种透过历史尘埃之后的感情沉淀,再次回味,醇香不减。小说中对东北抗联英雄杨靖宇壮烈事迹给予高度赞扬,作者再次回到当年的历史战场,所到之处,触景生情,不由自主想起当年抗联战士的英姿,当年忘我无畏地赴战、苦战、决战的战斗场景历历在目。山村的颓垣断壁、朽木枯藤,这些当初日本侵略军"并屯""三光"的烧杀罪证,是那样触目惊心。小说中穿插了东北民歌,如"锦绣满洲日本来侵占哪,小家底子眼看都得完""长白山白似银,银山下边松树林;一片青松数不尽,杨靖宇是功臣"。还有记忆中那些激昂的抗联歌:"民众的旗,血红的旗,收殓着战士的尸体。"①歌声飘荡在字里行间,悲壮中蕴含着必胜的信念。锦绣河山、长白松林印刻着革命者的沸腾热血,牵引着生者的哀思与敬意。回想当年红旗插遍白山黑水,革命战士前仆后继,无不让人感慨万千。这些经历,是东北流亡作家和后东北流亡作家不因时代变迁而忘却的记忆,也是他们文学创作的宝贵源泉,为东北历史书写了最为硬朗苍健的一笔。

后东北流亡作家在创作中再现了日本帝国主义侵略之下的东北人民的生存场景。他们在融入当代主流文学话语的过程中,虽然创作思想上以歌颂为主,但是作品中有很多回忆过去年代人们生活遭遇的片

---

① 舒群. 舒群小说选 [M]. 北京:人民文学出版社,1985:368、388、396.

段描写。这种描写很好地充当了小说发展的一种背景。骆宾基的短篇小说《张保洛的回忆》借人物之口表现过去的生活的苦。小说通过"我"的回忆，控诉旧社会父辈的悲惨遭遇，作为电报局的老技工，任劳任怨，死得却很凄惨。父亲尸体烧焦了，是死在电线杆子上的。父亲死后，家人连抚恤金也领不到，而"我"干印刷二十几年，几天几夜也讲不完那些年受的罪。《暴雨之后》中的张广义老汉回忆早年的痛苦经历，在日本人办的伐木公司过着连狗也不如的生活。端木蕻良1950年创作的短篇小说《白老虎连——战斗英雄田广文》也有对过去的追忆。白朗的小说《为了幸福的明天》中描述了邵玉梅在旧社会被压迫的痛苦经历，她在日本人的苹果园做包苹果的女工，她用自己的力量与日本侵略者做斗争。端木蕻良1957年创作的散文《路及其他》，作品中一方面表现了自己熟悉的这条路的"今世"，通过人们嘴角甜美的微笑烘托对新社会和新生活的赞美、感恩和信任，一方面回顾了这条路的"前生"，又回到了"九一八"这样一个时间段，中国人用手修的路，却刻着"千代田通"和"浪速通"奇怪的指路牌，中国人修的路却被日本人霸占着。这些痛苦的经历就似伤疤一样刻印在历史上。虽然只是作为作品的背景，但是无论何时阅读总会痛苦与激励交织，激起读者强烈的民族意识。

　　此外，后东北流亡作家在创作中还原了一些地域文化和民风习俗，具有重要的文化意义和民俗学价值。尽管现实题材和历史题材成为他们着力表现的，但是在具体的操作中他们总是使用东北的地域文化来加强这种互动。舒群的小说《醒》有对东北景物的描写。如对沈阳火车站的描写，在晨光照耀下的火车站和那附近高大绿色圆顶的旧式建筑，依然保持着壮观的欧式遗风。《金缕传》中对东北风雪景物的描写，零零散散的雪片，好像白莲花瓣，翩翩起舞，在凛冽的寒冬分外增添了一丝妩媚。还有对东北过年习俗的描写，从腊月二十三到过大年，泡蘑菇、捣豆沙、磨黏米、剁肉拌馅儿、包冻饺子、买新衣裳、贴年画、糊灯笼、扭秧歌、踩高跷等，这些习俗的描写是对东北过年风俗最原汁原味的形象还原。作者在这种描写中，怀乡情绪跃然纸上，寄托了对东北故乡的深切思念。东北民歌、抗联歌与扭秧歌、踩高跷、贴窗花、过大年的欣欣向荣形成鲜明的对比和呼应。东北地域文化始终都是挥之不去的文化基因。在萧军的笔下，中国北方的春天，树木和花草"全眼不见地迅速装点着自己"，北方的秋天则是"稀有的深邃、洁净和辽阔"，北方四季分明的魅力和生机勃勃的气势是那样招人喜欢。在《第三代》中，萧军对长春城的地理位置和历史的描写极具东北气息。小说中林荣开的酒馆里的菜品，如牛肉饼、炸鱼、黑面包、香肠、酸黄瓜等都充满了俄国的风味。而这也真实反映出了当时地处中俄边境的东北的商贸和生活情况。

此外，萧军、舒群等作家的创作中隐约可见东北语言通俗、豪爽、干脆的痕迹。例如，舒群的《金缕传》中，大姐夫与小姨子的一段对话：

"喂呀，你这个小娘儿们——小母虎，跟我伸爪子了……"

"我也不是虎。我也不属虎……"

"我早知道，你是属孙悟空他娘的——一肚子猴儿……"

"我是属穆桂英她娘的——一肚子将、一肚子帅、一肚子神枪手。"[1]

这段对话将东北人的豪爽、直率淋漓尽致地表现出来，也再次将东北语言的泼辣、幽默进行了当代的还原。

无论是回忆东北历史，还是怀念东北风物，只要是与东北有关的，他们作品中的"精气神"立刻就表现出来。比如，骆宾基在对大兴安岭树林的描写中，那郁郁葱葱的林木，那大兴安岭7月的秀色

---

① 舒群. 舒群小说选 [M]. 北京：人民文学出版社，1985：387.

是胜过江南的春天的。而且后东北流亡作家作品中的人物，也多来自东北。舒群《合欢篇》中逃难的小丫头，来自黑龙江省边远的农村。刷油漆的老师傅张廷福，也是东北人，参加过辽沈战役和抗美援朝战争。也就是说，后东北流亡作家在追随和表现新时代的时候，总是将曾经对他们来说最熟悉最深刻的时代与文化融入自己的创作中去。东北的一切不是作家刻意去表现，而成为一种本能的文化印记。

值得注意的是，萧军等人对"东北"的书写，不仅聚焦历史上的东北，而且还与时俱进地将目光转向了转型期的东北、东北人民和东北文化。随着时代的变迁，东北担当起新中国工业领域的排头兵角色。萧军和舒群等人的当代创作的取材对象也随之发生了变化，他们通过工业题材的创作来反映新中国成立之后的东北。萧军的《五月的矿山》、舒群的《这一代人》都是如此。这些小说的背景都建立在东北的工业建设和改革上。他们笔下的东北也与时俱进，从历史走向了现实，带领读者走进二十世纪五六十年代工业建设的火热海洋里，体验、思索东北这一不变的地域在不同时代的变化。新中国成立以后这些作家主要的生活区域也是以中国的北方为主，社会生活空间和创作空间都在北方而不是南方。他们所着力展示的也是北方的生活和具有北方性格的人们。那种强烈的东北风已经演化成淡淡的东北味，虽然很稀薄，但值得回味。

地域色彩是文学作品的一个重要问题。文学作品越有地域性，也就越有民族性。东北流亡作家为东北文化和东北文学的现代化做出了积极的贡献。在中国地域和文化的版图上，东北虽然是不可缺少的一部分，但是却长时期没有得到足够的重视，东北文化一直处于文化的边缘而非核心位置。东北流亡作家将强劲而沉郁的东北风从关外吹向关内，并将东北的寒荒、豪放、野性等文化特征展示给世人。新中国成立以后，东北文化在他们的创作中虽然没有给予深入的挖掘，但也是一种特殊的徽记，作为一种文化基因在创作中发挥着作用。

（二）提供现代作家晚期创作的一种范型

后东北流亡作家，从个体作家的文学生涯上看，大部分属于后期或晚期创作。从创作主体的年龄上看，大部分趋向中、晚年。一般来说，作家的后期创作都难以超越前期创作，晚年创作也难以超越盛年创作，特别是从现代跨越到当代的作家，当代创作明显低于现代的艺术水准，这是现代作家创作中存在的一个普遍问题。新时期以后萧军等人在文坛复出，也逐渐进入人生的晚年阶段。人，从出生到死亡，既经历少年的稚嫩、盛年的繁华，也必然经历晚年的衰老。作家也如此，每个作家都要经历晚年，而且每个作家的晚年思想状态和创作情况也不尽相同。后期创作或晚年创作，一般来说有几种表现：有的作家因忙于政务而荒废了创作；有的作家非常想继续创作，想再次达到巅峰却因各种原因写不出来佳作；有的作家是因为政治意识形态的原因无法继续从事文学创作，文学生涯基本结束；有的作家曾受政治运动影响，创作之路非常坎坷，想用创作为自己正名；还有的作家在晚年迎来了一个创作的高峰。这几种类型可以说是中国现代作家跨越到当代以后创作情形的几种主要表现。每个作家就其一生的创作来说，总会经历时代变迁，经历客观环境和主观心态的变化，总会经过创作的高峰期，也会遇到创作的瓶颈期、低潮期。那么，在人生的转折时期，在历史的变化时期，怎么面对人生的各种复杂的境遇？如何在创作的后期和晚年保持良好的创作心态？如何延续艺术生命力？诸多问题都是作家必须要面对和解决的。上述这些作家的创作之路既提供了创作的经验，也有深刻的教训。对于中国现代作家的晚年研究，王富仁先生曾专门撰文指出对其研究的必要性。[①] 创作的后期和人生的暮年是作家不可逾越的。对于作家来说，既不能脱离创作的晚期，也不能完全超越晚期，只能深化晚期。萧军、端木蕻良等这几位作家，他们的后期创作虽然没有超越早期，但也没有荒废不前；虽然没

---

① 王富仁. 重视对中国现当代作家晚年的研究——闫庆生《晚年孙犁研究》序 [J]. 中国现代文学研究丛刊，2005（1）.

有质的突破，但也勇于多样尝试。后东北流亡作家的创作，特别是晚年思想和创作能够折射出现代作家晚期创作的普遍问题。从积极的意义上看，后东北流亡作家后期创作的价值和意义突出表现在以下两个方面。

第一，发愤著书的精神。在后东北流亡作家身上，体现了可贵的发愤著书精神。萧军创作《吴越春秋史话》时以每天写三千五百字来逼迫自己，没有欢愉，没有朋友，没有理解，咬紧牙关，忘掉一切，这与司马迁的发愤著书精神一脉相承。在艰难的岁月，写作是生命价值体系的重要组成部分，是作家重要的精神伴侣。字里行间、点点滴滴都是作家心血的结晶。在"文革"的黑暗岁月，萧军将悲愤的感情寄于诗歌中，给自己以前行的动力。端木蕻良本身就非常喜欢和推崇屈原、曹雪芹等人，他们的命运遭际和人格魅力深深地影响了他。作家的成功在某种意义上来源于作家精神的成功。因为"好的文章，不仅在于文字，更在情操，情操决高下"①。端木蕻良晚年在创作《曹雪芹》的时候，身体条件是一个巨大的考验。他在身体状况非常不好的情况下坚持写作。舒群在"文革"期间被遣送到农村，虽然身处逆境，生活困窘，精神压抑，但是也没有停止写作。"文革"中舒群被批斗，被打伤，胳膊被打得几个月不能动，但是这些都没有让舒群放下手中的笔。他编写了《本溪县志》和《本溪合金厂厂史》，写出了长达三十万字的《中国话本书目》初稿，还创作了十万字的《中国杂技史料》。骆宾基的《北京近郊的月夜》中的五个短篇小说，是在作家遭到审查的情况下所作。思想高尚、意志坚定、阅历沧桑、感情丰富是他们身上人格魅力和知识分子精神的共同体现。

1983年2月，《启明》第2期刊登刘绍棠的随笔《灯下随感录》，文中提到了几位后东北流亡作家，刘绍棠认为虽然这些作家都老了，创作精力无法和年轻人相比，不能在文坛上打比赛，但是他们都用数

---

① 端木蕻良. 端木蕻良文集（第6卷）[M]. 北京：北京出版社，2009：549.

量少而质量高的作品在打表演赛。艺术表现的一招一式都使晚辈一饱眼福，值得用心观摩，一招一式学到功力。刘绍棠对几位老作家的评价比较中肯。进入新时期以后，虽然宽松的文化环境和开放的文艺思想使得他们再次迎来创作上的春天，但是这几位老作家已经到了人生的晚年，身体的状况已经不再像年轻时候那样精力充沛，作品数量虽减少但是确是倾心之作。刘绍棠认为他们在进行"表演赛"，这一比喻是非常形象的、恰当的。"表演赛"是不计名次的，不计得失的。萧军认为文学对于自己来说是一种工具，用这种工具实现自己的愿望就很满足。"所谓'得鱼忘筌'是也。其他的得失荣辱问题，我是不大考虑这类附属问题的。"①这几位老作家的晚年创作，可以说是淡泊名利。在第四次文代会上，萧军动情地说："什么是我的精神？就是——以必死的精神活下去，什么能够挡得住你?!"②那种直面困境、反抗困境的生命哲学不仅对普通读者有着激励与影响，而且对当代青年作家的创作也具有启示作用。浮躁与喧哗的时代，市场竞争如此激烈，在复杂的环境面前，作家如何去创作？萧军、端木蕻良等人的创作心态就是很好的启示。端木蕻良说到写文章，从形成于心到形成于文，自己总是反复修改，先是在脑海中捕捉到激情和灵感，化为映象在脑子里并在头脑中修改，然后落在笔上化为文字。不仅如此，在纸张上也要改，即使改到自己觉得可以了，过段时间还要再拿出来以旁观者的眼光去审视作品，不断修改，才觉放心。这也让后人愈加感受到创作是一个长期积累的酝酿和构思的过程。一篇作品在和读者见面之前是要经过作家的深思熟虑的。端木蕻良将作品在作家的头脑中比喻成蝉蛹的地下生长，"一旦出土，和大气接触了，它的外壳变硬了，这时脱出外壳，才能起飞、鸣叫呢"③……破茧成蝶，这何尝不是作品出炉的生动说明。

① 萧军. 萧军全集（第15卷）[M]. 北京：华夏出版社，2008：426.
② 萧军. 萧军全集（第12卷）[M]. 北京：华夏出版社，2008：511.
③ 端木蕻良. 端木蕻良文集（第6卷）[M]. 北京：北京出版社，2009：651.

第二，兼容并包的文化视野。王富仁先生曾指出，中国现当代知识分子没有一个人一生只有一种思想倾向和艺术倾向。[1]在中国现当代作家中，都或多或少受到多种文化的熏陶和影响。其中，中国传统文化在他们的创作中发挥着强大的作用。同时，从五四新文化运动以来，外来文学与文化不断地译介与传播，中国的作家也受到外国文学思潮或作家作品的影响。中国文学现代化的历史，离不开外来文艺思潮的影响。五四文学革命的倡导者们主要就是从西方文艺思潮中获取理论的养分。《新青年》这一宣传新思想的阵地就将屠格涅夫、契诃夫、易卜生等外国作家及作品翻译介绍到中国来，其目的是为了更好地建设中国的新文学。1930年成立的左联所取得的历史功绩之一就是马克思主义文艺理论和苏联文学作品的输入和传播。新中国成立初期，苏联文学在中国文学界一度起到榜样的作用，苏联文学的译介是当时文艺界的重要工作。高尔基、法捷耶夫、托尔斯泰、肖洛霍夫等作家及作品都是比较受欢迎和认可的。新时期以后思想逐渐解冻，现代主义等外国文艺思潮更是滚滚袭来，从批评方法到作家创作极大地影响了当代文学的发展。可以说，从"五四"以来域外文学的译介、20世纪30年代左联加强与世界无产阶级文学运动的联系，到50年代官方的引导，再到80年代西方现代派思潮的涌入，外来文艺思潮始终伴随着中国文学现代化前进的历程。无论中国作家对此持有何种态度、引起过多少争论，借鉴和传播的目的都是为了加强我们自己的文学创作，借鉴吸收、为我所用才是根本。

　　萧军等作家对域外文学持有怎样的态度？他们对域外文学的借鉴与吸收，与主流意识形态的导向、中国社会革命与文学现代化进程的现实需要以及这些作家的主观兴趣都有一定的联系。东北流亡作家的文艺思想，以中国传统文化思想为主，以西方文艺思想为辅，中西合璧，兼收并蓄。他们并没有在中国传统文艺思想的园地里故步自封，

---

　　① 王富仁. 重视对中国现当代作家晚年的研究——闫庆生《晚年孙犁研究》序 [J]. 中国现代文学研究丛刊，2005（1）：287.

而是以开放的胸襟面对西方文学与文化。后东北流亡作家在对中国传统文化与美学精神的继承和对西方文艺思想的借鉴中，形成了自己的深刻理解，并将这种理解融汇到具体的文本的创作中去，形成了一种独特的蕴含哲学智慧的文艺思想和美学追求。萧军、端木蕻良等早在20世纪30年代的文学起步阶段就受到过域外文学的影响。逄增玉、宋喜坤、尹健民等学者对此都曾撰文分析过。政治、地域、历史等多方面的因素使得他们受到俄苏文学的影响较多。萧军在日记中多次谈到外国作品对自己的启示与影响。托尔斯泰、高尔基、契诃夫等作家的思想意识或创作观念与萧军等人的艺术观念存在着一定的契合之处。这种契合反映到创作中，就是创作思想的表达和表现技巧的运用。萧军阅读《复仇的火焰》，被小说中描写游击战争的情节吸引。他在日记中曾提到阅读莱蒙托夫的诗，深深地被诗中那种爱人生、爱自由的生命力量所感染。

这种兼容并蓄的开放观念在今天看来是有积极意义的。同理，在这个意义上说，如果说传统文化是萧军、端木蕻良等人创作的根基，那么外来文化则是这些作家创作上的枝叶。传统文化的继承和外来文化的吸收是并行不悖的。例如，从萧军的日记中可以找到这方面的证明。他能够一面阅读《中国哲学史》《十三经注疏》《资治通鉴》《清代通史》等古代典籍，一面阅读《托尔斯泰传》《世界名剧作家及作品》《罗亭》等西方作品。他可以偏私地喜爱着托尔斯泰及他的作品，同时，欣喜地认为《孟子》是儒学中最活泼有趣的书。端木蕻良一边对《红楼梦》等古典名著一往情深，一边为巴尔扎克描写的宏阔所折服。所谓"读书破万卷，下笔如有神"，就文学创作而言，打通古今、学贯中西的文学修养和艺术视野是为艺术创造活动增光添彩的。不同民族、不同时代、不同地域的文学之间虽然是有差异的，但是就文学所反映的思想性和审美性而言又是可以相融的。正如莱蒙托夫诗歌《逃亡者》《姆采里》中的爱人生、爱自由与萧军有精神上的相通之处。进入当代以后，萧军在日记中曾谈到对《论俄国作家》

《列宁与高尔基》的阅读与喜爱。例如，1951 年 8 月 29 日萧军在日记中谈到读《红与黑》，感受到了民族问题的严重性。萧军阅读《论俄国作家》，读关于果戈理、柴霍夫、萨尔蒂科夫等作家作品，对他们的不幸与悲剧感同身受。端木蕻良在《法国的达达（大大）主义文学》《奥斯特洛夫斯基的〈大雷雨〉》《安娜·卡列尼娜》《易卜生的一种透视》《恩格斯谈屑》《文学的宽度、深度和强度》《论忏悔贵族》《治学经验谈》等多篇文章中都曾谈及外国文学作家及作品。骆宾基的《纪念高尔基，学习高尔基》《略谈契诃夫》等文章，特别是在《略谈契诃夫》中高度赞赏契诃夫短篇小说的艺术功力，而他自己在短篇小说方面的造诣也是非常突出的，足见契诃夫对骆宾基创作的影响。此外，李辉英最喜欢的外国作家是屠格涅夫。《罗亭》是他最喜欢读的小说之一。屠格涅夫对李辉英的文学创作起到了重要的影响。人性的善恶、民族的命运、自由等等，这些问题在不同国家的作家笔下虽然表现的形式不同，但却有本质的相同性，具有全人类的普遍性。

相对于外国文学的影响，中国传统文化对他们创作的影响更大。萧军从小就对历史有着特殊的兴趣，他的历史小说《吴越春秋史话》和剧作《吴越春秋》《武王伐纣》都是历史题材的作品。萧军对武术、医术、剑术都有极大的兴趣。端木蕻良也对历史有研究的兴趣。他在清华学习期间，就选择了学习历史。国家的历史、民族的历史、家族和个人的历史都在端木蕻良的研究视野中。在《创作中的爱国主义》一文中，他高度评价我们民族的历史传说，诸如愚公移山、精卫填海、梁山伯和祝英台等，他认为这都是我们民族文学最美丽的花朵。一直到晚年，端木蕻良都对传统文化推崇备至。

在审美境界上，萧军推崇"野"，端木蕻良推崇"素"。这些都深藏着中国传统美学智慧的精华。他们都反对矫揉造作，反对思想僵化，推崇朴素的创作观念，提倡艺术的不断创新。萧军认为，文艺工作者如果思想僵化，感情也会随之凝固。生活局限于某一个范围，思想也随之贫乏，富有新鲜生命的作品也难以创造出来。舒群反对思想的浅薄。他认为文学体裁虽然都是通过语言打动读者，如果只以通俗和直白为目的就理解错了。端木蕻良主张艺术的创新，认为艺术本身就是创造，艺术不应该以达到直观的效果而满足，艺术应该是最富于个性的。丰富的传统文化素养使得后东北流亡作家成为思想型的作家。端木蕻良晚年转向长篇小说《曹雪芹》的创作，骆宾基曾一度沉入历史研究，创作《金文新考》。虽然进入当代以后文坛曾因政治原因受到严重的影响，但面对多事之秋，端木蕻良、骆宾基等人都能表现出"以柔克刚"的一面，他们对传统文化的沉醉就是典型的表现。

正是在中西两种文化的碰撞与融汇中，他们的文艺思想才没有僵化。在表现手法上，既可以让读者感受到中国传统文学思想的熏陶，又能让读者看到现代创作手法的有效植入，并能体现出作家的深刻理解。在追随时代脚步的曲折、艰难的过程中，萧军的文艺观念并不滞后，创作手法也并不拘泥。端木蕻良的文章《"短"和"深"》就非常精辟地提出了短篇小说不仅要隽永，而且要有深度的问题。他认为短篇小说虽然短小，但要达到意味深长的效果才好，也就是"短篇必得有深度，才能引人入胜"[1]。这篇文章被后来许多研究者所推崇，得到多方赞赏，从中可以看出端木蕻良对中国语言文化体悟是相当深刻的，这与中国传统文化推崇的言有尽而意无穷有异曲同工之妙。重视文字的表现力和思想的穿透力，这对小说创作，特别是对短篇小说创作是有积极的启发性的。

（三）折射现代文学流派的当代命运

中国古代文学形成了风格各异的文学流派，中国现代文学也因创作方法和审美趣味的不同自觉或不自觉地形成了很多文学流派。我们今天在分析某一个作家的艺术风格的时候，经常会和前代作家的创作

---

① 端木蕻良. 端木蕻良文集（第5卷）[M]. 北京：北京出版社，2009：529.

相比较，也会和前代的文学传统相联系。就宏观上来说，中国现当代作家的创作基本都从属于现实主义、浪漫主义或现代主义这三大文学思潮与创作方法中。从微观上来说，因为具体的创作方法或审美取向的差别而形成了具体派别。那么中国现代文学流派，如京派、海派、社会剖析派、七月派等都经历了怎样的演变？是否和东北流亡作家具有相似的文学命运？虽然，东北流亡作家不是一个发展十分成熟的流派，但他们的当代命运和创作走向，可以为研究现代文学流派的命运演变打开一个窗口，提供一个参照，可以进一步抓住作家创作背后的本质，有助于发现和总结文学发展的规律性东西。

包括东北流亡作家在内的大部分现代文学群体、流派都在当代失去了存在的合法性。他们的题材领域、思想特质和审美倾向已经不能满足当代现实的需要了。比如，海派的施蛰存、穆时英、刘呐鸥等作家主要的创作特色是将半殖民地都市的畸形和病态作为主要描写对象，海派的小说在艺术表现上运用感官、潜意识、心理分析等现代手法，是一个很典型的现代派。到了张爱玲那里，她的创作受到海派的影响并将海派文学的创作推向了一个新高度。二十世纪三四十年代的文化背景给了海派足够的生存空间和表现空间。可是，在50年代以后，由于种种原因，海派在当代文学语境里是非主流的。

东北流亡作家的命运分化也和其他一些流派的演变存在一些相似之处。进入当代后，现代文学史上形成的文学流派大都遭遇到了发展的挑战，进而走向了衰微，这是一个不争的事实。那么，群体、流派终结以后，他们中的个体作家都在做什么？与后东北流亡作家相似的是，很多文学流派都发生了分化。在去留之间做出选择。比如，东北流亡作家中的李辉英前往香港，孙陵前往台湾。海派的张爱玲则选择出国，离开了文学流派孕育的地域与文化。现代文学流派中的代表作家，当代之后有一部分作家仍然继续从事文学活动，而有的作家则因各种原因不再从事文学活动或者文学创作之路受阻。萧军的文学之路就比东北流亡作家中的其他作家困难得多。京派的代表沈从文被迫中断文学创作。九叶诗派的穆旦也因"历史反革命"一度失去写作的权利。海派的施蛰存在新中国成立以后不再从事文学创作，他主要致力于学术研究，并出版《唐诗百话》《水经注碑录》《词学论稿》等多部学术著作。东北流亡作家中的骆宾基也曾在"文革"期间转向金文研究。社会剖析派的代表作家茅盾在新中国成立后主要担任文艺工作的领导职务而基本没有新的作品问世。因此，多种原因造成了这些作家创作上的中断或受阻。

七月派的当代命运和后东北流亡作家相似，但比后东北流亡作家的当代之路更为艰辛。后东北流亡作家的主力萧军和七月派的领袖胡风都受到了批判，准确地说在新中国成立以前就开始受到了批判。创作主力的命运直接影响其所在的文学群体的命运，这种压力是非常明显的。20世纪50年代以后，七月派诗人的作品数量明显减少。即使作品发表了，也随之受到批判。新中国成立初期，胡风创作的长诗《时间开始了》出版不久就受到了批评，与萧军的《五月的矿山》出版后被批为"毒草"本质上是相似的。路翎的《洼地上的"战役"》发表后也受到了批判。七月派中的绿原、牛汉、鲁藜等诗人在当代也有创作，但是创作风格也发生了变化。九叶诗派的创作数量在当代也明显减少。而且，东北流亡作家、京派、海派、七月派等文学流派都是流派中的核心人物遭到批判或重创后流派的命运随之衰微。东北流亡作家中的萧军、京派的沈从文、海派的张爱玲、七月派的胡风等都是面临这样的命运。进入当代后，沈从文被迫从事文物研究，张爱玲则完全离开了大陆的文学语境，胡风被捕入狱，命运极为坎坷。文学流派的代表作家在文艺批判运动中都受到了批判，"文革"中也受到了迫害，其他作家都不同程度地受到了牵连。不只是舒群、罗烽等东北流亡作家如此，九叶诗派中的穆旦因在抗战期间参加中国远征军而被定为"历史反革命"，受到批判。

时代造人，命运弄人。当文学迎来了新时期，一切又都发生变化了。京派的沈从文，海派的张爱玲等人重回文学史，甚至可以说是华丽的回归。学术研究的热潮是超乎想象的。那么是否可以这样理解，文学流派的"流"从有到无，又从无到有，呈现出流动的特性。而且，像京派的沈从文、海派的张爱玲在当代又都有了文学上的继承者。沈从文与汪曾祺、张爱玲与王安忆，不管出于自觉还是不自觉，都表现出了"派"的延续性。而对于东北流亡作家中的萧红与当代的东北作家迟子建也在东北地域文化上进行着跨越时空的对话。迟子建在作品中让我们看到了东北文化的当代传承。

因为文学流派、群体是流动的、发展的、变化的，对它的研究无形中就增加了难度。但不能因为复杂和困难而停下了学术研究的脚步。我们不能只关注文学流派、群体的形成而忽视了它们的衰落，不能只关注"有"而不关注"无"。文学流派的形成，一定程度上折射出了当时的文学思潮和社会问题。同理，文学流派的衰落也能说明其背后的若干问题。正是因为种种演变是异常复杂的，所以我们不能对现代文学流派的当代命运做一刀切式的论断。文学流派衰落不等于立即消亡，衰落也不能否认其影响和基因还在，也不等于个体作家创作的消亡。我们既要正视他们创作的转向与妥协，也要看到他们的挣扎与寻找，还要看到新时期以后的恢复与沉淀。无论艺术成就上是否实现超越，对于他们来说，继承与转向都不是一件容易的事情。在继承与转向的背后，更能看出作家与时代的深层关系。

此外，与之相连的是后东北流亡作家的文学史地位问题。作家的创作既想获得读者的喜欢，又想得到批评家的肯定，当然还想得到文学史的书写与铭记。对于文学史的撰写来说，可以有多种角度的书写。虽然撰写者的立场、观点有差别，但总是力图全面、客观地反映文学史实。可是在迄今已经问世的多部中国当代文学史中，就会发现这样一个问题，文学史的书写总会受到意识形态、时代风气和审美风尚的影响。端木蕻良曾借笔下的人物说出文学史书写中的某些本质问题："作文学史的，落得个'随桴唱影'。比如，有人问你，京师谁家剪刀好？你不也是说王麻子的好吗？可是你买过吗？还不是人云亦云。有道是，'矮子唱戏何曾见，都是随人说短长'。"①比如，萧军因为在延安时期思想认识的问题，而在很长时间内背上了政治的包袱。虽然萧军、萧红等作家都是在鲁迅周围的作家，但是文学命运却不同。考虑到萧军的思想问题，文学史只是对鲁迅支持过的《八月的乡村》表示肯定。不只是萧军，端木蕻良也是如此。

进入当代以后受到意识形态、时代风气和审美风尚的影响，文学史家撰写文学史的过程，同时也是和作家一样在完成思想改造的任务。以何种文学史观和阶级立场来写作也是一个文学史家面临的问题。后东北流亡作家在文学史上地位不高，这既有他们个人的原因，也有时代的原因，而发现被埋没的作家和作品，正是文学研究和文学史新编的一个重要任务。21世纪以来，学界对端木蕻良关注和研究就是一个例证。只要认真阅读过端木蕻良作品的研究者，都不约而同地认为，端木蕻良应该重新评价，文学史地位和他的文学成就是不相称的。其他作家如萧军、舒群、骆宾基等也存在类似的问题。再进一步说，不仅是后东北流亡作家，对于那些从现代跨越到当代的许多老作家的文学创作，当代文学史也普遍关注得不够，没有给予公正的评价，这是值得反思的。

二、 后东北流亡作家创作的缺憾

我们肯定了后东北流亡作家中主要作家创作的历史继承与当代价值，同时也不可回避他们创作的一些不足之处。笔者把萧军、端木蕻良等作家的当代创作置于同时代的同类题材的作品中去，也将他们的创作情况置于日新月异的当今文坛中去，从创作心态、思想深度、艺术表现、读者接受、市场竞争力等方面去总结与阐释。在这种多维比较中透视后东北流亡作家创作的缺憾，以期得到客观公正的历史评价

---

① 端木蕻良. 曹雪芹（上卷）[M]. 北京：北京出版社，1980：195.

与创作启示。

（一）与同时代作家作品相比缺少竞争力

作为一个在现代时期有过成功创作经验的文学群体，东北流亡作家的衰落不免让我们深感惋惜。后东北流亡作家没能自如地在他们的创作强项上再创辉煌，也没能在当代文坛的新气象面前独树一帜。他们在农村题材、工业题材等方面的创作总有些不尽如人意之处。在这里，我们把他们的作品与同时代同题材的某些作品进行比较，这种比较，不是全方位思想、艺术的细致的比较，而是意在通过创作中的某些"点"的比较来发现后东北流亡作家创作中的一些问题。

1. 艺术的积累沉淀和创作的专攻方面稍显逊色

后东北流亡作家与十七年时期工业题材的小说创作是联系密切的。萧军、端木蕻良、舒群、白朗等人都进行过工业题材的尝试。萧军的《五月的矿山》、端木蕻良的《钢铁的凯歌》、舒群的《这一代人》、白朗的《为了幸福的明天》都是此类题材的作品。当代文学史并没有提及他们的努力和肯定他们的创作。我们重新审视一下十七年时期工业题材的作品，就会得到一些启示。那时工业题材并不占据主流，因此受到题材本身的局限，萧军等人的创作自然受到一些影响。再者，就同题材的其他相关作品比较来说也存在着一定的弱势。草明的《原动力》和《乘风破浪》是反映20世纪50年代工人阶级斗争风貌和展现工业战线钢铁工人时代精神的作品。周立波的《铁水奔流》、康濯的长篇章回体小说《黑石坡煤窑演义》、艾芜的长篇小说《百炼成钢》、杜鹏程的中篇小说《在和平的日子里》等都是描写工业建设和工人生活的作品。虽然《五月的矿山》是萧军在新中国成立以后的第一部长篇小说，也是工业题材领域的较早的长篇小说，舒群的《这一代人》也是作者当代留存下来的唯一的此类题材的长篇小说，可是无论在当时还是现在都没有给人留下深刻的烙印。透过作家之间的比较就会找到一些答案。比如，草明这位作家虽然不是生于东北，但是与东北流亡作家中的很多作家一样，同在30年代参加左联，也曾先后在重庆、延安、东北等地辗转工作，最为关键的是，草明是一生都在写工人的作家，《原动力》《火车头》《乘风破浪》等都是工业题材的作品。萧军在《五月的矿山》之前虽然有《四条腿的人》，创作生涯中再无工业题材的其他作品。舒群的《这一代人》、端木蕻良《钢铁的凯歌》等工业题材的创作只能说是一种试练，是创作生涯中的一个插曲，而不是主题歌。因此和草明这样一生专业从事工业题材创作的作家相比，萧军、舒群、端木蕻良等人在创作之时自然容易缺少对该题材更深入的挖掘和更深厚的创作积累。自然，萧军等人的试练与草明那样专写工业题材的作家相比缺少竞争力。同时，他们与当时同为转型的作家相比，也不能平分秋色。萧军的《五月的矿山》出版后被批判为"毒草"，同为工业题材的艾芜的《百炼成钢》在发表之后却获得一致的好评。如巴人认为《百炼成钢》"是近年来长篇小说中难得的一部"[①]。冯牧在《艾芜创作路程上的新跃进》一文中认为这是一部成功的作品，肯定艾芜创作中从乡村到工人的转型，通篇充满赞美之词。可见，从作品发表之后的评论中就可将竞争力强弱的问题窥见一斑。

再来看十七年时期农村题材的作品。表现土地改革后农民观念变化的作品主要有马烽的《一架弹花机》、赵树理的《登记》等。表现农业合作化运动的短篇小说有李准的《不能走那条路》、秦兆阳的《农村散记》等，长篇小说有赵树理的《三里湾》、柳青的《创业史》等。柳青和赵树理的作品在农村题材的创作中比较具有影响力。骆宾基曾写了多篇反映农业合作化运动的小说，但都是短篇小说，端木蕻良也是如此。虽然今天看来，端木蕻良的短篇小说《钟》具有很高的艺术水平，但是因为当时作品发表以后就受到了批评，端木蕻良此后没有再大胆放开地按照自己的艺术个性去创作。与赵树理、周立波、柳青的农村小说相比，后东北流亡作家的相关创作明显缺乏竞争力。

---

① 巴人. 漫谈《百炼成钢》[N]. 文艺报，1958（7）.

这种竞争力的不足突出表现在农村题材的文学积累和艺术沉淀的不足上。比如，柳青在创作《创业史》时对农村生活是有着很深的生活积累的。早在二十世纪三四十年代，柳青就经常深入农村体验生活，他对艰苦的农村生活有着深切的体会，创作也是围绕农村生活。延安整风运动后柳青深入生活来到米脂县担任乡政府文书。1952年柳青到陕西省长安县（今西安市长安区）任职，在长安县皇甫村生活达十四年。在长安县委任副书记时，柳青主抓的工作就是农业互助合作的工作，他亲历了农业合作化的各个阶段，这是非常重要的创作财富。就其一生来讲，可以说柳青一直生活在农民中间，农村题材也自然成为他最擅长的创作领域。他的小说创作大部分以农村生活为选材的对象，描写了几十年来重大的历史转折时期农村和农民的生活以及精神风貌，由此不难想象《创业史》的成就以及在十七年文学中的重要地位。再来看赵树理，赵树理更是一个一直扎根农村、表现农村的作家。如果说柳青的农村小说是真实而宏大的，那么赵树理的小说则是真实而通俗的。赵树理出生在农民家庭，从小对农村生活就非常地了解。在40年代的解放区的文学创作中，他就形成了自己鲜明的艺术风格，得到了郭沫若、周扬等文坛大家的赞誉。他的创作也是主要以农村为背景，表现社会变迁之下农村的生活和各种各样的人物。从新中国成立以前的《小二黑结婚》《李有才板话》《李家庄变迁》到新中国成立以后的《三里湾》《锻炼锻炼》等，赵树理的艺术视野一直没有离开农村，特别是时代变迁之下的农村。此外，创作出《山乡巨变》的周立波，对农村生活也非常熟悉。回过头来再看骆宾基、端木蕻良等农村题材的创作，端木蕻良本人出生在一个贵族家庭，他的母亲来自贫苦家庭，他更多的是同情母亲的遭遇而对农村生活是没有太多的体验的。进入当代以后他也曾围绕创作体验过生活，但还是远远不够的。所以，在创作了几篇关于合作化运动的短篇小说后，在新时期迅速回到他的创作轨道中来，去进行《曹雪芹》的创作。骆宾基在进入当代初期的创作也存在着这样的问题，他为了跟上时代而进行的农村题材小说的创作，不是长期艺术积累和创作兴趣下的产物。他们要想在此类题材上脱颖而出是比较困难的。竞争力上的不足，足以给当下的作家提供思考，文学来源于生活，生活体验和艺术积累对创作来说至关重要。

此外，骆宾基、端木蕻良等人都进行过散文创作，数量不少，单篇艺术水准也比较高，但是在当时的散文热潮中却没有受到过多的关注。究其原因，骆宾基和端木蕻良是小说家而不是散文家。与当时的杨朔、秦牧、刘白羽等主攻散文的作家相比，不占有优势。他们没有进行连续性的创作，多是游记触发的创作热情，而不是酝酿多时，构思很久。用自己的副业和别人的主业相比，自然不占有优势。像萧军、端木蕻良这样的作家在当代的文学涉猎都是很宽泛的。小说、诗歌、散文，甚至戏剧都有所尝试，但是文学史也好，读者也好，都将萧军和端木蕻良界定在小说家的行列里，而不是以诗人、剧作家等来称呼他们。这也造成萧军、端木蕻良等作家的其他作品的内涵没有被充分挖掘。

巴金、孙犁、萧军、端木蕻良等都是从现代一路风雨走过来的老作家。他们早年都是以小说创作而成名的，晚年都有散文方面的探索。巴金的《随想录》在散文领域的成就是非常高的，显示出作家的历史责任感、使命感和自我批判意识，完成了对自我形象的塑造，是散文的品格和作家的人格高度结合的产物。萧军的《鲁迅给萧军萧红信简注释录》《萧红书简辑存注释录》虽然具有散文的意味，但却不是真正意义上的"文学"作品。此外，孙犁晚年在散文方面达到了一个爆发式的创作态势，出版了《晚华集》《秀露集》等十部非常有分量的作品。孙犁是荷花淀派的代表作家，20世纪40年代以前孙犁文学的主要兴奋点在文学理论和批评，40年代以后将目光转向小说创作，后期再转向散文创作。应该说孙犁早期的文学理论基础和诗化小说的功底融汇在一起，再加上作家人生阅历的丰富、思想感情的沉淀、美学思想的升华，使孙犁的散文在思想内涵和艺术成就上更胜一筹。后东北流亡作家与同时期的作家相比，在作品思想的力度和深度方面明显逊色。

2. 作品的价值元素被遮蔽或分散

新时期以后萧军的《鲁迅给萧军萧红信简注释录》《萧红书简辑存注释录》以及端木蕻良的《曹雪芹》等作品，从内容上看作家都是付出了很大努力的。可是把这些作品放到文坛中去，就会发现一个相似又耐心寻味的现象，那就是这些作品本身的魅力被无形地遮盖了，人们关注的重心已经偏离了作品本身。在文学史上，鲁迅、萧红以及曹雪芹的名气要比萧军和端木蕻良大得多，就是在普通读者心中，鲁迅、萧红和《红楼梦》也要比萧军和端木蕻良有影响力。因此，在这个意义上，人们对萧军的《鲁迅给萧军萧红信简注释录》更多地想从史料和信简中探究鲁迅的思想，从萧军的《萧红书简辑存注释录》中人们更关心的是萧军和萧红的感情纠葛，关心女作家萧红的心路历程，人们更愿意从《曹雪芹》中读出《红楼梦》来。所以，鲁迅研究者、萧红研究者、红学研究者热衷于此。比如，端木蕻良的《曹雪芹》出版以后，比较有代表性的研究文章都是发表在《红楼梦学刊》这样的红学研究刊物上，而不是现当代文学研究的刊物。也就是说，对鲁迅、萧红、《红楼梦》的关注和阐释超过了对萧军和端木蕻良的作品本身的解读。所以，从这个角度来看，萧军的《鲁迅给萧军萧红信简注释录》《萧红书简辑存注释录》中的思想内涵和艺术成就就被遮蔽了，《曹雪芹》中作家的思想之路也长时间被忽视。也就是说，文学层面上的意义已经被史学、红学等层面上的意义遮蔽了，在某种程度上起到了史料和考证的价值。作品的魅力被分散或遮蔽的结果，造成彰显作品核心价值的"点"分散了，也就缺少竞争的"合力"，难以与同期其他作品进行艺术比拼。

3. "未完"之作的惋惜与遗憾

端木蕻良的《曹雪芹》在思想和艺术上是达到了很高的水平的。不妨和姚雪垠的历史题材长篇小说《李自成》比较一下，以得到一些启示。《曹雪芹》不管在当代文学研究或红学研究领域给予怎样的评价，它终究是一部没有完成的作品。端木蕻良在创作《曹雪芹》的时候身体健康状况是非常不好的，他是用顽强的毅力在支撑着写作。从客观上来说对他的构思、创作和艺术发挥是肯定有影响的。端木蕻良只完成了《曹雪芹》前两卷的写作，最后一卷没有完成就遗憾地去世了。也就是说，整个作品的最高潮和最精彩的部分没有完成，这给文坛、给研究者都留下了巨大的惋惜和遗憾。特别是对于以人物为题目的长篇小说，无法看到整部作品，这对曹雪芹人物形象的塑造等问题都不能给予更客观全面的评价。而我们知道，端木蕻良一生深爱的《红楼梦》，后四十回也存在争议。但是不管后四十回是曹雪芹写的，还是其他人续写的，今天留给我们的毕竟是完整的一百二十回。同为历史题材的创作，端木蕻良的《曹雪芹》是有作者的一种情结在其中，带有一定的主观性。姚雪垠的《李自成》前后经过三十年的时间进行创作，虽然作者1999年去世，四、五卷由家人整理出版，但整部作品留给我们共计五卷二百三十万字，是非常庞大的作品。《李自成》第二卷还获得了1982年首届茅盾文学奖，并有日、英、法等多个译本，这些都无形中扩大了作品的社会影响力。因此，从作品的篇幅、规模、影响力、完整性等方面来看，姚雪垠的《李自成》是略胜于端木蕻良的《曹雪芹》的。这种未完的遗憾在后东北流亡作家中的其他作家身上也有发生。舒群的长篇小说《第三战役》书稿在"文革"期间惨遭浩劫，没有保存和流传下来，今天的读者看不到这部作品也就谈不上阅读与反响的问题。舒群晚年付出宝贵心血的五十万字的著作《中国话本书目》和长篇小说《乡曲》没来得及面世，作家就去世了。白朗和罗烽的创作生涯，也都有一些"未了篇集"。他们的有些作品虽然创作了却没能与读者见面，有的作品创作中途因各种因素戛然而止。比如，白朗、罗烽的《跨海访师记》，白朗的反映农业合作化的长篇小说《长城脚下》都属于未完之作。因此，从文学生产与创造的过程上看，作品创作后没有发表也就没有进入流通领域，没有经过读者阅读这一环节，则此文学创作是不完整的。那些边创作边发表的作品因为作家的去世而半途而废，也是不完整的。那么，这些未完之作和同时代其他类似题材的完整作品去比较，"先天"就存在瑕疵，必然使艺术竞争力削弱而显得逊色不少。同时，这也给后世留下了无尽的惋惜和遗憾。

4. 创作中古体体式的"不合时宜"

萧军和端木蕻良在当代创作了大量的诗歌，其实早在现代时期他们就涉足过诗歌领域。这些诗歌今天看来应该说艺术水准是很高的。但是为什么这些诗歌没有被重视和挖掘呢？没有得到充分的研究和解读其中不无原因。萧军和端木蕻良所作的诗，均以古体诗为主，这些作品都是具有非常浓厚的古典韵味的。虽然萧军和端木蕻良所作的诗体现了作家对社会和人生的深刻领悟，用旧体的形式反映了新的时代内容，但是这些旧体诗如果和唐诗、宋词相比，只能说得到中国古典诗词文化的部分精髓。在李白、杜甫、苏轼等名家面前，总是有一种高山仰止的感觉。而且中国古代的那些经典诗词，特别是那些名篇佳句已经深深地烙印在一代代中国人的心中，当代的诗人要想实现超越，难度可想而知。现代文学从"五四"以来就一直在现代化的道路上锲而不舍地追求着。文学的现代化也包括语言的现代化，提倡白话文，反对文言文，所以我们看到从现代到当代的诗歌发展的明线基本是现代新诗，旧体诗、古体诗只能作为暗线或潜流。那种对仗、押韵、格律非常工整、非常讲究的诗词，对于大众读者仿佛有一种可望而不可即的感觉。从胡适的《尝试集》开始，现代诗歌就高举现代、自由的旗帜，力图破除传统诗词创作的禁锢和束缚，在继承优秀诗歌传统的基础上一直在探索诗歌从民族、传统向自由、现代的发展和突破。中国现代诗歌不是意在否定过去，而是要寻求一种发展和突破。所以我们看到20世纪20年代郭沫若的诗歌形式将绝对的自由发挥到了极致。闻一多、徐志摩的诗歌戴着镣铐跳舞，形成新格律诗派。到了30年代以后，戴望舒、卞之琳等人的诗歌在现代派的道路上迈出了坚实的一步。40年代穆旦等九叶诗派的诗歌寻求传统与现代之间的平衡美感。现代文学三十年间诗歌用现代的语言和形式表达现代中国人的心声。五六十年代诗歌受到意识形态的影响，政治抒情诗受到青睐。70年代末80年代初朦胧诗的崛起打破了诗歌长期沉寂的局面，诗歌又继续向现代化的道路探索。在这样一个诗歌发展的空间里，像萧军和端木蕻良所作的古体诗，无形之中给人一种复古之感，处在一个比较尴尬的境地，在整个当代文学的发展历程中，我们很难为其找到一个合适的位置。普通读者喜欢古人的诗歌却挑剔今人的古典诗歌；喜欢诗一样的生活却不喜欢诗。在这样一个怪圈里，萧军和端木蕻良的诗很难在当代产生重大影响。在深入阅读萧军和端木蕻良二人的诗歌以后，就会发现在他们创作的几百首诗歌里，大部分是内心真实情感的抒发，还是以个人化、古典化为主。而五六十年代的主流诗歌则是要贯彻和宣传党的路线方针政策，抒发对党的恩情、对祖国的深情、对人民的真情，是要求诗人深入生活，到群众中去，为社会主义服务，歌颂劳动人民，鼓舞劳动人民。反观萧军和端木蕻良的几百首诗歌没有被重视，是有着上述深层次的原因的。

虽然不同风格、不同时代的作家之间创作水平难以决出高下，但就萧军等后东北流亡作家的创作来说，我们不得不承认的是，他们的创作与现代时期相比没能实现更明显的超越。他们的晚期风格，并没有达到萨义德所指出的晚期风格的境界。按照萨义德的理解，艺术上的晚期并不意味着和谐、快意、放松，而是不妥协、不情愿和尚未解决的矛盾。它包含了一种蓄意的、非创造性的、反对性的创造性。晚期作品的成熟，常常是经过风霜洗礼过的，甚至是被蹂躏过的。萧军、端木蕻良等人创作上的古典审美倾向，很多源自个人的趣味而非民族性整体表现。比如，萧军和端木蕻良的古体诗歌创作，这种仿古的形式虽然很有传统的韵味，但是这些诗歌在当时发表得很少。其实，现代其他一些作家也有写旧体诗歌的爱好，但这种古典美学传统在现代出现，多源于文人的趣味和爱好。"五四"以来，文学革命的一个突出的革新就是语言的革命。提倡白话文，反对文言文，文学强调的是反传统。中国新文学也一直在文学现代化的道路上前行和探索。虽然他们的诗歌是用古体的形式装上现代的思想，但是却与人们用现代的思想和语言来表达情感的诉求格格不入。

（二）创作本身思想和艺术等方面的不足

东北流亡作家在二十世纪三四十年代的现代文坛，民族性、时代性、个人性是相得益彰的，到了当代这个群体身上最具特色的东西淡化了、裂变了。他们创作本身思想和艺术上的不足也逐渐暴露出来。

1. 作品歌颂有余而批判不足

古今中外，那些优秀的文学大师为世人所铭记，往往不是因为他们一味歌颂了什么，而是因为作品中那震撼人心的批判意识。那种对某一时代的全面把握和对人性的深刻剖析使得作品具有直指人心的力量。萧军、端木蕻良、舒群、骆宾基等作家在当代有佳作，有精品，但却缺少经典，这其中的原因是多方面的。他们的创作普遍呈现出歌颂有余而批判不足的问题。比如，骆宾基20世纪60年代初期的作品就暴露出这方面的问题。在《当轧钢厂在香坊诞生的时候》中，作者歌颂了老一代和青年一代劳动工作者，赞扬他们在五金厂转型轧钢厂的过程中发挥的主观创造精神。对于生产过程中的某些问题就一带而过，作者在处理的时候明显批判的力度不够。萧军的《五月的矿山》对官僚主义进行了批判，揭示了生产事故的人为因素，但是这种揭示只是在小说的结尾以新闻报道的形式予以揭示，缺少文学性的透视。舒群的《这一代人》中对官僚主义作风也有揭示，书中对黄主任的领导做派，妻子目中无人的刁蛮性格等也进行了形象的展示，但是对主人公的成长并没有起到关键性的作用。骆宾基反映合作化运动的短篇小说，对国家的土地政策进行了肯定和歌颂，这一点是没有疑问的，只是在表现的过程中，没有对合作化运动中出现的问题、阻力、冲突、心理做更进一步的揭示。即使有冲突，也是简单地处理为先进和落后的冲突，没有突破五六十年代合作化题材的叙事模式。作家以极大的热情投入合作化叙事的大军中，却没有创作出能够经受住时代考验的作品来。端木蕻良也参与了合作化叙事，作品虽然歌颂了像胡大爷那样的人物，但却对朱长林身上的自私、落后思想没有给予进一步的批判和分析，没有进行连续性的深入挖掘。白朗的小说《为了幸福的明天》歌颂了年轻女性邵玉梅的英雄品质，但是对主人公学习制药技术过程中遇到的领导粗暴干涉及官僚作风则一带而过。后东北流亡作家创作中的歌颂有余而批判不足的问题，实质上暴露出作家在干预现实的问题上的缺失。

2. 创作模式化有余而厚重感不足

后东北流亡作家的创作，其主题多是歌颂新的时代、新的英雄人物，缺少一直以来文学对"人"的持续和深入表现。在热点文学题材的表现上，我们看到了后东北流亡作家的试练。他们的作品不可避免地产生了模式化的问题。思想挖掘不够深刻，这是包括后东北流亡作家在内的很多作家创作的通病。萧军、端木蕻良、骆宾基等人在思想深处并没有对自己的创作很清晰冷静地把握就被时代裹挟着前进，政治话语的过多阐释掩盖了作品内容的细致打磨。骆宾基的《北京近郊的月夜》、萧军的《五月的矿山》、舒群的《在厂史以外》等，都将主人公的爱情置于劳动之中，在火热的国家建设与劳动场面之下，个体的爱情被无情地淹没，演变成一种公共的爱情，也就普遍缺少艺术的独立品格。后东北流亡作家并不缺乏丰富的阅历，也不缺乏创作的经验，但是他们创作的普遍问题表现为缺少老作家作品中的那种"老练"，缺少从历史中走来的厚重与沧桑。例如，沙汀曾在信中尖锐地指出舒群1978年年底创作的《我的思忆》这部短篇小说的缺点："我要直说，作为小说我总觉得有点单薄。"①是的，这是一个相交多年的好友的真言。沙汀深刻地指出了小说内容不够厚重的问题，这是很中

---

① 史建国，王科. 舒群年谱 [M]. 北京：作家出版社，2013：137.

肯的。即使是他们创作的长篇，也同样面临这样的问题，缺少思想的"分量"。

3. 作品思想性有余而艺术性不足

就整体而言，后东北流亡作家在努力追随主流文学话语，同时也就意味着作品思想上对意识形态的靠近。无论是作家的思想意识还是作品反映的思想内涵，客观上看是比较中规中矩的。将他们的作品重新置于诞生的年代，思想性都是非常鲜明的。然而，将他们的作品重新置于诞生的年代和当下的视域，艺术性不足的问题也就凸显出来。在艺术表现上，我们在肯定后东北流亡作家融汇中西的艺术表现之外，也要看到他们存在的不完美之处。他们的当代创作在艺术上有一种平淡之感。这种平淡有时造成咀嚼无味，有时使作品缺少层次感。这种平淡既表现在作品内容的新颖性的缺乏，也表现在叙事上的不够精致。文学风格虽然多种多样，但是缺少一种冲击力。艺术处理方面存在一些不完善之处。比如《五月的矿山》，小说第十章劳模大会写得像流水账，结构上突然变得很松散。小说的后半部分处理得非常仓促。《吴越春秋史话》人物的对话过于冗长，比如要离对刺杀庆忌一事的思想斗争，用了一页篇幅进行描绘，过于烦琐。在行文中有时运用第一、第二、第三这种论文的词语组织段落，这样写虽然具有一定的条理性，但对于小说这样一种文学表达来说缺点是很明显的，很明晰的一点就是文学性、艺术性的弱化。舒群十七年时期的长篇小说《这一代人》，选取了刚刚毕业的女大学生这一个人物，应该是很有新意的。这容易让读者想起杨沫的《青春之歌》，以年轻女性的成长历程为主线铺开全篇，探索青年知识分子的成长之路。《这一代人》中的李蕙良在某种意义上是《青春之歌》中林道静的当代成长之路。但《这一代人》线索较单一，整体感觉比较平淡，围绕主人公的矛盾冲突缺少层次感。

在对体裁和形式的处理上，后东北流亡作家的创作也有些缺憾。萧军的《鲁迅给萧军萧红信简注释录》《萧红书简辑存注释录》，在一定意义上是给读者造成了阅读的障碍和困难的。这种困难主要来自两个方面。一个方面是这两部作品是对过往的书信进行的注释，读者在阅读每一篇注释之前都要先看到书信，这就造成了阅读的跳跃感。另一个方面是这两部作品涉及了鲁迅和萧红这两位作家，这两位作家都和萧军有着重要的关系，在阅读萧军的注释文章之时，容易给读者造成阅读注意力的分散感。如果读者不了解萧军和鲁迅、萧军和萧红之间的复杂关系，不了解20世纪30年代鲁迅的思想、萧红的思想，那么是很难去理解萧军对他们之间书信注释的精神层面和思想层面的意义的。也就是说，这是需要读者提前做功课才能理解其中的深意的。试想，如果萧军的这两部作品能够以更文学性的方式通过恰当的体裁呈现出来，那么作为文学作品的审美价值也就凸显出来。

4. 人物形象刻画扁平有余而圆形不足

后东北流亡作家的创作在人物形象的塑造上同样缺少深度，缺乏独特性。回顾中国文学的发展，凡是那些流传下来的被世人公认的经典之作，特别是小说创作，总会在人物形象的塑造上表现得不遗余力。《红楼梦》《三国演义》等中国古典文学名著流传至今，经典地位难以撼动的一个主要原因就在于，那些栩栩如生的人物形象早已深深扎根在一代代的读者心里，并经过历代读者的阅读、接受与再创造，人物形象不断被赋予新的时代内涵，艺术生命力才得以经久不衰。例如，《红楼梦》中不管是宝玉和黛玉这样的主要人物，还是王熙凤，甚至晴雯、袭人等丫鬟形象，都性格鲜明，形象各异。不管是圆形人物，还是扁平人物，都具有打动人心的思想力量。时代发展到今天，《红楼梦》中的贾宝玉、林黛玉、薛宝钗、王熙凤，《三国演义》中的诸葛亮、曹操、刘备等古典文学名著中的人物依然为读者津津乐道。随着时代的发展，人物形象的内涵也在随时代不断地在丰富着。现代作家也在人物形象的塑造上不懈地努力着。鲁迅的《阿Q正传》中的阿Q、老舍《骆驼祥子》中的祥子、巴金《家》中的觉新、沈从文《边城》中的翠翠、张爱玲《金锁记》中的曹七巧……这些人物形象无一不是独特而有深度的。

在人物形象的塑造上，虽然后东北流亡作家都在努力塑造时代需要的人物，但是与现代时期相比，人物形象普遍存在扁平化的问题。在东北流亡作家现代时期的作品中，性格丰满的圆形人物屡见不鲜。比如，端木蕻良《科尔沁旗草原》中的丁宁、《遥远的风沙》中的煤黑子，都是性格鲜明的人物形象。作家在塑造的时候，没有一味地描写他们身上的优点，也没有回避人物身上的缺点。煤黑子杀人抢劫，强奸房东的女人，强迫房东用粮食来喂马，可以说是无恶不作。但是这样一个蛮横的胡子在关键时刻掩护部队成功突围，立了大功，应该说这是一个非常典型、生动、立体、真实的人物形象。而后东北流亡作家的作品，这样的人物形象实在是太少了，缺少那种让读者印象深刻的体现时代思想深度的人物形象。他们塑造的人物形象不是正面形象，就是反面形象，人物性格都比较单一，不够立体、丰满，缺少人物内心精神世界的深入挖掘，缺少人物形象的多层阐释性。他们塑造的人物是非常符合特定时代的规范与要求的，这一点是我们不能否认的。只是缺少那种经过岁月的沉淀和时代的冲刷之后，深印在不同时代的读者心中的人物形象。

5. 创作自身稳定性不足而碎片化有余

细读后东北流亡作家的作品，不难发现碎片化的问题。后东北流亡作家之所以没有得到重视，学术界、文学史对他们较为冷漠，与他们创作体系的零散化、碎片化不无关系，而这种碎片化主要表现在他们对某一文学体裁或题材的不够"专心致志"。梳理后东北流亡作家的创作，不难发现萧军、端木蕻良等人在小说、诗歌、散文、戏剧等体裁上都有所涉猎，看似面面俱到，触角繁多，实际上存在不"深"、不"精"的问题。就文学题材而言，抗美援朝题材、工业题材、农村题材、历史题材等当代不同历史时期的热点题材也都不乏后东北流亡作家的书写，可是同样面临碎片化的问题。比如，综合来看，萧军现代时期主要擅长小说创作，可是到了当代，他的文学视域多方面延伸，但在每一个领域都没有"扎"下去。新中国成立之初萧军的戏剧《武王伐纣》取得了很好的演出效果，获得了宝贵的舞台实践经验。之后，在戏剧领域，萧军主要完成了剧本《吴越春秋》，再无其他的探索。因此，萧军在戏剧上的才华也就没有得到进一步的发挥。萧军的《五月的矿山》是新中国成立初期工业题材的勇敢尝试，可是萧军只是在工业题材上尝试了一下就转向历史题材，没有在工业题材进行深入的追踪和表现。舒群也在工业题材上创作了长篇小说《这一代人》，之后便无相关题材的持续摸索。同样，端木蕻良在新中国成立初期只创作了几篇农村题材的短篇小说就转向其他领域。骆宾基的一些短篇小说艺术水平是很高的，可他创作了《王妈妈》《夜走黄泥岗》《年假》等作品且得到了当时官方的肯定后也没有"驻足"下来。反观东北流亡作家黄金期的创作，是有相对的整体性和稳定性的，体裁上主要以小说为主，题材上以抗日题材和乡土题材为重点，文学风格和审美取向更是具有相似而稳定的特征。可是当代以后个体作家的创作思想体系和艺术倾向均受到了冲击，体裁由单一变为多元，题材由稳定走向多变，因此整体观照他们的创作，碎片化的问题十分突出，这也就给学术研究和文学史书写都提出了难题。缺乏稳定性和持续性，必然影响学术界的跟踪研究，而单凭作家生涯中某一类型或题材的突兀表现，也难免造成研究的片面与武断。进一步讲，缺乏系统性、突出性的创作造成了他们在文学史书写中无处安身的尴尬之境。

（三）创作的"急就"心态对作品的影响

后东北流亡作家中的主要作家，他们很难在当代再次达到创作的鼎盛或巅峰。究其原因，除了客观因素，后东北流亡作家创作中存在的诸多不足，在主观上与作家的心态有直接关系。作家在创作的过程中，以何种心态进行创作，也将直接影响到作品的质量和水平。在文学创作与接受中，一般有愉悦、热烈、抑郁和虚静等几种普遍存在的心境。这几种心境对作家的创作和读者的接受都是有影响的。后东北流亡作家的创作心境，愉悦和平和的心境较少，而压抑和着急的心境较多。

从文学创作这一复杂的精神活动来说，作家反映时代生活、关注时代变迁是毫无疑问的。但是，创作主体和意识形态、和时代应该保持怎样的一种关系才是恰当的？以何种心态面对才是合适的？包括后东北流亡作家在内的很多作家都遇到过这样的困惑。为什么我们今天去评价他们的创作时会发现这样那样的缺点？从创作的主体方面来说，很重要的一个原因在于作家和时代的关系过于密切。他们不愿被文坛抛弃的心态又是导致这种结果的重要因素。作家应该真正沉静下来，在时代和自己的艺术个性之间找到一个连接点和平衡点，将复杂广阔的时代生活和自己的心灵感悟水乳交融地结合在一起，才能写出好作品。老舍曾感慨地说："像我这样年过半百的文人，往往容易犯两种毛病：保守病与贫血病。"[①]这非常形象地道出了新中国成立后很多老作家面临的问题。他们经过多年的创作，已经有自己的艺术轨道，轻易不愿做出改变。面对新的时代，曾经积累的艺术经验又差不多耗尽。因此，现代时期那些有经验的老作家反而在某种意义上成了当代文坛的"新"作家。那么，"新"作家就容易有急躁的情绪和不老练的表现。

白朗曾说："我写了半辈子东西，全是'急就章'。"[②]"急就章"一词非常贴切地传达出了东北流亡作家在抗战时期和新中国成立以后文学创作的特点和问题。"急就章"既表现了他们创作的时效性特点，同时也暴露出不少问题。二十世纪三四十年代的文学创作之"急"主要服务于国家之急、民族之急，是民族存亡的历史关头促成了"急就章"。而新中国成立后当代创作之"急"主要服务于时代变化之急，但更为深层次的创作之"急"还来自作家延续艺术生命的迫切需要，是急不可待。这种"急"是迫不及待地追赶上时代的心理驱动使然。对于作家的创作来说，"急就章"是一把双刃剑，特点突出，缺点也突出。它的好处在于文学能够迅速地反映时代，作家也与

---

① 老舍. 五十而知使命 [N]. 文艺报，1962（5—6）.
② 白莹. 白朗小传 [J]. 辽宁师范学院学报，1983（4）.

时代保持密切的关系，能在较短的时间内快速引起社会的关注与共鸣，体现非常强的社会功利性目的。它的缺点在于缺少深思熟虑，缺少生活的积累与艺术的沉淀，从而影响文学作品的质量与生命力。对于这个问题，老舍曾有深刻的体会，他评价自己的短篇小说集《赶集》："与其说'赶集'，倒不如说'赶急'。这里的东西差不离都是'临上轿子现扎耳朵眼儿'的结果。"①东北流亡作家就受到这一问题的困扰。在抗战的特殊历史时期，他们的创作由于取材和内容非常容易获得文坛的认可和社会的关注。即使他们的作品没有达到很高的艺术水平，但它们的现实意义早已超越了作品本身。通俗地说，这种情势之下的创作是容易出成绩的。这种情况之下的"急就章"对他们的创作是有利的。而当新中国成立以后，情况正好相反。

后东北流亡作家中的几位作家的创作，特别是新中国成立初期作品的创作过程，就可以充分地印证和说明创作之"急"这一问题。萧军的长篇小说《五月的矿山》是他因《文艺报》事件受到批判，下放到抚顺之后创作的作品。虽然萧军曾深入煤矿了解生活，但是毕竟时间短暂。从这部小说的后半部分看来，处理得有些粗糙局促。骆宾基在新中国成立初期创作的短篇小说都是在非常着急的情况下完成的。他在《我的创作历程》一文中多次表明自己当时的创作心理，如饥似渴地寻找新的创作源泉，为两手空空交不出满意的答卷而焦急万分。这都是"急"的表现。舒群、白朗等人在新中国成立初期所写的反映抗美援朝的作品，也都是在朝鲜战争爆发的情况下，响应祖国的号召，紧急上阵而写的仓促之作。这些创作多是战地通讯式的作品，如舒群的《天上地下》《欢迎你们来——记一些文艺工作者在朝鲜》《前线女护士王颖》，白朗的《在轨道上前进》等的创作歌颂人民志愿军的英勇无畏，赞美那些在战火和硝烟的弥漫之下涌现的可歌可泣的感人故事。在这种情况下创作出来的作品，具有鲜明的时代感和实效性

---

① 朗云，苏雷. 老舍传［M］. 太原：北岳文艺出版社，1994：135.

是不言而喻的。但是问题也在逐渐暴露出来，这些作品缺少对战争背景下人性的深入挖掘，没有对人物的心灵世界进行深刻的展现，也就意味着作品经不起时间的考验。白朗的《一代风流——何香凝传》并不是作家带着兴趣去写，而是带着全国妇联的创作任务去进行的。白朗对何香凝并不熟悉，没去过广东，更不懂粤语，这对采访和创作都带来很大的障碍。这种赶任务情况下的创作艺术质量可想而知。十七年时期，后东北流亡作家的创作基本上属于"急就章"。相反，我们又欣慰地看到，萧军、端木蕻良等人在新时期的某些作品，不是在"急"的情况之下仓促下笔，今天看来作品的艺术水平反而较高，耐人寻味。比如，萧军和端木蕻良的诗歌创作、散文创作，端木蕻良的《曹雪芹》等作品的艺术性就要比某些急就之作好一些，因为它们都不是在追赶时代的意识下产生的。这也说明，作家只有在相对放松平和的心境下，沉下心来，才能写出好作品。

（四）缺少受众接受和新的阅读生长点

按照文学四要素的理论，除了作家、作品、世界，从读者的角度来看，后东北流亡作家的创作也是有缺憾的，主要表现在以下几方面。

第一，作家作品与当代受众之间"代沟"明显。后东北流亡作家的创作与当代读者之间是存在距离和隔阂的。选择后东北流亡作家的作品进行阅读的读者群体是比较少的。这主要因为作品与读者的期待视野不能达到"视界融合"。这些作家的作品与读者之间，不仅年代跨度大，而且心理距离大。接受美学认为："距离越小，读者就越容易接受。"[①]关于创作成就的大小、价值的高低，其标准历来众说纷纭。文学创作的价值应该以何种标准或尺度去衡量？应该以什么样的体系或系统去评价？在不同的时期有不同的标准，不同的研究者也有不同的标准和立场。有阶级的、政治的、历史的、道德的、思想的、审美的等诸多标准。王卫平先生曾提出评价文学作品价值高低的"五

---

① 金元浦. 接受反应文论［M］. 济南：山东教育出版社，1998：12.

有"标准，即"是否有内涵，是否有形象，是否有艺术，是否有趣味，是否有影响"①，这样的一种"五有"标准对衡量文学作品价值高低具有适用性和现实性。如果以这"五有"的标准来衡量后东北流亡作家的创作，就会发现他们的创作并不完美。有形象，有内涵，有艺术，但却是缺少趣味，缺少影响，也就意味着缺少读者的青睐。

作家创作出来的作品，最终要经过读者的阅读来实现其价值。读者阅读的反响和效果是衡量文学作品价值高低的一个重要尺度。不同的读者具有不同的阅读标准，持有不同接受动机和心态的不同读者对作品的价值的评价也会不同。专业的研究者看重文学作品中的思想内涵和艺术表现，他们希望作品能够反映广阔的社会生活，希望作家具有透视生活本真的洞察力和表现力，希望作家在思想内涵的挖掘上和艺术表现的探索上发挥得不遗余力。由于阅读文学作品的动机、目的不同，普通读者的期待视野和阅读的兴奋点也就与专业研究者不同。普通读者更看重文学作品的趣味性，他们希望在阅读的过程中获得身心的放松和愉悦。特别是20世纪90年代以来，文学的商业化、消费化、快餐化倾向越来越突出，普通读者对通俗文学作品的选择、喜爱和接受的程度是明显高于严肃文学的。反观后东北流亡作家的创作，不管是五六十年代对主流文学的追随，还是新时期在文坛复出之后的坚守，他们的创作都和通俗文学距离甚远。东北流亡作家时期的创作更是凸显了极强的现实性和思想性。沉重、苦难、悲壮、激越是创作中反复出现的核心语义。萧军、端木蕻良等人的创作接受群体主要为专业研究者，而普通读者对他们了解甚少。后东北流亡作家时期的创作虽然审美格调较之三四十年代明亮了许多，但仍然不是当前的普通读者，特别是年轻读者追捧喜欢的文学类型。他们的作品矛盾冲突不够集中，缺少复杂曲折的故事情节，缺少趣味性、时尚性。作品本身

---

① 王卫平. 端木蕻良小说的文学价值——纪念端木蕻良诞辰一百周年 [J]. 文艺争鸣，2012（9）：72.

的思想与当代普通读者的审美趣味之间"代沟"越来越大，这些作家的名字也在年轻的读者群体中比较"陌生"，受众面越来越窄，因而也就吸引不了读者的广泛关注。

第二，读者接受的持续兴奋点匮乏。应该说，后东北流亡作家的创作普遍缺少广泛的社会影响力，没有在文坛掀起较大的接受热潮，这也与他们的创作缺少新的、持续的阅读生长点有关。回溯历史，不难发现，作家作品的阅读与接受经常会有冷热变化的现象。一种情况是古今中外的优秀文学大家及经典作品，不管时代及审美风尚如何变化，不管读者的期待视野和接受心理如何变化，这样的作品的经典地位都会屹立不倒。比如，莎士比亚的《哈姆雷特》、雨果的《巴黎圣母院》、曹雪芹的《红楼梦》、鲁迅的《阿Q正传》等就是鲜明的例子。凡是那些耳熟能详的作品总会在某些永恒性的文学主题上有着深刻的理解和突出的表现，这样的作品总是能经得住任何时代的考验。一种情况是有些作家生前并没有得到社会的认可，反而在去世以后甚至若干年后深受不同时代读者的喜欢。比如柳永，他生前生活在市井歌女之间，生活拮据。他为那些歌女创作的词当时难以登上大雅之堂。他去世以后，他的词中的独特之处逐渐被后人发现。还有的作家作品一直没有得到社会的关注，特别是近些年来，每年数以千计的小说出版问世，而真正抓住人心，撞击心灵的作品却并不太多。还有些作家从登上文坛到去世之后，读者的关注呈现出鲜明的冷热时期，仿佛过山车一样。比如张爱玲就是典型的例子。她从20世纪40年代的璀璨夺目到新中国成立后的销声匿迹，再到新时期后的大红大紫，仿佛过山车一样。这些作家在当代掀起不小的接受热潮，甚至逝世以后，热度依然持续不减。后东北流亡作家有过短暂的接受热潮，却没能像钱锺书、张爱玲、沈从文等人那样复出后大红大紫。

那些有影响力的经典作品，总是在内容上与社会或人们关注的热点问题有呼应和重合，作品反映的深层思想内涵总是在很大程度上与不同时代审美趋向相契合，具有那种穿越时代、与时俱进的新的刺激读者阅读神经的某些兴奋点。同一部文学作品，不同的读者可能会领悟出不同的内涵，但是不同的阅读体会的共同之处就在于都能引起读者的某些心理上或情感上的共鸣，虽然这些共鸣来自不同时代的读者，这样的作品的艺术生命力会长久一些。比如，鲁迅的《阿Q正传》20世纪20年代的读者会同情阿Q的悲惨遭遇和不幸命运，反封建思想和辛亥革命的经验教训会触及读者的心灵。今天的读者可能更多地与阿Q的"精神胜利法"产生共鸣。此外，像鲁迅的《伤逝》，巴金的《家》《寒夜》，钱锺书的《围城》、张爱玲的《半生缘》《倾城之恋》等作品所蕴含的主题不仅在当时有着时代的意义，而且在当今更是被赋予新的时代内涵。这些作品都在关注着爱情、婚姻、家庭等人类永恒的主题。特别是在众声喧哗的时代，这些作品所传达的深刻思想更会给当代人以共鸣和思考。除了爱情、婚姻的主题，人、人性、人的生存困境等其他比较具有当代延展意义的作品都会有新的阅读生长点。今天的读者更喜欢选择那些和他们的切身生活更贴近的作品来阅读，在熟悉、亲切的阅读中获得现实启示。列举这些例子意在和后东北流亡作家的作品相对比，对比之后便不言自明。后东北流亡作家的创作缺少刺激读者阅读的持续的、穿越时空的兴奋点。

第三，作品传播与接受渠道单一。近年来，随着读者的审美需要和欣赏口味的不断提高，给作家的创作提出了更高的要求。作家在创作时总是力图满足不同层次读者的期待视野。思想内容与创作手法既要在专业研究领域得到认可，又要在广阔的商业流通领域具备竞争力和市场前景。文学创作和相关的衍生的文化产业的关系越来越密切。比如，20世纪90年代以来，文学作品的影视改编就是一个热点话题。影视同期书也得到出版社的青睐。文学作品经过影视改编，进入影视传播渠道，作品传播的速度将会大大加快，作家及作品的社会关注度也会大大提升，还会带动读者对原著的阅读，这样一来，作品的市场销量就会在短时间内急速增加。在经济效益的驱动下，越来越多的作家在创作时主动向市场靠拢，这对作家来说是促动，也是挑战。那些兼具思想性和影视特征的作品，容易获得商业市场的青睐。中国古代文学名著，如《红楼梦》《水浒传》《三国演义》《西游记》等都被搬上银幕和屏幕，而且被多次翻拍。中国现当代文学作品和影视有缘的也很多，这样的作品本身很大程度上具有影视化特征。比如，张爱玲、严歌苓就是典型的例子。他们擅长现代影视手法的运用，注重色彩、意象等方面的营造，一直受到影视导演的青睐。端木蕻良在《科尔沁旗草原》等作品中就恰如其分地使用过电影手法，给读者以身临其境之感。电影艺术对端木蕻良影响很深，他很喜欢德国帕博斯特导演的作品，但遗憾的是他的作品没有得到改编者的关注。

东北流亡作家时期的某些作品，如萧军的《八月的乡村》，端木蕻良的《科尔沁旗草原》《大地的海》等，都有生动鲜明的人物形象，有宏大壮阔的史诗风貌，有一个时代鲜明的精神印记，有独特的东北地域文化和风俗，作品的立体感和画面感是非常强的，但却没有得到市场的关注和挖掘，这是比较遗憾的。到了后东北流亡作家时期，其作品改编的可能性就更小了。舒群在《这一代人》的序言中曾谈到他的长篇小说《这一代人》在1953年到1957年创作期间，曾在《人民文学》《收获》杂志上部分或全部刊载。由于读者反响很好，上海海燕电影制片厂和天马电影制片厂都想将其改编成电影。可是随着舒群被错划为反党分子，改编的计划就成了泡影。萧军的《八月的乡村》曾在新时期之初改编成电视剧，但毕竟时代久远，影响也有限。

新媒体时代，随着计算机技术的飞速发展，网络与网络文化异常发达。文学作品的传播渠道也越来越多样。在新的传播媒介不断涌现的情况下，读者的文学阅读方式已经不再局限于纸质媒体的传统阅读方式，手机、网络、微博、微信等新的传播媒介大大丰富了文学阅读的方式。这些电子阅读方式的兴起和发展以势不可当之势冲击着传统纸质媒体。在这样的形势下，萧军、端木蕻良、舒群等老作家明显缺少市场的竞争力。当他们都相继去世以后，对他们的阅读也好，评说研究也罢，更多地停留在专业研究者那里。因此，他们的作品在新形势面前明显缺少"适应性"。

结　语

　　古往今来，任何一个文学流派或文学群体的形成与发展都是一定历史条件的产物。它的形成、发展，甚至衰落、解体，都不以人的意志为转移，具有历史的必然性。对于那些在文学史上产生过积极影响的群体或流派，人们对其衰落与消亡总是会产生遗憾与惋惜之情。东北流亡作家就是这样一个文学群体。在本书的撰写过程中，笔者对萧军、端木蕻良等后东北流亡作家创作的大量作品深感惊讶与敬佩，同时，也对越过群体命运和时代变迁双重分水岭后的东北流亡作家当代创作的归纳和命名深感纠结与困惑。后东北流亡作家的"后"一方面可以理解为"非"，从东北流亡作家解体后进入一个新的场域和状态，与原有的思想和艺术划清界限。另一方面后东北流亡作家的"后"可以理解为依赖东北流亡作家，是继承、继续与强化。二者在本质的区别中有着必然的联系。文学命名难免存在现实的合理性和未来发展的局限性，对万事万物的评论也无法达到绝对精确的地步，但都提供了一种可能性，因此，笔者小心翼翼地开始了对后东北流亡作家的寻踪。后东北流亡作家的创作曾长期以作家的命运为命运，而在本书中力图回到作品中去，努力以作品的命运为命运。从东北流亡作家到后东北流亡作家，经历了形成、崛起、分化、衰落，经历了从群体崛起到个人的突围，经历了从创作的高峰到接受的低谷。当重新回顾他们当代的创作道路与文学命运时，我们能做的不应只是对他们的苛求，还应该有不尽的思考。

东北流亡作家在现代文学史上不曾声名大噪，后东北流亡作家在当代文学史上更无话语之地。正像有的学者指出的，萧军和东北流亡作家的创作的难得之处在于"别有根芽"①，笔者认为，这样的评价也适用于后东北流亡作家。他们在当代文学史上不仅不是花开富贵，反而风雨飘零，但却称得上"冷处偏佳，别有根芽"的花朵。因为他们虽曾身居冷处，但不失铮铮铁骨与坦荡襟怀；他们虽创作之路坎坷，但始终保有激动人心的写作精神。而且，他们的创作，既深植于中国文学传统之根，也继承了鲁迅的民族精神之根。在身处文学话语的尴尬之地，在面临人生暮年无法抗拒之时，他们的创作长出了宝贵的"根芽"。无论何时，谈及东北文学和东北文化，东北流亡作家是我们绕不过去的基石。无论何时，谈及抗战的岁月，东北流亡作家是我们忘不掉的记忆，我们应该铭记他们在历史上为中华民族、为现代文学、为东北文学所做出的重要贡献。我们也应该肯定后东北流亡作家对文学事业的苦苦追寻与不懈努力。我们看到后东北流亡作家与当代主流文学话语的唇齿相依，也看到了后东北流亡作家与中国文学传统的血肉相连，我们更应该直面后东北流亡作家创作中的价值和存在的不足与缺憾。研究现代文学史上东北流亡作家的当代命运和创作走向，追寻他们的创作足迹，将使东北流亡作家研究的视野更宽阔，内容更丰富、更完整，对东北流亡作家的兴衰流变看得更清晰。研究东北流亡作家在当代的文学道路与命运分化，对从现代跨越到当代的作家后期甚至晚年创作情况有进一步的认识和理解。透视时代变迁对作家审美趋向和创作心态等方面的影响，也为当下作家的文学创作提供一定的助益。作家在生时，作品多以作家的命运为命运；而死后作家却以作品的命运为命运。后人铁石，历史无私。东北流亡作家及后东北流亡作家的研究也将一路走下去。

---

① 高海涛. 鲁迅与"别有根芽"的花朵 [N]. 文艺报，2015-12-21.